ŒUVRES COMPLÈTES
DE
EUGÈNE SCRIBE

DE L'ACADÉMIE FRANÇAISE

OPÉRAS

COMIQUES

CAGLIOSTRO

ORESTE ET PYLADE

LA SIRÈNE — LA BARCAROLLE

PARIS

E. DENTU, LIBRAIRE-ÉDITEUR

PALAIS-ROYAL, 17-19, GALERIE D'ORLÉANS.

V. — 12.   1879

Paris-Imp. PAUL DUPONT, 41, rue Jean-Jacques-Rousseau. — 294.7.70

ŒUVRES COMPLÈTES

DE

EUGÈNE SCRIBE

DE L'ACADÉMIE FRANÇAISE

RÉSERVE DE TOUS DROITS

DE PROPRIÉTÉ LITTÉRAIRE

En France et à l'Étranger.

CAGLIOSTRO

OPÉRA-COMIQUE EN TROIS ACTES

En société avec M. de Saint-Georges.

MUSIQUE DE ADOLPHE ADAM.

THÉATRE DE L'OPÉRA-COMIQUE. — 10 Février 1844.

PERSONNAGES.	ACTEURS.
LE COMTE DE CAGLIOSTRO	MM. Chollet.
LE CHEVALIER DE SAINT-LUC, neveu de la marquise de Volmérange	Mocker.
TOMASSI, paysan calabrais, sous le nom de Caracoli	Henri.
LE PRINCE DE VOLBERG	Grignon.
LA MARQUISE DOUAIRIÈRE DE VOLMÉRANGE	Mmes Boulanger.
CÉCILE, sa petite-fille	Henri Potier.
LA CORILLA, cantatrice	Anna Thillon.

Dames et Seigneurs de la Cour. — Jeunes filles. — Domestiques. — un Notaire.

A Versailles, dans les salons de la marquise, aux premier et troisième actes; à Paris, chez le comte de Cagliostro, au deuxième acte.

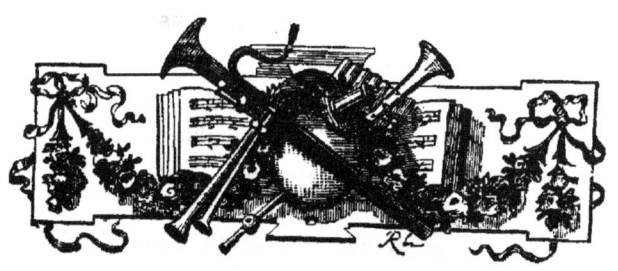

CAGLIOSTRO

ACTE PREMIER

Un salon. — Matinée chez la marquise de Volmérange.

SCÈNE PREMIÈRE.

LA MARQUISE, CÉCILE, LE PRINCE, DAMES et SEIGNEURS DE LA COUR.

La marquise tient une gazette à la main. Cécile, sa petite-fille, est assise auprès d'elle. Le prince tient un écheveau de soie qu'elle dévide. D'autres dames et seigneurs de la Cour sont groupés çà et là dans le salon.

INTRODUCTION.

LA MARQUISE, lisant la gazette.
« Un nouveau miracle authentique,
« Une guérison magnifique
« Du célèbre Cagliostro !
« Grâce au fluide magnétique,
« Un commandeur paralytique
« Vient de danser le fandango ! »

PLUSIEURS PERSONNES, entre elles, à gauche.
C'est absurde !

LA MARQUISE.
C'est admirable !
LE PRINCE.
C'est un grand homme !
PLUSIEURS PERSONNES, à gauche.
Un charlatan !
LE PRINCE.
De tout au monde il est capable.
CÉCILE, à la marquise.
Ah ! le prince est son courtisan !
LA MARQUISE.
Comme lui je suis fanatique.
LE PRINCE, à ceux qui l'entourent.
Et de son art presque magique
Votre esprit serait convaincu,
Si comme moi vous l'aviez vu !

COUPLETS.

Premier couplet.

Rien ne résiste à son génie :
Il sait guérir de tous les maux,
Par les plantes, les minéraux,
Le magnétisme et l'alchimie !
Par un art plus profond encor,
En se jouant il fait de l'or !
    Mais, dans sa bienfaisance
    Gardant l'incognito,
    A sa voix la souffrance
    Disparaît subito ;
    Et voilà la science
    Du grand Cagliostro !

TOUS.

A sa voix la souffrance
Disparaît subito ;
Et voilà la science
Du grand Cagliostro !

Deuxième couplet.

LE PRINCE.

Les philtres que son art compose
Conservent la force à nos jours,
La même constance aux amours,
La même fraîcheur à la rose!
(A la marquise.)
Je lui connais un elixir
Qui tout à coup fait rajeunir,
    Et cette eau de Jouvence
    Du premier numéro
    Vous ramène en enfance
Lorsque l'on en boit trop;
Et voilà la science
Du grand Cagliostro!

TOUS.

On revient en enfance
Lorsque l'on en boit trop;
Et voilà la science
Du grand Cagliostro!

SCÈNE II.

Les mêmes; LE CHEVALIER DE SAINT-LUC, entrant en riant.

LE CHEVALIER.
Ah! l'aventure est trop plaisante!

LA MARQUISE.
C'est mon neveu, le chevalier...
Qu'a-t-il donc?

LE CHEVALIER.
        Laissez-moi, ma tante,
Rire d'un trait si singulier!...
Ce grand Cagliostro, qui fit votre conquête...

LE PRINCE, *vivement et se levant.*
Le chevalier, esprit fort et railleur,
 Est connu pour son détracteur !

LE CHEVALIER.
Et vous pour son séide !... Eh bien ! donc, ce prophète,
Ce grand Lama, ce dieu qui donne des trésors,
Je l'ai vu de mes yeux saisi par des recors !

LA MARQUISE.
Impossible !

LE CHEVALIER.
   Arrêté pour dettes,
Comme un simple particulier.

LE PRINCE.
Lui, des dettes !

LE CHEVALIER.
   Qu'il avait faites,
Et qu'il ne pouvait pas payer !

LA MARQUISE.
Vous n'y pensez pas, chevalier !

LE CHEVALIER.
Je l'ai vu ! je l'ai vu !

Troisième couplet.

C'est un docteur des plus habiles,
Qui, sur nous levant des impôts,
Fabrique de l'or pour les sots
Avec l'argent des imbéciles !...
Oui, chez lui les trésors viendront
Tant que les autres en auront !
 La fourbe et l'ignorance
 Lui serviront d'écho ;
 Mais, au fond, sa puissance
 Se réduit à zéro ;
 Et voilà la science
 Du grand Cagliostro !

TOUS.
Quoi! voilà la science
Du grand Cagliostro!

LA MARQUISE et LE PRINCE.
L'aventure est étrange.

LE CHEVALIER.
C'est lui, votre héros,
Qu'une lettre de change
Retient sous les barreaux.

LA MARQUISE et LE PRINCE.
Non, non, c'est une erreur, je pense!

LE CHEVALIER.
Que des huissiers il brave la puissance,
Et je vais, subito,
Proclamer la science
Du grand Cagliostro!

SCÈNE III.

LES MÊMES; UN DOMESTIQUE, puis LE COMTE DE CAGLIOSTRO.

LE DOMESTIQUE, ouvrant la porte du fond et annonçant à haute voix.
Le comte de Cagliostro!

(Cagliostro salue la marquise et toutes les dames.)

LE PRINCE.
C'est vous, monsieur le comte!... (Regardant le chevalier.) On prétendait que vous veniez d'être arrêté!

CAGLIOSTRO, gaîment.
C'est vrai! par une armée de recors! Comment l'avez-vous deviné?

LA MARQUISE.
Mon neveu le chevalier vous avait vu!

CAGLIOSTRO.

Et s'est empressé de vous apprendre les bonnes nouvelles... Celle-ci est en effet assez originale... Il paraît que j'ai une ressemblance malheureuse avec un de mes compatriotes, un nommé Joseph Balsamo, pauvre diable criblé de dettes... Un de ses créanciers, actuellement en France, avait cru le reconnaître en moi, au moment où je sortais du pied-à-terre que j'ai ici, à Versailles... Accident d'autant plus fâcheux qu'il peut se renouveler... Vous me direz à cela que je pourrais changer de figure... il ne serait pas, en effet, difficile de trouver mieux, surtout ici, messieurs... mais je tiens à celle-ci... j'y suis habitué... j'ai donc réclamé, me disant le comte de Cagliostro, ce qu'ont attesté le marquis de Sénanges et quelques autres seigneurs que j'ai aperçus dans la foule... déclarant, du reste, qu'on pouvait se présenter demain ou après, à mon hôtel, rue Saint-Claude, à Paris, où j'acquitterai les dettes de Joseph Balsamo.

LE CHEVALIER.

Cela vous est si facile!

CAGLIOSTRO.

Vous croyez, monsieur le chevalier!

LE CHEVALIER.

Ne dit-on pas que vous avez trouvé le grand œuvre?

CAGLIOSTRO.

Et quand ce serait... ce dont je ne conviens pas... vous tomberiez d'accord avec moi que c'est une découverte bien frivole en elle-même, et qu'on peut en faire de plus utiles pour l'humanité!

LE CHEVALIER, avec ironie.

Celle par exemple, de vivre un ou deux siècles.

CAGLIOSTRO.

Eh! mais, ce n'est peut-être pas impossible!... grâce à une recette à laquelle monsieur le chevalier ne croit pas.

LE CHEVALIER.

Quelle est cette recette ?

CAGLIOSTRO, souriant.

La tempérance et la sagesse !

LA MARQUISE, vivement.

Non ! non... il y a d'autres secrets encore... car quoique jeune en apparence, on prétend que vous avez vécu dans des temps fort éloignés !

CAGLIOSTRO.

Moi ! qui a dit cela, madame ?

LA MARQUISE.

On a parlé d'une conversation que vous avez eue avec Anne d'Autriche !

CAGLIOSTRO, vivement.

Jamais, madame, jamais !... Sa Majesté connaissait trop bien les convenances, (Se reprenant.) ou plutôt je veux dire qu'une pareille idée est si extravagante !...

LE CHEVALIER.

Moins peut-être que vous ne voudriez le faire supposer... Mais franchement, vous n'en croyez pas un mot ?

CAGLIOSTRO.

C'est ce qui vous trompe, monsieur le chevalier... loin de vous ressembler, moi, je crois à tout !

LE CHEVALIER.

Même en vous ?

LA MARQUISE, d'un ton sévère.

Mon neveu !

LE CHEVALIER, d'un ton ironique.

Même à la magie... à la sorcellerie ?

CAGLIOSTRO.

Pourquoi pas ?... il ne s'agit que de s'entendre sur les mots... Je crois tout possible à l'esprit humain... je crois

1.

que la nature n'a pas de secrets qui ne puissent être découverts par le génie et par la science... Seulement, ceux qui faisaient jadis de pareilles découvertes, nos pères les appelaient sorciers et les brûlaient... aujourd'hui, on se contente de les tourner en ridicule... dans quelques années peut-être on trouvera juste de les honorer !

LE PRINCE, lui prenant la main.

On commence déjà, monsieur le comte... Et vous pensez donc que ces grands secrets de la nature ?...

CAGLIOSTRO.

Finiront tous par être connus !... Oui, dans le suc des plantes ou dans la fusion des métaux, Dieu a placé les principes réparateurs ou vivifiants... (S'arrêtant en souriant.) Mais, pardon, mesdames, pardon... j'oubliais que j'étais dans un salon et me croyais dans mon laboratoire.

LE PRINCE.

Plût au ciel que nous y fussions avec vous !

LA MARQUISE.

Cela nous arrivera... vous nous l'avez promis... (Avec curiosité.) Vous dites donc, monsieur le comte, qu'il y aurait par exemple des secrets pour rajeunir ?...

CAGLIOSTRO.

Je ne dis pas non !

LE PRINCE, avec curiosité.

Des plantes ou des philtres pour se faire aimer ?...

CAGLIOSTRO.

Ce n'est pas impossible !

CÉCILE, vivement.

Il y en aurait ?

CAGLIOSTRO.

Oui, sans doute !... (Galamment.) Mais, vous, mademoiselle, à quoi bon vous en informer ?

LE CHEVALIER, d'un air railleur.

Et ces secrets, vous les possédez?

CAGLIOSTRO.

Je ne m'en vante pas!... mais je suis sûr qu'ils existent.

LE CHEVALIER, haussant les épaules.

Allons donc! c'est impossible!

CAGLIOSTRO.

Eh! mon Dieu, oui, impossible! c'est ce que tout le monde dit!... Avant qu'on eût découvert le secret de diriger la foudre ou de s'élever dans les airs... vous auriez comme aujourd'hui crié à l'impossible... car on appelle impossible tout ce qui est inconnu... et ce que vous ne connaissez pas, monsieur, je le connais... Le magnétisme, que vous méprisez, me donne parfois le don de seconde vue... Il me permet de traverser les plis de cette étoffe, et de voir là, dans la poche de votre habit, une lettre qui ne doit pas y avoir été placée depuis longtemps... car elle vient d'être décachetée... l'écriture me ferait même supposer qu'elle vient de la main d'une femme... si la signature ne me l'attestait pas!

LE CHEVALIER.

Monsieur!

CAGLIOSTRO.

Ne craignez rien!... je ne regarde plus... Ce serait une indiscrétion dont je suis incapable.

CÉCILE, avec émotion.

Comment! il serait vrai?

CAGLIOSTRO.

Monsieur le chevalier n'a qu'à vous montrer si je me trompe!

CÉCILE.

Voyons, mon cousin, voyons!

LE PRINCE.

Oui, chevalier... vous ne pouvez nous refuser satisfaction.

LE CHEVALIER, à Cécile qui le presse.

Eh! non, ma cousine... la lettre la plus insignifiante!

CÉCILE.

Enfin, il y en a une!
(On entend au dehors un grand bruit. Tout le monde court aux fenêtres.)

LE PRINCE, après avoir regardé par la fenêtre.

Un carrosse versé à la porte de l'hôtel... un cocher maladroit!

LE CHEVALIER, de même.

Une personne blessée!

CÉCILE.

Ah! mon Dieu! tuée, peut-être?

LA MARQUISE.

Courez, mon neveu, offrez ma maison, ainsi que nos soins et nos secours! (Le chevalier et le prince sortent. — A Cagliostro.) Nous comptons toujours demain soir sur monsieur le comte et sur la séance de somnambulisme qu'il nous a promise.

CAGLIOSTRO.

Je n'aurai garde d'y manquer!

LA MARQUISE.

Vous aurez une royale assemblée... car toutes les personnes de la cour me demandent des invitations... et mon salon ne pourra contenir la foule de vos admirateurs... (Regardant vers le fond.) Qu'ai-je vu!

SCÈNE IV.

Les mêmes; LE MARQUIS DE CARACOLI, blessé, ramené par LE CHEVALIER et par LE PRINCE, qui le soutiennent.

TOUS.
Ah! quelle pâleur est la sienne!
Hélas! il se soutient à peine.

LE PRINCE.
Grâce au ciel! il respire encor!

CARACOLI.
Ah! ze souis fini!... ze souis mort!

LA MARQUISE, au chevalier.
Quel est-il? répondez, de grâce!

LE CHEVALIER.
Un étranger de noble race.

LE PRINCE.
Le marquis de Caracoli!

CARACOLI.
Ah! ze souis mort!... ze souis fini

LA MARQUISE.
Où Son Altesse souffre-t-elle?

CARACOLI.
Z'ai le pied brisé.

CAGLIOSTRO, à la marquise.
Ce n'est rien!

CARACOLI.
Le bras fracassé.

CAGLIOSTRO, de même.
Ce n'est rien.

CARACOLI, portant la main à sa tête.
Ze sens se troubler ma cervelle!

CAGLIASTRO, de même.

C'est plus grave... Je le vois bien !
Car la commotion fut telle
Que l'épanchement au cerveau
Est immanquable !

CÉCILE.

Ah ! quel malheur nouveau !

LA MARQUISE, bas à Cagliostro.

Sa perte alors...

CAGLIOSTRO.

Est imminente !

LA MARQUISE, à un de ses gens.

Hé ! vite ! hé ! vite ! un médecin !
Courez !

LE CHEVALIER.

Y pensez-vous, ma tante,
Quand vous avez là, sous la main,
Celui qui sauverait d'un mot le genre humain !

CAGLIOSTRO.

Moi ?

LE CHEVALIER.

Vous !
(Avec ironie.)
Allons ! allons !
Avec deux ou trois mots,
Vous guérirez ses maux !
C'est un heureux hasard !
Déployez tout votre art...
Chacun de vous attend
Un miracle éclatant.
Allons ! allons !
Nous attendons...

TOUS, à Cagliostro.

Allons ! allons !

CAGLIOSTRO, avec embarras.

Mais, pris à l'improviste...
Sans être préparé...

LE CHEVALIER, avec ironie.
Quoi ! devant le péril,
Ce grand docteur, ce savant alchimiste,
De son talent douterait-il ?

LA MARQUISE, LE PRINCE, et LE CHŒUR.
O ciel ! hésiterait-il !

CAGLIOSTRO, à Caracoli, lui présentant une petite boîte.
Si monseigneur pourtant veut se résoudre
A respirer un peu de cette poudre...
(Montrant Caracoli qu'il magnétise.)
Voyez comme soudain ses effets sont puissants :
La vie et la chaleur vont ranimer ses sens !

CARACOLI.
O ciel !

CAGLIOSTRO, le magnétisant toujours.
Silence !

TOUS, avec anxiété.
Eh ! bien ?

CARACOLI.
Mon cerveau se dégage.
Ze renais !...
(Remuant la main, puis le bras.)
De mon bras ze retrouve l'usage !
(Se frottant la poitrine.)
D'un bien-être inconnu mon cœur est rézoui !

CAGLIOSTRO, avec enthousiasme.
Levez-vous, monseigneur, car vous êtes guéri !
(Caracoli se lève vivement et tout le monde pousse un cri.)

TOUS.
Honneur ! honneur au grand Cagliostro !

CARACOLI, étonné.
Que dites-vous ? le comte de Cagliostro !
Mais c'est un ange, un Dio bien piu tosto !
Ah ! zour heureux ! ô vue enchanteresse !
Ah ! sur mon cœur souffrez que ze vous presse,

Et de ce bras reconnaissant
Que ze dois à votre talent !

Ensemble.

CAGLIOSTRO.

Grâce, je vous prie,
Pour ma modestie !
Mon humble génie
Est vraiment honteux.
Mais à votre vue,
L'envie est vaincue,
Et mon âme émue
En rend grâce aux dieux !

CARACOLI et LE CHOEUR.

Vive la magie !
Vive l'alchimie !
Honneur au génie
Inspiré des dieux !
Pour lui dans nos rues
Dressons des statues,
Et portons aux nues
Son nom glorieux !

LE CHEVALIER.

Malgré sa magie
Et son alchimie,
Pour moi son génie
Est encor douteux.
Je veux qu'à leur vue,
Par moi soit vaincue
La fourbe inconnue
Qui trompe leurs yeux !

CAGLIOSTRO, bas à la marquise, montrant Caracoli.

A sortir, loin qu'il se hasarde,
Qu'il reste en votre hôtel...

LA MARQUISE, de même.

Oui, certes, je le garde !

Jusqu'à ce soir...

CARACOLI.

Et même ze le sens,
Quelques vins généreux, quelques mets succulents,
Ne me déplairaient pas...

(Geste de colère de Cagliostro.)
Si telle est l'ordonnance...

LE PRINCE, à Cagliostro.

Il faut que je vous parle ici quelques instants!

CÉCILE, bas à Cagliostro.

Ah! daignez m'accorder un instant d'audience...
Tout à l'heure au jardin!

LA MARQUISE, bas à Cagliostro.

Tout à l'heure au salon!

CAGLIOSTRO, à part, les regardant tous trois.

Tout le monde à la fois!... C'est bon! c'est bon, c'est bon!

Ensemble.

CAGLIOSTRO.

Grâce, je vous prie, etc.

TOUS.

Vive la magie! etc.

LE CHEVALIER.

Malgré sa magie, etc.

(Tout le monde sort, excepté Cagliostro et Caracoli.)

SCÈNE V.

CAGLIOSTRO, CARACOLI, se carrant dans un fauteuil d'un air triomphant.

Eh bien! mio maestro?

CAGLIOSTRO, regardant si tout le monde est sorti.

Silence!

CARACOLI.

Êtes-vi content?

CAGLIOSTRO, vivement et à voix basse.

Oui, excepté les vins généreux et les mets succulents qui étaient superflus.

CARACOLI.

Je les trouve, moi, très-nécessaires.

CAGLIOSTRO.

Silence, te dis-je !... Je t'ai fait rester jusqu'à ce soir dans la maison, pour que tu puisses tout voir et tout entendre... Il y a ici une dot d'un million à toucher.

CARACOLI.

Capisco !... ma la grand'mère ?

CAGLIOSTRO.

Est déjà gagnée.

CARACOLI.

Et la zeune personne ?

CAGLIOSTRO.

Je n'en désespère pas.

CARACOLI.

Si vi y parvenez... ze me prosterne, ô maestro !

CAGLIOSTRO.

Nous n'avons à craindre que le chevalier de Saint-Luc, son cousin, jeune seigneur riche et maître de sa fortune... Il adore sa cousine.

CARACOLI.

C'est fâcheux per vous... per un mari.

CAGLIOSTRO.

Peu m'importe !... mais il me déteste et peut me perdre... Il faut le prévenir.

CARACOLI.

Et comment ?

CAGLIOSTRO.

Il y a quelque intrigue sous jeu... Une lettre qu'on lui

remettait avec mystère au moment où il entrait à l'hôtel...
Je l'ai vue... une lettre qu'il a refusé de montrer.

CARACOLI.

A quel sujet ?

CAGLIOSTRO.

C'est à toi de le savoir... en observant.

CARACOLI.

C'est-à-dire, en regardant et en écoutant ?

CAGLIOSTRO.

Tu n'es ici que pour cela... On vient.

CARACOLI.

Est-ce lui ?

CAGLIOSTRO.

Non ! le prince bavarois, grand seigneur millionnaire, qui se jetterait pour moi dans le feu.

CARACOLI.

Si vi pouviez l'y faire fondre en lingot d'or per nos créanciers qui commencent à se montrer.

CAGLIOSTRO.

Qui te dit que je n'y ai pas déjà pensé ?

CARACOLI, à voix haute.

O grand homme !

SCÈNE VI.

Les mêmes; LE PRINCE.

LE PRINCE.

Oui, grand homme !... Et d'après ce que j'ai vu, tout lui est possible !

CAGLIOSTRO.

Vous vous exagérez quelques résultats, dus au hasard plus qu'à la science !

LE PRINCE.

Je peux parler sans crainte devant monsieur qui vous doit la vie... et moi, je viens vous demander bien plus encore... oui... plus que la vie !...

CARACOLI.

Vi m'étonnez !... car ze connais peu de choses piu indispensables et piu utiles per vivre.

LE PRINCE.

J'ai un nom, de la naissance... je ne suis pas mal...

CARACOLI.

Vi êtes très-bien !

LE PRINCE.

Je suis un des plus riches seigneurs de la Bavière, et, de plus, amoureux à en perdre la tête d'une personne qui ne m'aime pas et se moque de moi.

CAGLIOSTRO.

Ce n'est pas naturel !

CARACOLI.

Il y a un sort !

LE PRINCE.

C'est ce qu'il me semble !... Et ne pourrait-on pas combattre ce sort ?

CAGLIOSTRO.

Je vous ai dit que tout était possible.

LE PRINCE, avec transport.

Ah ! tout ce que je possède est à vous !

CAGLIOSTRO.

Quelle est cette personne ?

LE PRINCE, vivement.

Ce qu'elle est !... charmante, adorable !... Rien que d'en parler, le cœur me bat, et la fièvre me prend... Voyez plutôt...

CARACOLI.

Pauvre prince!

CAGLIOSTRO.

Je vous demande qui elle est.

LE PRINCE.

Une fée, une magicienne, une sorcière!...

CAGLIOSTRO.

Mais son rang?... une comtesse, une marquise?

LE PRINCE.

Si ce n'était que cela, je n'aurais pas besoin de vous.

CAGLIOSTRO.

O ciel! une princesse?

LE PRINCE.

Bien plus encore!... une reine, une déesse... la diva Corilla, la première cantatrice de l'Italie!

CAGLIOSTRO.

Pardon! pardon... absent du pays depuis cinq ans, je ne connais pas!...

CARACOLI.

Ze connais pas davantage!

LE PRINCE.

Vous ne connaissez pas la Corilla?... la prima donna de San Carlo!... c'est là que je l'ai vue et entendue pour la première fois... Depuis, elle a été à Venise et à Milan... je l'y ai suivie et admirée de loin, et toujours aux premières loges... Elle est depuis quelques jours à Paris... voilà pourquoi je suis venu en France... et comme elle doit bientôt partir pour Vienne, je m'apprête à voyager en Allemagne... C'est ainsi que j'aurai fait mon tour d'Europe.

CAGLIOSTRO.

Et elle ne vous aime pas?

LE PRINCE.

Non, monsieur le comte!

CARACOLI.
Elle veut que vi l'épousiez!

LE PRINCE.
Je le lui ai proposé... et elle refuse!

CAGLIOSTRO, étonné.
Votre main et votre fortune?

LE PRINCE.
Oui, monsieur!

CAGLIOSTRO.
Oh! ce n'est pas une cantatrice comme une autre.

LE PRINCE.
Je le crois bien... Une froideur, une indifférence... Voilà pourquoi ce n'est pas trop de vos philtres les plus rares, les plus précieux... N'épargnez rien... Si, avec ma fortune, dont je ne sais que faire, j'achète le bonheur qui me manque, c'est tout bénéfice... (Se mettant à la table.) Et un mot de moi sur mon banquier... Que vous faut-il? dix, vingt mille livres?

CAGLIOSTRO.
C'est trop! c'est trop... la moitié suffira... d'abord... plus tard, nous verrons!

LE PRINCE, avec ivresse.
Elle m'aimera donc, elle m'aimera donc bien?

CAGLIOSTRO.
Pas tout de suite... ni trop vivement... Il ne faut jamais de doses trop fortes, surtout en amour... qui demande au contraire à être pris peu et souvent.

LE PRINCE.
Qu'elle commence par ne plus me haïr et par me supporter... voilà tout ce que je demande.

CAGLIOSTRO.
Nous y arriverons... Vous me présenterez à elle...

LE PRINCE.

Elle passe toute la journée à Paris... elle me l'a dit, et ne veut recevoir personne... C'est pour cela que je suis venu à Versailles, faire ma cour au roi et au cardinal de Rohan, à qui j'ai un service à demander.

CAGLIOSTRO.

Pour vous?

LE PRINCE.

Non, pour elle ! toujours pour elle !...

CAGLIOSTRO.

C'est bien... A demain, donc !... et bientôt, je l'espère, je vous remettrai cette fiole ! Silence !

(Un domestique entre par la porte à gauche, et s'adresse à Caracoli.)

LE DOMESTIQUE.

Madame a fait préparer pour monsieur le marquis une collation dans la pièce à côté.

CARACOLI, vivement.

Z'y vais !

CAGLIOSTRO, bas.

Et observe toujours !

CARACOLI, bas.

A zeun je suis mauvais observateur... ma, dès que z'aurai manzé...

LE DOMESTIQUE, à Cagliostro.

Madame la marquise prie monsieur le comte de l'attendre ici, dans une demi-heure.

(Le domestique sort.)

CAGLIOSTRO.

Oui, certes ! (A part.) Et sa petite-fille qui m'attend au jardin... J'y cours... Il faut de l'ordre dans ses rendez-vous... (Au prince.) Adieu, monseigneur, dès demain... dès aujourd'hui même, cela ira mieux, je vous le promets...

(Il sort par la porte du fond, et Caracoli par la porte à gauche.)

SCÈNE VII.

LE PRINCE, seul.

Cela ira mieux, dit-il... Je n'ose y croire encore... et cependant, il est si habile, il produit des effets si étonnants, que s'il veut employer en ma faveur cette puissance sympathique et attractive dont il parlait...

SCÈNE VIII.

LE PRINCE, CORILLA, entrant par la porte à gauche.

LE PRINCE, poussant un cri.
Dieu ! c'est elle ! c'est Corilla !

CORILLA, étonnée.
Le prince !

LE PRINCE.
Vous, qui d'aujourd'hui ne deviez pas quitter Paris...

CORILLA.
Vous l'avez dit !

LE PRINCE.
Ici, dans l'hôtel de la marquise de Volmérange, où vous veniez pour moi ?

CORILLA, souriant.
Vous vous trompez !

LE PRINCE.
Allons donc !... qui pourrait vous amener chez la marquise, que vous ne connaissez pas ?

CORILLA.
C'est mon secret !... Je déteste les gens curieux... et vous

êtes toujours là, devant moi, comme un point d'interrogation.

LE PRINCE, galamment.

Vous voulez dire d'admiration !

CORILLA.

C'est mieux !... Eh bien ! monsieur, je venais étudier les modes de la cour, moi, étrangère, qui n'ai encore pris ni la poudre, ni les mouches... Mais vous-même, pourquoi me surprendre à Versailles ? Qu'y venez-vous faire ?

LE PRINCE.

Solliciter pour vous et appuyer de nouveau auprès du cardinal de Rohan la demande que vous avez adressée à la cour de Rome... Vous, Corilla, avoir des affaires avec le saint-siége !... qu'est-ce que ce peut être ?

CORILLA, sévèrement.

C'est mon secret !

LE PRINCE.

C'est juste, c'est juste... je me tais... Plus qu'un mot seulement... sur une affaire personnelle...

CORILLA.

Soit ! si vous vous dépêchez.

LE PRINCE.

Dites-moi... si aujourd'hui, dans ce moment, ma présence vous impatiente comme à l'ordinaire ?

CORILLA.

Pas autant !

LE PRINCE.

Bravo ! ça commence !... Et si malgré vous, bientôt peut-être, vous alliez m'aimer... Hein ? vous en seriez bien étonnée...

CORILLA, gaîment.

Moi ! ma foi non !

IV. — XII.

CAVATINE.

C'est un caprice
Qui rend propice
La cantatrice
Au cœur changeant !
Sachez attendre
Un aveu tendre
Qui peut dépendre
D'un seul instant !

Vous êtes le plus estimable
De tous les princes bavarois ;
Je devrais vous trouver aimable,
Et je le voudrais quelquefois...
   Oui, oui, je le voudrais...
      Mais... mais...

   C'est un caprice, etc.

Maintenant, partez, laissez-moi
Seule en ces lieux ! je le désire...
Comment, vous hésitez, je croi ?
Vous osez demander pourquoi ?
    Pourquoi ? pourquoi ?
Je le veu !... Cela doit suffira !

     (Le prince salue et s'éloigne.)

C'est bien ! c'est bien ! vous comprenez !
  (A part, le regardant s'éloigner.)
Ah ! vraiment, tant d'obéissance
Me touche le cœur !...

       (Haut.)
    Revenez !
    (Le prince accourt auprès d'elle.)
Je vous dois une récompense.
  (Lui tendant sa main à baiser.)
Tenez ! monsieur, tenez ! tenez !
(Le prince porte vivement la main de Corilla à ses lèvres.)
    Vous le voyez !
    C'est un caprice
    Qui rend propice

La cantatrice
Au cœur changeant!
Et maintenant
Partez... oui, partez sur-le-champ!

(Le prince sort par le fond.)

SCÈNE IX.

CORILLA, seule, puis LE CHEVALIER.

CORILLA.

Oui, certes, il mériterait d'être aimé, si la raison pouvait compter pour quelque chose en amour. (Apercevant le chevalier qui entre par la porte à droite.) Ah! vous voilà, chevalier!

LE CHEVALIER, d'un air effrayé.

Corilla!

CORILLA.

Après la lettre qui vous prévenait de ma visite, il me semble qu'elle ne devrait pas vous étonner...

LE CHEVALIER.

Si vraiment... car je vous avais répondu sur-le-champ à l'hôtel où vous deviez descendre... que c'était moi qui, ce soir, irais vous trouver.

CORILLA.

Et pourquoi?

SCÈNE X.

LES MÊMES; CARACOLI, ouvrant la porte à gauche.

CARACOLI, apercevant le chevalier.

Ah! notre chevalier en tête-à-tête avec une zolie dame qui n'est pas sa cousine... Ascoltiamo!

(Il rentre dans le cabinet.)

CORILLA, continuant de causer avec le chevalier.

Eh! oui, sans doute, monsieur, pourquoi?

LE CHEVALIER.

Parce que dans cet hôtel, où je demeure avec ma tante, ma grand'tante, la douairière de Volmérange...

CORILLA, riant.

Celle qui eut autrefois à la cour une si grande réputation de beauté et de coquetterie... Elle ne saurait être l'ennemie des amours... et ne peut vous blâmer d'employer votre jeunesse comme elle a employé la sienne.

LE CHEVALIER, avec embarras.

Mais, au contraire... elle est sévère maintenant pour tout le temps...

CORILLA, riant.

Où elle ne l'a pas été... Cela fait bien de l'arriéré... Mais peu vous importe, à vous, que votre fortune et votre position rendent indépendant... Et puis, il faudra bien qu'un jour ou l'autre vous me présentiez à ma nouvelle famille.

LE CHEVALIER.

O ciel! que voulez-vous dire?

CORILLA.

Que bientôt, je l'espère, il n'y aura plus d'obstacle... Oui, monsieur, lorsque votre père vous a envoyé en Italie, pour former votre jeunesse... et que vous avez commencé par vous jeter dans le Tibre, pour me sauver, moi, pauvre fille, qui allais me noyer par désespoir... quand vous vous êtes mis, après cela, à m'adorer et à vouloir m'épouser...

LE CHEVALIER.

Corilla!

CORILLA.

Ah! je n'ai rien oublié... ni vos serments, ni les miens... ceux de nous aimer toujours... dans la misère comme dans la fortune... malgré le temps, malgré l'absence, malgré les séductions... et elles ne m'ont pas manqué, je vous prie de le croire!... Mes succès m'ont entourée d'adorateurs que j'ai tous repoussés... tous, je te le jure... Tu étais mon premier amour, et j'y suis restée fidèle... Moi, d'abord, j'ai toujours été bizarre et originale... Vous le savez mieux que personne, monsieur, puisque, malgré vos instances, j'ai refusé votre main, tant qu'a vécu votre père.

LE CHEVALIER.

C'est vrai!

CORILLA.

C'était là un obstacle... de votre côté... et peut-être du mien y en avait-il aussi!

LE CHEVALIER.

Et lesquels?

CORILLA.

Je ne vous en ai jamais parlé... parce qu'alors ils étaient invincibles... mais bientôt, je l'espère, ils n'existeront plus... Demain, après-demain peut-être, j'en aurai l'assurance.

LE CHEVALIER.

En vérité, Corilla, je ne vous comprends pas...

CORILLA.

Et vous n'avez besoin de rien comprendre... sinon que je vous aime... et que je suis venue en France, non pour y briller, comme vos journaux le supposent... mais pour vous revoir et pour vous dire : Tu m'aimais quand je n'avais rien... et maintenant que j'ai gloire, fortune et renommée, je te les dois et je te les apporte!

LE CHEVALIER, avec embarras.

Ah! que de reconnaissance!... et comment m'acquitter?... Mais il faut que je vous voie, que je vous parle sur de nouveaux embarras, bien légers sans doute, suscités par...

CORILLA.

Par qui? par votre grand'tante?... Vous ne lui devez rien, que des respects et des petits-neveux... et si vous n'osez lui avouer la vérité... je m'en charge... J'ai là vos lettres, vos bagues, vos cheveux, votre promesse de mariage... J'ai tout gardé, jusqu'au poignard que vous m'avez permis de vous plonger dans le cœur, si vous m'étiez infidèle... J'expliquerai à madame la marquise la valeur de tous ces gages... Elle la comprendra, j'en suis sûre... ne fût-ce que de souvenir... et je vous apporte son consentement.

LE CHEVALIER.

Oui, oui, mais pas aujourd'hui... car il faut éviter le bruit et le scandale... et elle a chez elle une nombreuse réunion qui doit ignorer nos affaires de famille...

CORILLA.

C'est juste! Et quand on me donne de bonnes raisons...

LE CHEVALIER.

Demain donc, demain, j'irai vous retrouver à Paris... et d'ici là, je me serai décidé à avoir du caractère, et à prendre un parti.

CORILLA.

A merveille!... je retourne à mon hôtel, aux *Armes de France*, reprendre ma voiture.

LE CHEVALIER.

Oui, oui, partez.

CORILLA.

Eh bien! monsieur, vous ne m'embrassez pas ?

LE CHEVALIER.

Si, vraiment!... (Il l'embrasse et s'arrête.) Dieu! j'avais cru entendre...

CORILLA.

Votre grand'tante!... Prenez garde, chevalier... (D'un ton tragique.) je vais devenir jalouse... et me servir contre elle du poignard qui vous était destiné... (Gaîment.) Adieu, mon ami, à demain !

(Elle sort par le fond.)

SCÈNE XI.

LE CHEVALIER, seul.

Grâce au ciel! elle s'éloigne!... Plus aimable et plus jolie, s'il est possible... qu'au temps où je l'aimais... Oui, quand je l'aimais... car je suis encore à m'expliquer comment il s'est fait que peu à peu, depuis trois ans, je ne l'aime plus.

Qu'ai-je dit! quel blasphème! ah! je l'aime toujours!
Mais il en est une autre, hélas! qui m'est plus chère.
Un amour pur, véritable, sincère,
Et pour lequel je donnerais mes jours!

ROMANCE.

Premier couplet.

Léger par goût et par système,
D'amour chaque jour je changeais,
Mon cœur séduit n'est plus le même...
Cécile, je t'ai vue... et j'aime
Pour jamais!
Oui, pour jamais!

Deuxième couplet.

Adieu, beautés au cœur volage,
Adieu, j'ai brisé vos filets;
Grâce à l'amour, je deviens sage,
J'aime Cécile et je m'engage
Pour jamais,
Oui, pour jamais!

Ah! c'est ma tante! Allons! pas de temps à perdre pour faire ma demande...

SCÈNE XII.

LE CHEVALIER, LA MARQUISE.

LA MARQUISE, sortant de la porte à droite et à la cantonade

Je n'y suis pour personne... (Se retournant avec impatience.) Ah! c'est vous, chevalier!

LE CHEVALIER.

Je vous retiendrai à peine quelques minutes... Je ne vous dirai pas qu'une alliance entre ma cousine et moi réunirait les biens de nos deux maisons, que la volonté de mon père, que les convenances, que tout s'accorde en faveur de ce mariage... mais je vous avouerai que j'aime Cécile, que je ne puis vivre sans elle... et je viens, madame la marquise, vous demander de vouloir bien m'accorder la main de votre petite-fille.

LA MARQUISE.

Je ne puis répondre à ce brusque aveu, sans avoir consulté Cécile... et je vous demande.

LE CHEVALIER.

Ah! tout le temps que vous voudrez... mais ce soir, ma tante, ce soir, je vous en supplie...

LA MARQUISE.

Soit!

LE CHEVALIER.

Vous me permettrez donc de revenir vous présenter mes hommages...

(Il lui baise la main et sort par la droite.)

SCÈNE XIII.

LA MARQUISE, CAGLIOSTRO, entrant par la porte du fond; CARACOLI, caché dans le cabinet à gauche, entre à la fin de la scène.

CAGLIOSTRO.

Enfin, me voici libre et tout à vous, madame!

LA MARQUISE, indiquant la porte à gauche.

Silence! Voyez à cette porte.

(Elle va, pendant ce temps, regarder à la porte à droite.)

CAGLIOSTRO, entr'ouvrant la porte à gauche et apercevant Caracoli, lui dit à demi-voix:

Ah! tu es toujours là?

CARACOLI, de même.

Le rival a fait sa demande officielle... Je l'ai entendu et bien d'autres choses encore!

CAGLIOSTRO, vivement, poussant la porte.

C'est bien; écoute, et sois à ta réplique.

LA MARQUISE, revenant.

Nous sommes seuls!... personne...

CAGLIOSTRO.

Personne!...

LA MARQUISE.

Ne peut venir nous interrompre?...

CAGLIOSTRO, à part.

Per dio! qu'est-ce que cela signifie?

LA MARQUISE.

Veuillez vous asseoir près de moi... plus près...

CAGLIOSTRO, s'asseyant, à part.

Est-ce que je serais voué aux grandes aventures?

LA MARQUISE.
Monsieur le comte, vos talents et votre mérite...

CAGLIOSTRO, à part.
Je crains d'en avoir trop !

LA MARQUISE.
M'ont inspiré une confiance dont je vais vous donner la plus grande de toutes les preuves.

CAGLIOSTRO, à part.
Ceci devient effrayant !

LA MARQUISE.
Le rang et la fortune que je possède, ma position à la cour, ne m'empêchent pas d'être la plus malheureuse des femmes... et je donnerais à l'instant tout ce que j'ai... pour ce que je n'ai plus...

CAGLIOSTRO.
Que voulez-vous dire, madame ?

LA MARQUISE.
Telle que vous me voyez, monsieur le comte, j'ai été adorée, courtisée ; le feu roi lui-même et toute sa cour ont été à mes pieds... Enfin, j'ai eu la jeunesse la plus brillante, la plus folle, la plus enivrante... et cette jeunesse je l'ai fait durer, je puis le dire, aussi longtemps que possible... Mais enfin, l'on a beau faire... il vient un moment où l'on est obligé de l'abandonner... c'est celui où décidément...

CAGLIOSTRO.
Elle vous abandonne !

LA MARQUISE.
Vous l'avez dit... C'est elle qui a commencé... et depuis, je ne l'ai jamais revue... mais jamais aussi je n'ai cessé d'y penser et de la regretter... Il n'y a pas de nuit où je ne me retrouve en rêve devant une glace... avec mes attraits et ma fraîcheur de dix-huit ans... ou bien, je me vois entrer dans les salons de Versailles... dans un bal à la cour !...

CAGLIOSTRO.

En grande toilette ?

LA MARQUISE.

Au contraire !... en robe de gaze... les bras nus et une rose dans les cheveux... et de tous les coins de la salle s'élèvent des exclamations de surprise, d'amour, d'envie... murmures enivrants qui, par malheur, me réveillent et me désespèrent... Eh bien ! monsieur le comte, eh bien ! dites-moi... n'y aurait-il pas moyen de faire de mon rêve une réalité ?

CAGLIOSTRO.

Quoi ! c'est cela que vous me demandez ?

LA MARQUISE.

Répondez-moi, de grâce !

CAGLIOSTRO, à part.

Ma foi, il faut tout risquer !

LA MARQUISE.

Cela est-il possible ?

CAGLIOSTRO, avec aplomb.

Oui, madame !

LA MARQUISE, poussant un cri.

Ah ! je vous crois !... car le cœur me bat déjà comme à quinze ans ! il les a...

CAGLIOSTRO.

Le difficile maintenant est que tout le reste revienne au même âge... et pour y parvenir...

LA MARQUISE.

Vous avez dit que cela était possible !

CAGLIOSTRO.

Eh ! sans doute !... mais je dois vous parler avec franchise...

LA MARQUISE.

Il le faut !

CAGLIOSTRO.

Si je tente une pareille entreprise...

LA MARQUISE.

Eh bien !

CAGLIOSTRO.

Quel en sera le prix ?

LA MARQUISE.

Je vous l'ai dit... tout ce que je possède... toute ma fortune !

CAGLIOSTRO.

La fortune, j'y tiens peu !... car je puis, si j'en prends la peine, éclipser tous vos fermiers généraux.

LA MARQUISE.

C'est vrai !

CAGLIOSTRO.

Quant aux titres et aux honneurs, croyez-vous que roi ou ministre les refuse à celui qui peut prolonger leurs jours et leur pouvoir ?

LA MARQUISE.

C'est vrai ! que puis-je donc pour vous ?

CAGLIOSTRO.

Je vais vous le dire... J'ai vu mademoiselle Cécile, votre petite-fille... Elle a seize ans... elle est charmante, elle ressemble à ce que vous étiez autrefois... ou plutôt à ce que vous allez être... c'est vous dire, madame la marquise, que je n'ai pu la voir sans l'aimer !

LA MARQUISE.

O ciel !

CAGLIOSTRO.

Nommez-moi votre gendre... et je fais pour vous, ma belle-mère, ce que je ne ferais pour personne au monde... et je vous donne à la fois la plus grande preuve de mon amour et de mon désintéressement... Car vous faire rétrograder jusqu'à seize ans... c'est vous dire assez que je ne compte pas sur votre succession !

LA MARQUISE.

Oui, oui, vous avez raison... mais mon neveu qui à l'instant même vient de me demander sa cousine en mariage...

CAGLIOSTRO.

Et vous avez promis !

LA MARQUISE.

Rien encore... mais, ce soir, il doit venir chercher ma réponse.

CAGLIOSTRO.

Je me retire, madame !

LA MARQUISE.

Non, non... restez !

CAGLIOSTRO, avec ironie.

Si votre neveu vous aime assez peu pour immoler vos beaux jours aux siens !

LA MARQUISE, vivement.

Ah ! vous dites vrai... je ne me laisserai pas sacrifier par ma famille !

CAGLIOSTRO, à part.

Je l'emporte !

LA MARQUISE.

A une condition... c'est que vous me donnerez à l'instant cette eau merveilleuse !

CAGLIOSTRO, à part.

Diavolo ! (Haut.) A l'instant, ce serait difficile... car il faut composer cet élixir... et je ne l'obtiens qu'avec le suc des plantes rares cueillies par moi-même, au péril de ma vie, sur la cime des plus hautes montagnes du globe... Hier encore j'en avais sur moi un flacon...

LA MARQUISE, avec impatience.

Eh bien !

CAGLIOSTRO.

J'en ai disposé en faveur d'un vieil ami de quatre-vingt-dix-huit ans... un enfant que j'ai vu naître... un fou, un étourdi, qui a vidé d'un seul trait le flacon que j'ai là !...

LA MARQUISE.

Vous l'avez encore ?

CAGLIOSTRO, tirant un flacon de sa poche.

Oui, madame, il l'a bu jusqu'à la dernière goutte... (Le regardant.) Non, il en reste encore une ou deux.

LA MARQUISE.

Ah ! donnez-les-moi, de grâce !

CAGLIOSTRO.

A quoi bon ?... Il y aurait là à peine de quoi vous rajeunir dix minutes ou un quart d'heure.

LA MARQUISE.

C'est toujours un à-compte !

CAGLIOSTRO.

Ou plutôt un regret... Les roses revenues un instant sur votre visage, ne tarderaient pas à disparaître... J'aime mieux vous distiller à loisir pour un siècle de fraîcheur et de beauté... Cela est plus durable !

LA MARQUISE.

Sans contredit... Mais cela n'empêche pas... Je vous en prie, je vous en supplie... Laissez-moi tenter cette épreuve... Je n'en veux pas d'autre... Après, je consens à tout !

CAGLIOSTRO, souriant.

C'est de la folie ! c'est de l'enfance !

LA MARQUISE.

C'est possible !... Mais quand on est si près d'y revenir...

CAGLIOSTRO.

C'est juste, et je me rends... Voyez seulement si personne ne peut nous surprendre !

(La marquise va regarder en dehors, à la porte à droite et à la porte du fond, elle les ferme en dedans au verrou. Cagliostro, pendant ce temps, s'est approché de la porte à gauche que Caracoli vient d'entr'ouvrir.)

DUO.

CAGLIOSTRO, bas à Caracoli.
Tu nous entends?

CARACOLI, à voix basse.
Si, signor!

CAGLIOSTRO, de même.
Eh bien, donc!
Attention!
(Regardant autour de lui, pendant que Caracoli ferme la porte.)
Dans ce salon
Point de trumeau, point de perfide glace...
(Apercevant un petit miroir sur la table à droite.)
Si vraiment, ce miroir...
(Il ouvre la fenêtre à gauche et le jette.)

LA MARQUISE, revenant, à Cagliostro.
Que faites-vous, de grâce?

CAGLIOSTRO.
Je regardais... Personne à moi ne vient s'offrir!
Nul indiscret ne peut à présent nous trahir?

LA MARQUISE.
Non, non, personne; et, prudemment sur nous,
(Allant fermer la porte à gauche.)
Fermons ces derniers verrous!

Ensemble.

LA MARQUISE, avec émotion.
D'espoir et de surprise
Je tressaille, et j'ai peur
Qu'en mes mains ne se brise
Ce cristal enchanteur!
O liqueur douce et bonne,
Quoi! pour quelques instants,

Tu vas rendre à l'automne
Les roses du printemps !

CAGLIOSTRO.

D'espoir et de surprise
Elle tremble, elle a peur
Qu'en ses mains ne se brise
Ce cristal enchanteur...
Oui, oui, je vous le donne,
Et, pour quelques instants,
Il va rendre à l'automne
Les roses du printemps.

LA MARQUISE, à Cagliostro d'une voix tremblante.

Donnez ! donnez !

CAGLIOSTRO, lui remettant le flacon.

Le voici !

(La marquise avale les dernières gouttes du flacon.)

CAGLIOSTRO, d'un air satisfait.

Eh bien ? eh bien ?

LA MARQUISE.

Un miroir, un miroir !
Donnez, je veux me voir !
Je veux me reconnaître !

(Cherchant sur la table.)

Mon miroir ! mon miroir !
Eh bien ! où peut-il être ?
Mon miroir ! mon miroir !

CAGLIOSTRO, cherchant à la calmer.

Silence ! on peut nous entendre !

LA MARQUISE.

Qu'importe !

CARACOLI, frappant à la porte en dehors.

Ouvrez, de grâce !

LA MARQUISE.

Eh ! mais, on frappe à cette porte !

CARACOLI.

C'est moi... moi !

LA MARQUISE, allant ouvrir la porte.
Le marquis!

CARACOLI, entrant, et regardant la marquise.
O ciel! que vois-je là!
Quelle est cette jeune fille?

LA MARQUISE, poussant un cri de joie.
Ah!

CARACOLI.
Mais, qui donc êtes-vous?

LA MARQUISE, riant.
Monseigneur, qui m'admire...

CARACOLI.
Ne vous reconnaît pas!

LA MARQUISE, avec joie.
Oui, vraiment, je le voi...

CAGLIOSTRO, en riant, à Caracoli.
C'est la marquise!

CARACOLI.
Allons, vous voulez rire!

LA MARQUISE.
C'est bien moi!
(Avec exaltation.)
C'est moi! c'est moi!

Ensemble.

LA MARQUISE.
Mon sang s'agite
Et court plus vite;
Flamme subite
Brûle mes sens!
Ah! quelle ivresse
Enchanteresse!
C'est la jeunesse,
C'est le printemps!

Plaisirs et fêtes,

Riches toilettes,
Douces conquêtes,
Tendres amants !
Que sous ma chaîne
Vite on revienne,
Car je suis reine ;
Oui, j'ai quinze ans !

CAGLIOSTRO et CARACOLI.

Son cœur palpite
Et bat plus vite ;
Flamme subite
Brûle ses sens !
Ah ! quelle ivresse
Enchanteresse !
C'est la jeunesse,
C'est le printemps !

Plaisirs et fêtes,
Riches toilettes,
Douces conquêtes,
Tendres amants !
Que sous sa chaîne
Vite on revienne,
Car elle est reine ;
Elle a quinze ans !

(On frappe à la porte.)

SCÈNE XIV.

LES MÊMES ; LE PRINCE.

FINALE.

LA MARQUISE.

On a frappé !

CARACOLI, allant ouvrir au prince qui paraît.

Venez partager ma surprise ;

(Montrant Cagliostro.)

Son art a razeuni madame la marquise,

Vous ne la reconnaîtrez pas !
Elle est superbe !
(S'avançant avec le prince vers la marquise, assise dans un fauteuil et qui s'évente avec grâce.)

O ciel ! ô nouvelle surprise !

CAGLIOSTRO, à la marquise en tirant sa montre.

Ah ! le quart d'heure expire, hélas !

CARACOLI, consterné.

Ce n'est plus elle !

LE PRINCE, avec bonhomie.

Elle est toujours la même !

LA MARQUISE, avec douleur.

Déjà ! déjà !

CARACOLI, au prince.

Pourtant, z'ai vu...

LA MARQUISE, au prince.

Lui-même a vu...

CARACOLI.

Son printemps fugitif un instant revenu !

LE PRINCE.

O miracle ! et j'arrive, hélas ! à l'instant même
Où ce nouveau printemps vient de s'évanouir !

CAGLIOSTRO, à la marquise, à mi-voix.

Mais bientôt il peut revenir !

LE PRINCE, montrant Cagliostro.

Oui, grâce à son talent suprême...

CARACOLI.

Vous pourrez le revoir !

LA MARQUISE, avec exaltation.

Je pourrai le revoir,
Ah ! rien qu'à cet espoir...

Ensemble.

LA MARQUISE.

Mon sang s'agite, etc.

CARACOLI, LE PRINCE et CAGLIOSTRO.

Son cœur palpite, etc.

(La marquise va pour sortir, au moment où paraît le chevalier, qui s'avance vers elle pour lui demander sa réponse ; la marquise fait signe à Cagliostro de compter sur sa promesse, et s'éloigne en entraînant le chevalier, tandis que le prince regarde avec admiration Cagliostro qui fait signe à Caracoli de sortir avec lui.)

ACTE DEUXIÈME

Le laboratoire de Cagliostro, à Paris. — Porte au fond. Deux portes latérales. A droite et à gauche, des instruments de physique et d'alchimie, des alambics, des cornues.

SCÈNE PREMIÈRE.

CARACOLI, sortant de la porte à gauche et parlant à la cantonade.

Si, maestro, si... ze vais tout préparer dans votre laboratoire...

COUPLETS.

Premier couplet.

Là, des machines pneumatiques
Vous ravissent le souffle et l'air...
Là, des appareils électriques
Font jaillir la foudre et l'éclair ;
Là, c'est un tabac narcotique
Qui m'endormit encore hier :
Et ze suis, en bon catholique,
Tenté de dire mon *Pater*...

Car, cet endroit, qu'en son grimoire,
Il nomme son laboratoire,
Me semble à moi, le fait est clair,
Une antichambre de l'enfer !

Deuxième couplet.

J'estime beaucoup la science,

Les alambics et les fourneaux...
Mais seul, ze n'ose, par prudence,
Rester dans ces lieux infernaux !
Partout des piéges et des trappes
Vous descendent chez Lucifer...
Et ze suis, craignant leurs soupapes,
Tenté de dire mon *Pater*...

Car, cet endroit, qu'en son grimoire, etc.

SCÈNE II.

CARACOLI, CAGLIOSTRO, entrant par la gauche.

CAGLIOSTRO, tenant des papiers à la main, apercevant Caracoli.

Ah ! c'est toi !... Tiens, voilà mes instructions pour aujourd'hui... et de peur de gaucherie, tout y est indiqué et tracé heure par heure...

CARACOLI.

Siete sicuro !... ma, quand ferons-nous de l'or ?

CAGLIOSTRO.

Est-ce que ça ne commence pas ?... est-ce que déjà nous n'avons pas battu monnaie !... Un bon de dix mille livres, payable ici, à Paris, sur le banquier du prince bavarois... un million de dot à toucher ce soir... et mieux que tout cela... une réputation et un crédit assurés... n'est-ce pas là de l'or en barre ?

CARACOLI.

Per vous ! ma, per moi !...

CAGLIOSTRO.

Je te trouve plaisant !... Comment ! paysan calabrais et barbier de village, je t'admets, vu ton intelligence, à l'insigne honneur de m'accommoder... je te confie cette tête savante qui renferme tant de trésors...

CARACOLI.

E vero !

CAGLIOSTRO.

Trésors que chaque jour je remets entre tes mains!

CARACOLI.

Et qu'est-ce qui m'en reste?... qu'est-ce que z'y gagne?

CAGLIOSTRO.

Ce que tu y gagnes, ingrat! Hier déjà, ne t'ai-je pas créé marquis de Caracoli... et fait reconnaître pour tel par la plus brillante société de Versailles?... Te voilà un rang... un titre...

CARACOLI.

E vero! ma, le solide?

CAGLIOSTRO.

Ne t'ai-je pas donné, pour remplir ce rôle, un costume élégant et complet... que je dois... et qui t'appartient?... des bagues en diamants?

CARACOLI.

Qui sont faux!

CAGLIOSTRO.

Et pour jouer le marquis, l'homme comme il faut, qui nécessairement doit avoir la vue basse... ce lorgnon en or, cette chaîne en or... véritable.

CARACOLI.

Ça, ze ne dis pas non!... C'est la seule gratification que z'aie reçue de vous.

CAGLIOSTRO, avec indignation.

Une gratification!... tu veux dire un à-compte... un faible à-compte sur l'immense fortune qui m'attend, et que je partagerai, dès qu'elle sera faite, avec mon ami le Calabrais, Tomasso Caracoli... s'il me sert fidèlement... car s'il me trahissait, je lui ai prouvé que j'ai le moyen de le punir.

CARACOLI.

Si, si, maestro... vi êtes puissant, ze le sais... vi avez des secrets terribles... Ze vous ai vu... (Montrant une machine pneumntique.) tuer un oiseau et le rendre à la vie... (Montrant une pile de Volta.) avec celle-ci, faire s'agiter et danser des morts... et moi-même, avec d'excellent tabac d'Espagne, m'endormir jusqu'au lendemain, sans me dire : Dieu vous bénisse !

CAGLIOSTRO.

Sommeil qu'il m'eût été facile de faire durer !

CARACOLI.

Ad œternum !... Aussi, z'ai toujours peur dans ce séjour de sorcellerie !

CAGLIOSTRO.

J'y attends ce matin madame la marquise, sa petite-fille et le prince Bavarois !... Ah ! dis-moi, tu as rempli mon message auprès de la Corilla ?

CARACOLI.

Si, signor !... Elle ne voulait pas croire que son amant le chevalier loui fût infidèle, et voulût en épouser une autre !... Povera ! elle a été comme une lionne, quand ze loui ai dit : « Si vous en voulez la preuve, trouvez-vous à deux heures, à Paris, rue Saint-Claude, chez le comte de Cagliostro... entrez par l'escalier dérobé... » que ze loui ai désigné... « et dès que vi serez dans la première pièce... » (Montrant la porte à gauche.) celle-ci, vi « frapperez trois coups et attendrez. »

CAGLIOSTRO.

A merveille !... elle viendra ici ?

CARACOLI.

A deux heures.

CAGLIOSTRO.

Et dès qu'elle sera dans cette pièce, elle frappera...

CARACOLI.

Trois coups... per annoncer sa présence !

CAGLIOSTRO.

Le reste me regarde !... va à tes courses... en commençant par notre somnambule, qui nous est indispensable pour la séance de ce soir.

CARACOLI, montrant le papier qu'il tient.
C'est sur la note, et ze la préviendrai.

CAGLIOSTRO.

Ah! étourdi que j'étais!... et ce bon qu'il faut toucher avant tout, chez le banquier du prince, place Royale... C'est à deux pas d'ici... va et reviens avec cette somme en or... Entends-tu? en or.

CARACOLI.

Oui, maestro... avant une demi-heure, ze serai revenu!
(Il sort par le fond.)

SCÈNE III.

CAGLIOSTRO, seul.

AIR.

Fortune inconstante et légère,
Dont les pas semblaient fuir les miens,
Coquette, vous avez beau faire,
J'ai su vous saisir... je vous tiens!
  Je vous tiens!
  Je vous tiens!

A Londre on siffle la magie,
A Madrid j'ai dû me cacher;
Et j'ai vu, même en Italie,
Briller les flammes du bûcher!
Mais à Paris...

Fortune inconstante et légère, etc.

 O cité frivole,
 Élégante et folle,
 Qui changes d'idole
 A tous les instants...
 Du moindre empirique
 Toujours fanatique,

O terre classique,
Reçois mon encens !

Charlatans, mes confrères,
S'il vous faut des compères
Parmi les beaux esprits,
En rabats, comme en jupes,
Si vous voulez des dupes,
Venez tous à Paris !

O cité frivole, etc.

Femmes jeunes et belles,
Pour tromper un jaloux,
Gentilles demoiselles,
Pour avoir un époux,
Accourez ! accourez !
Entrez !

Coquettes surannées,
Vieux fat à recrépir,
Qui voulez des années,
De l'or et du plaisir !
Vous voulez de l'or,
Donnez-en d'abord !
A ce prix, entrez ! entrez !
Accourez !

O cité frivole,
Élégante et folle,
Qui changes d'idole
A tous les instants...
Du moindre empirique
Toujours fanatique,
O terre classique
Reçois mon encens !
Oui, de toi je raffole !
La Seine est le Pactole
Pour tous les charlatans !

(La marquise, le prince et Cécile paraissent à la porte du fond.)

SCÈNE IV.

CAGLIOSTRO, LA MARQUISE, CÉCILE, LE PRINCE.

CAGLIOSTRO.

Venez donc, mon prince... venez, madame la marquise, je pensais à vous à l'instant même!

LE PRINCE.

Je vous en remercie!

CAGLIOSTRO.

Votre Altesse est trop bonne... (Bas à la marquise.) Avez-vous dit à la charmante Cécile?...

LA MARQUISE, bas.

Pas encore!

CAGLIOSTRO, de même.

Et le chevalier?

LA MARQUISE, de même.

Lui seul est prévenu... (Haut et regardant autour d'elle.) C'est donc ici votre laboratoire!

CÉCILE.

On éprouve en entrant une émotion...

LE PRINCE.

Ou plutôt on y respire un air scientifique!

LA MARQUISE.

Dont le seul contact vous rendrait savante... il me semble que je le suis déjà... Qu'est-ce que c'est que ce rouet, ce tourniquet?

CAGLIOSTRO.

Une machine électrique!

LA MARQUISE.

Et ces globes, ces théières, ces verroteries?

CAGLIOSTRO.

Des alambics, des cornues, des instruments de chimie.

LA MARQUISE.

Vous nous ferez jouer tout cela... vous nous l'avez promis... en commençant par nous faire de l'or.

LE PRINCE.

Là! devant nous!

LA MARQUISE.

C'est à quoi je tiens le plus... je donnerais mille pistoles pour voir faire un grain d'or!

CAGLIOSTRO.

Qu'à cela ne tienne... (A part.) Et ce Caracoli qui doit m'en apporter et qui ne revient pas!

LA MARQUISE.

Commençons! commençons!

CAGLIOSTRO.

A l'instant même... mais je dois d'abord remettre à monseigneur une fiole qu'il m'a demandée.

LA MARQUISE.

Un instant... (A demi-voix.) et la mienne?...

CAGLIOSTRO.

Je m'en occupe... et ce sera mon présent de noce.

LE PRINCE, à qui Cagliostro a donné une fiole.

Quoi! vraiment! ce philtre, cet élixir... (A voix basse.) Et pour me faire aimer?...

CAGLIOSTRO, bas.

Il suffira de quelques gouttes chaque jour... (Regardant le prince qui a vidé le flacon.) Eh bien! que faites-vous?...

LE PRINCE, de même.

Je veux que l'on m'adore!

LA MARQUISE, apercevant Caracoli qui entre par la porte du fond.

M. le marquis Caracoli!...

CAGLIOSTRO, à part.

Enfin !

LE PRINCE.

Arrive bien à point pour la séance !

CAGLIOSTRO.

Oui, mesdames... car nous allons commencer !

SCÈNE V.

LES MÊMES ; CARACOLI.

(Sur la ritournelle du morceau suivant, Cagliostro s'approche de la table à gauche et tire un ressort; une trappe s'ouvre à quelques pas de la table, et l'on voit s'élever de dessous terre un fourneau où du feu est déjà allumé. Cagliostro, aidé de Caracoli, apporte ce fourneau sur le devant du théâtre, à gauche et près d'une autre table où sont des fioles et des instruments de physique; puis il prend un soufflet et active le feu. Tout cela s'est fait sur la ritournelle du morceau de musique.)

QUINTETTE.

CAGLIOSTRO.

O flamme qu'Epicure
Adorait comme un dieu !
Car tout dans la nature
Est créé par le feu !...

TOUS.

Quoi ! tout dans la nature
Est créé par le feu ?

CAGLIOSTRO.

D'un volcan sans cratère
Les immenses fourneaux
Dans le sein de la terre
Enfantent les métaux !

TOUS.

Dans le sein de la terre
Enfantent les métaux !

LE PRINCE, regardant dans le fourneau.
Je ne vois encor rien paraître.

CAGLIOSTRO.
Il faut bien que l'œuvre ait son cours.
(Lui remettant le soufflet.)
Soufflez, prince, soufflez toujours!

LA MARQUISE et CÉCILE.
Oui, soufflez donc, soufflez donc!
(Les deux femmes sont à droite près du fourneau qu'elles regardent, et le prince continue à souffler. Pendant ce temps, Cagliostro est passé à gauche et prend à part Caracoli.)

CAGLIOSTRO, bas à Caracoli.
Ce bon?

CARACOLI, de même.
Chez le banquier, ze l'ai touché, mon maître!

CAGLIOSTRO, de même.
Donne!

CARACOLI, fouillant dans sa poche.
Avec l'escompte et l'appoint,
Ze vous l'apporte, et rien n'y manque.
(Il lui glisse dans la main un portefeuille.)

CAGLIOSTRO, avec impatience.
Et de l'or?

CARACOLI.
Il n'en avait point.
(Naïvement.)
Mais c'est en bons billets de banque,
C'est tout comme!

CAGLIOSTRO, à part, avec colère.
Tout est perdu!

CARACOLI, montrant les deux dames et le prince qui sont près du fourneau.
Que font-ils donc?...

LA MARQUISE, avec emphase.
De l'or!

CARACOLI.

De l'or!

(A voix basse, à Cagliostro.)
Tant mieux, vous en aurez!

(Il court auprès d'eux.)

LA MARQUISE et CÉCILE, regardant.

Non! non!

Ensemble.

LE PRINCE, LA MARQUISE, CÉCILE et CARACOLI.

A mes yeux avides
Rien ne s'offre encor...
Souffleurs intrépides
Redoublons d'effort!
Quel secret prospère
Pour tous les états,
Si chacun peut faire
De l'or ici-bas!

CAGLIOSTRO, avec impatience.

A leurs yeux avides
Rien ne s'offre encor...
Badauds intrépides
Il leur faut de l'or!
Quelle est ma misère
Et mon embarras!
Et comment en faire
Quand on n'en a pas!

LA MARQUISE, à Caracoli, montrant Cagliostro.

Oui vraiment, ce grand alchimiste
Va faire l'épreuve à nos yeux!

CARACOLI, allant à Cagliostro.

Ainsi donc le secret existe?
De le voir ze souis curieux.

LE PRINCE, à droite, poussant un cri.

Grand Dieu!

LA MARQUISE et CÉCILE, vivement.

Quoi donc?

LE PRINCE.
J'aperçois quelque chose!

LA MARQUISE et CÉCILE, s'approchant.

Ciel!

CARACOLI, de même.

Déjà!

CAGLIOSTRO, avec sang-froid.
Ce doit être à bien petite dose!

CÉCILE, regardant.
Moi, je ne vois que du charbon!

CARACOLI, regardant avec son lorgnon qu'il tient à la main.
Moi de même!

LA MARQUISE, LE PRINCE et CÉCILE.
Non! non! non!

Ensemble.

LE PRINCE, LA MARQUISE, CÉCILE et CARACOLI, à droite.
A mes yeux avides, etc.

CAGLIOSTRO, seul à gauche.
A leurs yeux avides, etc.

(Caracoli pose sur la table à gauche, et pour prendre un soufflet, le lorgnon et la chaîne qu'il tenait à la main. Pendant qu'il souffle, Cagliostro, qui était seul à gauche, s'approche de la table; il aperçoit le lorgnon et la chaîne laissés par Caracoli, il les saisit vivement sans être vu des autres, qui sont à l'extrême droite du théâtre.)

[CAGLIOSTRO, jetant le lorgnon et la chaîne dans le fourneau; à part.
Soudaine et dernière espérance
Qu'à mes yeux le sort vient offrir!

LA MARQUISE, s'approchant de Cagliostro, qui est devant le fourneau et qui a repris le soufflet.
Ah! faites que cela commence,
D'honneur je n'y puis plus tenir!

LE PRINCE.
Ni moi non plus!

CAGLIOSTRO.
Ah! patience!
Il faut bien que l'œuvre ait son cours!
(Lui remettant le soufflet.)
Soufflez, prince, soufflez toujours!

LE PRINCE.
Maintenant cette flamme ardente
Ferait dissoudre en un instant
Le fer ou le cuivre...

CAGLIOSTRO, avec joie.
Vraiment!
L'œuvre s'avance alors!
(Il jette une pincée de colophane qui fait jaillir la flamme.)
Cette poudre puissante
Doit l'achever!

LE PRINCE, s'approchant du fourneau.
Ah! cette fois, voyez,
Sur ces charbons torréfiés,
Briller ce métal jaune!...

LA MARQUISE, voulant y porter la main.
Est-il vrai!

CAGLIOSTRO, l'arrêtant.
Prenez garde!
Ce métal est brûlant!

LA MARQUISE.
Grands dieux!
(Cagliostro a pris, avec des petites pinces d'acier, un morceau d'or qu'il lui présente.)
Donnez! donnez!

CÉCILE et CARACOLI, auprès de la marquise.
Ah! que je le regarde!

CAGLIOSTRO, avec d'autres pinces, présentant au prince un autre fragment d'or.
Examinez ce métal précieux!

TOUS.

O miracle!
O spectacle
Dont mon œil doute encor!
O prestige!
O prodige!
C'est de l'or! oui, de l'or!
O magie!
O génie!
Devant des succès tels
Tout s'efface,
Et sa place
N'est plus chez les mortels!

LE PRINCE.

Ah! c'est vraiment sublime...

(A Caracoli, qui regarde autour de lui.)
Eh! mais, qu'avez-vous donc?

CARACOLI.

Pour mieux examiner, ze cherche mon lorgnon...
Et ze ne le vois pas... Il était là...

CAGLIOSTRO, passant près de lui et lui prenant la main.

Silence!

LE PRINCE, qui l'entend.

Comment! Que dites-vous?

CAGLIOSTRO.

Je dis
Qu'une semblable expérience
Ne peut se faire qu'entre amis...
Je réclame avant tout, mesdames, du silence!

LA MARQUISE.

Sans doute... Mais...

(A part.)
J'en veux instruire tout Paris.

LE PRINCE, de même.

Moi, j'en veux, pour ma part, instruire tout Paris.

Ensemble.

TOUS.

O miracle !
O spectacle, etc.

SCÈNE VI.

Les mêmes; LE CHEVALIER, paraissant à la porte du fond.

LE PRINCE.

Monsieur le chevalier en ces lieux !

LE CHEVALIER, à Cagliostro.

Je ne m'attendais pas à vous trouver en si nombreuse compagnie... mais peu importe !... Vous qui savez tout, monsieur, vous connaissez sans doute le motif qui m'a fait quitter Versailles et qui m'amène ici à Paris... chez vous !...

CAGLIOSTRO.

Je crois le deviner.

LE CHEVALIER.

Eh bien ?

CAGLIOSTRO.

Dès que vous le voudrez, monsieur le chevalier, je serai à vos ordres.

LA MARQUISE, vivement.

Mon neveu !... messieurs, je ne le souffrirai pas !

CÉCILE.

Mais qu'est-ce donc ? Qu'y a-t-il ?

LE CHEVALIER.

Eh ! quoi, ma cousine, ignorez-vous donc qu'on vous sacrifie, que votre main est promise à monsieur !

CÉCILE, avec effroi.

Ma main ! jamais !

LA MARQUISE.

Comment ! quand je le veux !...

CÉCILE.
Mais quand vous savez que j'aime le chevalier !
LE CHEVALIER, à Cagliostro.
Vous entendez, monsieur !...
CAGLIOSTRO, avec sang-froid.
Parfaitement !... mais si mademoiselle se trompait... (Mouvement de Cécile.) Eh ! mon Dieu ! nos sentiments d'hier sont-ils toujours ceux d'aujourd'hui... et si vous changiez d'idée !...
CÉCILE, avec fierté.
Monsieur !...
CAGLIOSTRO.
Si demain, si dans un instant vous cessiez d'aimer votre cousin ?
CÉCILE, vivement.
Jamais ! jamais !
(En ce moment on frappe trois coups dans la main, à la porte à gauche.)
CAGLIOSTRO.
Écoutez !
LA MARQUISE.
Qu'est-ce donc ?
LE PRINCE.
Quel nouvel incident ?
CAGLIOSTRO, à Cécile.
Nous vous protégeons tous, et rien ne vous menace !
Eh bien ! daignez entrer dans cet appartement,
Cinq minutes...
CÉCILE, étonnée.
Comment !
CAGLIOSTRO.
Il ne m'en faut pas tant
Pour que de votre cœur un vain amour s'efface.
LE CHEVALIER.
Quoi ! Cécile !

CÉCILE, au chevalier.

Ne craignez rien...
Pour le confondre enfin...

(Haut.)

J'accepte et je revien.

(Elle entre dans la chambre à gauche.)

LE CHEVALIER.

Ah! grand Dieu! je n'y comprends rien!

SCÈNE VII.

LES MÊMES, excepté Cécile.

Ensemble.

LE PRINCE, LA MARQUISE, CARACOLI.
Cette fois, à sa science
  Je n'ose me fier,
  Et je crains la puissance
De son démon familier.
Il ne peut rien sur les âmes,
Et ne peut faire en un cœur
Succéder aux vives flammes
Le dédain et la froideur!

LE CHEVALIER.
Quelle est donc cette puissance
Dont il croit nous effrayer?
Moi, je ris de la science
De ce prétendu sorcier,
Et pourtant, au fond de l'âme,
Je ne sais quelle terreur
M'avertit de quelque trame
Qui menace mon bonheur.

CAGLIOSTRO, montrant le chevalier.
Il doutait de ma science,
Il osait me défier!
Il connaîtra la puissance
De mon démon familier...

Car il règne sur les âmes,
Et vous verrez dans son cœur
Succéder aux vives flammes
Le dédain et la froideur.

SCÈNE VIII.

Les mêmes ; CÉCILE, sortant de la porte à droite, pâle et se soutenant à peine.

LE CHEVALIER.

Ah! grand Dieu! dans ses traits quel changement soudain!
(Courant à elle.)
Cécile!

CÉCILE, froidement.

Laissez-moi!
(Se retournant vers Cagliostro.)
Monsieur, voici ma main!

TOUS.

O ciel!

Ensemble.

LE PRINCE, LA MARQUISE, CARACOLI.

Quelle est donc cette puissance
Qui soumet le monde entier?
Devant pareille science
Il faut bien s'humilier!
(Montrant Cécile.)
De l'amour la vive flamme
S'est éteinte dans son cœur,
Et fait place dans son âme
Aux dédains, à la froideur!

CÉCILE.

Je croyais à sa constance,
Et pouvais tout défier ;
Il me trahit et m'offense,

J'ai juré de l'oublier !
C'en est fait ! indigne flamme,
Soyez éteinte en mon cœur...
Et faites place en mon âme
Au mépris, à la froideur !

LE CHEVALIER.

Je croyais à sa constance,
Et pouvais tout défier !
Adieu, trompeuse espérance !
Adieu, mon espoir dernier !
De l'amour la douce flamme
S'est éteinte dans son cœur,
Et fait place dans son âme
Aux dédains, à la froideur !

CAGLIOSTRO.

L'on doutait de ma science,
On osait me défier !
Vous voyez que ma puissance
S'étend sur le monde entier !
Oui, je règne sur les âmes,
Et fais dans un tendre cœur
Succéder aux vives flammes
Le dédain et la froideur !

(Cécile accepte la main que lui offre Cagliostro, et sort avec lui par la porte à gauche, suivie du prince et de la marquise. Caracoli, à qui Cagliostro a fait signe, sort par la porte à droite. Le chevalier reste seul en scène.)

SCÈNE IX.

LE CHEVALIER, seul.

Je ne puis en revenir ! et demeure anéanti sous ce coup imprévu, que ma raison ne peut expliquer ni comprendre... Croirais-je comme eux aux philtres et à la magie... Allons donc, c'est impossible ! (s'élançant avec colère vers le cabinet à gauche.) et, quel que soit le danger, je connaîtrai le démon familier de cet homme ! Dieu ! Corilla !

SCÈNE X.

LE CHEVALIER, CORILLA.

CORILLA, s'avançant vers le chevalier.

Elle-même, perfide!... Et les seuls talismans dont je me suis servie, sont les bagues, boucles de cheveux, lettres d'amour et promesse de mariage que je lui ai montrées!...

LE CHEVALIER.

C'est fait de moi, je suis perdu !

CORILLA.

J'y compte bien!... mais cela ne suffit pas à ma vengeance... Et ce poignard qu'à la première trahison tu m'as permis de te plonger dans le cœur...

LE CHEVALIER.

Je te le permets encore!... je te le demande!

CORILLA.

Que veux-tu dire?

LE CHEVALIER.

Que c'est maintenant mon seul vœu, mon seul désir...

CORILLA.

O traître! s'il en est ainsi, je m'en garderai bien!

LE CHEVALIER.

Frappe, te dis-je... je l'ai mérité... car je l'aime comme je t'ai aimée, Corilla... c'est tout dire!

CORILLA.

Tais-toi!

LE CHEVALIER.

Avec passion! avec folie... et dans ces moments-là, sans hésiter, sans réfléchir, on donnerait pour celle qu'on aime son sang, sa vie!... Tu t'en souviens!

CORILLA, détournant la tête.

Tais-toi! tais-toi!

LE CHEVALIER.

Non, je ne me tairai pas!... parce que je suis coupable... parce que l'amour que je t'avais juré, et que tu méritais si bien, malgré moi et sans le vouloir, je l'ai éprouvé pour une autre.

CORILLA.

Eh bien! monsieur, voilà ce qu'il fallait m'avouer ce matin, franchement, loyalement!... On ne trompe pas les gens... on leur dit en ami : — Écoute, je t'ai aimée, je t'ai adorée, je ne t'aime plus!... et toi? — Moi!... dame! pas encore!... mais je tâcherai... je verrai, et ne fût-ce que par dépit... je jure bien que... Enfin, c'est mon affaire, ça me regarde!... Mais voilà comme on se conduit, quand on a du cœur et des sentiments!

LE CHEVALIER, avec attendrissement.

Et le moyen?... car lorsque je t'entends parler ainsi, l'émotion, le remords, le souvenir... Il me semble que je t'aime encore!

CORILLA.

Ah! je suis désarmée!... et voilà toute ma colère qui s'en va!

LE CHEVALIER, avec passion.

Oui, Corilla, je te le jure!

CORILLA, lui faisant signe de la main.

Assez, assez!... n'allons pas de nouveau nous tromper!... nous ne pourrions plus nous y reconnaître... Adieu, monsieur!

LE CHEVALIER.

Corilla!

CORILLA.

Vous avez été bien cruel pour moi... mais il y a entre nous un lien que rien ne peut rompre... Vous m'avez sauvé

4

la vie... et cela je ne l'oublierai jamais... Je ne serai donc plus que votre amie, amie dévouée!

LE CHEVALIER.

Qui vient de renverser toutes mes espérances!

CORILLA.

C'est vrai!

LE CHEVALIER.

De livrer Cécile à mon rival!

CORILLA.

C'est vrai! Mais tous mes torts, je veux les réparer.

LE CHEVALIER.

Et comment cela?... quand nous avons affaire au plus savant, au plus habile des charlatans... au comte Cagliostro... L'avez-vous vu? le connaissez-vous?...

CORILLA.

Non; mais il a ses prôneurs, ses alliés... nous aurons les nôtres... Il faudrait d'abord circonvenir un certain marquis de Caracoli, son ami, son confident intime!

LE CHEVALIER.

Le marquis!... du tout!... Cagliostro ne le connaît que depuis hier!

CORILLA.

Depuis hier?... détrompez-vous!... j'ai la preuve du contraire... C'est lui que le comte m'a envoyé secrètement hier pour me prévenir et m'amener ici.

LE CHEVALIER.

Serait-il possible!

CORILLA.

Vous concevez qu'on ne charge pas un inconnu d'une mission aussi délicate!

LE CHEVALIER.

C'est clair! ils sont d'intelligence! Nous voilà sur la trace... Ah! ma chère Corilla!

(Il lui baise les mains avec transport.)

CORILLA, vivement.

Ne vous occupez donc pas de mes mains, monsieur, ce sont des détails inutiles !... Il s'agit de retrouver cet homme et de le forcer à parler !... (On frappe à la porte à droite.) Silence ! on frappe à cette porte.

SCÈNE XI.

LES MÊMES ; CARACOLI.

CARACOLI, en dehors.

Puis-je entrer ?

LE CHEVALIER, à demi-voix.

C'est lui !

CORILLA.

Entrez !... (Au chevalier, lui indiquant le fond du théâtre et lui faisant signe de se placer derrière la machine électrique.) Placez-vous là, et laissez-moi faire !

CARACOLI, entrant.

Pardon, signora ! z'ai aperçu en bas votre voiture... et ne vi trouvant pas dans cette pièce... ze venais...

CORILLA.

J'attendais ici, comme nous en sommes convenus, le comte Cagliostro qui ne vient pas... mais vous qui êtes son ancien ami... vous me l'avez dit, je crois...

CARACOLI.

J'ai cet insigne honneur !... ami d'enfance !

LE CHEVALIER, passant près de Caracoli.

Un ami d'enfance !

CARACOLI, effrayé.

Le chevalier !

LE CHEVALIER.

Un ami d'enfance... qu'hier, chez ma tante, vous ne connaissiez pas !

CARACOLI, à part.

Diavolo !

LE CHEVALIER.

Et cette guérison miraculeuse pourrait faire supposer que vous étiez le compère d'un fourbe, d'un intrigant, dont la justice aura bientôt raison...

CARACOLI, troublé.

Comment ?

CORILLA, montrant Caracoli.

Oui, si j'ai bonne mémoire... j'ai vu cette figure-là à Florence ou à Naples...

CARACOLI, de même.

Chez qui ?

CORILLA.

Derrière une voiture... Et prendre un faux titre est chose grave en ce pays !

LE CHEVALIER.

Il n'en faudrait pas tant pour être pendu !

CARACOLI, effrayé.

Pendu !

CORILLA, d'un ton railleur.

Ce serait désagréable !... et tout bien considéré je crois que monsieur le marquis aimera mieux être des nôtres.

CARACOLI.

Vi croyez, signora ?... Eh bien ! moi aussi ze commence à penser comme vous.

LE CHEVALIER.

Eh bien ! donc, voici mes conditions... J'avais sur moi, en cas de duel et de fuite à l'étranger... cinq cents louis...

CARACOLI, vivement.

En or ?...

LE CHEVALIER.

En or !... Choisis de les prendre... ou bien !...

CARACOLI, à part.

Cinq cents louis !... Mon maître il n'en a zamais fait autant !... (Au chevalier.) Ze les prends ! ze les prendrai... ma que me demandez-vous ?

LE CHEVALIER.

La preuve que Cagliostro, dont tu sais tous les secrets, n'est qu'un fourbe et un misérable !

CARACOLI.

Rien n'est piu facile !... z'ai sur moi des instructions écrites de sa main... (Montrant la porte à droite.) et dans ce cabinet, d'autres preuves encore...

LE CHEVALIER.

Donne toujours !

(Il prend vivement à Caracoli les papiers qu'il vient de tirer de sa poche.)

CARACOLI.

Si, signor !... ma les cinq cents louis... Vi êtes trop galant homme !...

LE CHEVALIER, lui remettant une bourse.

Les voici !... (A Corilla.) Maintenant, je me charge de Cagliostro... et je réponds qu'il n'ira pas ce soir à Versailles !... (A Caracoli.) Toi, tu t'y rendras pour attester au besoin les fourberies de ton maître...

CARACOLI.

Si, signor !

CORILLA, au chevalier.

Cagliostro peut revenir... emmenez cet homme !

LE CHEVALIER, à Caracoli, l'entraînant vers le cabinet à droite.

Viens ! viens ! (A Corilla.) A ce soir, à Versailles !

CARACOLI, en sortant avec le chevalier.

A la grazia di Dio !

SCÈNE XII.

CORILLA, seule.

COUPLETS.

Premier couplet.

Victoire! victoire! victoire!
J'aurai fait son bonheur!
Oui, j'aurai cette gloire...
Mais une autre a son cœur!
Contre sa perfidie
Qui me poursuit toujours,
Amour, coquetterie,
Venez à mon secours!

Deuxième couplet.

Victoire! victoire! victoire!
Je me sens déjà mieux!
Bannissons sa mémoire,
Si du moins je le peux...
Oui, pour qu'enfin j'oublie
D'infidèles amours,
Douce coquetterie,
Venez à mon secours!

SCÈNE XIII.

CORILLA, LE PRINCE, entrant par le fond.

LE PRINCE.

Corilla!

CORILLA.

Le prince!

LE PRINCE.

Vous ne vous attendiez pas à me voir!

CORILLA.

Non... mais j'en suis charmée... car justement je pensais à vous.

LE PRINCE.

Vous pensiez à moi ?

CORILLA, souriant.

Cela vous étonne ?

LE PRINCE, avec émotion.

Non... car ce n'est pas votre faute... Et maintenant, vous voudriez faire autrement, vous ne pourriez pas !

CORILLA.

Et comment cela, s'il vous plaît ?

LE PRINCE.

Je vais vous le dire !... Désespérant d'obtenir votre amour, je me suis adressé à un homme de génie, au comte de Cagliostro, qui m'a donné un élixir...

CORILLA.

Pour vous faire aimer ?

LE PRINCE, naïvement.

Oui, ça doit être encore bien peu de chose... car je n'ai acheté qu'un seul flacon !

CORILLA.

Combien ?

LE PRINCE.

Presque rien !... dix mille livres !... Mais si ça ne suffit pas, demain, après-demain... tous les jours...

CORILLA.

Mais vous vous ruinerez !

LE PRINCE.

Qu'importe !... j'y gagne encore, si vous m'aimez !

CORILLA, le regardant tendrement.

Pauvre prince !

LE PRINCE.

Que dites-vous ?

CORILLA.

Rien !... (A demi-voix.) Mais il y a dans son absurdité quelque chose qui m'émeut, qui me touche !

LE PRINCE, vivement.

Ça commence, vous le voyez...

CORILLA.

Non, mais ça ne me semble plus impossible !

LE PRINCE.

Quand je vous le disais !... Vous accepteriez donc maintenant ma fortune et ma main ?

CORILLA.

Ah ! pour ça, non !

LE PRINCE, étonné.

Comment ! non !

CORILLA.

Non ! (Le prince va pour sortir.) Où allez-vous ?

LE PRINCE.

Acheter un autre flacon.

CORILLA, vivement.

Je vous le défends ! je vous le défends !

LE PRINCE.

Je reste ! je reste... puisque vous le voulez... mais c'est de la tyrannie !... Quand on refuse les gens, on leur dit au moins pourquoi !

CORILLA.

C'est vrai !... Vous voulez des raisons ?... eh bien ! mon ami, je vais vous en donner !... Ce que je sollicite en ce moment à la cour de Rome... et ce que j'espère obtenir par le crédit du cardinal de Rohan, c'est la rupture d'un mariage contracté en Italie, par moi !

LE PRINCE.

Vous, mariée ?

CORILLA.

A seize ans !... avec un homme qui me rendit si malheureuse, que je me précipitai dans le Tibre, dont les flots m'emportèrent... Mon mari me crut morte, et je fus sauvée comme par miracle (Baissant les yeux avec embarras.) par quelqu'un...

LE PRINCE, vivement.

Ah ! si je le connaissais !

CORILLA.

Eh bien ! que feriez-vous ?

LE PRINCE.

Je lui donnerais la moitié de ma fortune pour le récompenser !

CORILLA.

Rassurez-vous !... (Avec un soupir.) Il a été récompensé !

LE PRINCE.

Ah ! ce mariage sera rompu, je vous le jure... et alors, plus d'obstacles... vous serez à moi ?

CORILLA.

Peut-être !... mais à une condition !

LE PRINCE, vivement.

Parlez !

CORILLA.

C'est que vous m'aiderez, dans l'intérêt d'un ami, à démasquer un fourbe et un imposteur...

LE PRINCE.

Eh ! qui donc ?

CORILLA.

Cagliostro !

LE PRINCE.

Lui ! un imposteur !... Vous ne le connaissez pas !

CORILLA.

Non ! mais s'il était là... si je le voyais...

LE PRINCE.

Vous seriez à l'instant, et comme tous ses ennemis, saisie de respect et d'admiration... Eh ! tenez, il est là... je vais vous présenter...

CORILLA, s'approchant de la porte à gauche, qui est restée ouverte.

Tant mieux ! car je veux devant vous... ((Apercevant de loin Cagliostro et poussant un cri.) Ah !

LE PRINCE.

Eh bien ! rien qu'à sa vue, vous voilà interdite et tremblante... Je vous le disais bien !

CORILLA, au prince.

Mon ami ! mon ami !... votre fortune, votre réputation... Tremblez, et prenez bien garde à vous... car malgré moi je vous aime !...

(Le prince pousse un cri. Cagliostro paraît à la porte à gauche avec la marquise et Cécile. Corilla s'enfuit par la porte du fond.)

SCÈNE XIV.

LE PRINCE, CAGLIOSTRO, LA MARQUISE, CÉCILE.

LE PRINCE, à Cagliostro avec transport.

Elle m'aime ! elle m'aime !... Ah ! mon ami ! mon sauveur ! c'est inouï, c'est admirable !

LA MARQUISE, qui n'a entendu que les derniers mots.

Vous parlez de toutes les merveilles que vous venez de voir dans ces appartements !

LE PRINCE.

Et ! non... je parle de ce qui m'arrive (A demi-voix à Cagliostro.) Cette femme, si fière, si indifférente... qui ne pouvait pas me souffrir... elle m'aime !... elle vient de me le dire...

CAGLIOSTRO, à demi-voix.

Qui ? la Corilla ?

LE PRINCE, de même.

Et rien qu'avec un seul flacon !

CAGLIOSTRO.

Déjà !... (A part.) Diable ! c'est trop vite... et pour ma fortune, elle n'a pas assez résisté !

LA MARQUISE.

Allons, allons, ma fille... en admirant de si belles choses, nous nous sommes oubliées... Il se fait tard... retournons à Versailles... (A Cagliostro.) Adieu, monsieur le comte, à ce soir, dans mon hôtel, nous signons le contrat... et après, le mariage !

CÉCILE.

Le mariage !

LA MARQUISE.

Eh ! oui, sans doute... le mariage !...

(La porte de droite s'ouvre et le chevalier paraît.)

SCÈNE XV.

LES MÊMES; LE CHEVALIER.

LE CHEVALIER.

Ce mariage est impossible ! (Montrant Cagliostro.) Monsieur est un fourbe, un imposteur.

CAGLIOSTRO et LE PRINCE.

Monsieur !

LE CHEVALIER.

Pas de bruit, pas d'éclat... surtout pour ces dames... car si ma tante et ma famille n'étaient pas mêlées à tout cela, c'est à la justice que je me serais d'abord adressé.

CAGLIOSTRO et LE PRINCE.

La justice !

LE CHEVALIER.

Oui, j'ai des preuves... plus que suffisantes... Laissez-moi seul avec monsieur !... et si dans une heure je ne vous apporte pas sa renonciation à la main de ma cousine, je vous permets, Cécile, de l'épouser.

LA MARQUISE.

Mais, mon neveu !... (A Cagliostro.) Mais, monsieur...

CAGLIOSTRO.

Ce n'est rien, madame la marquise, une erreur, un malentendu ! (A part.) Que diable ça veut-il dire ?... Je me sens une sueur froide !...

LE CHEVALIER, à la marquise.

Vous saurez tout, ma tante... (Au prince.) Monseigneur, veuillez accompagner ces dames.
(Le prince offre la main à la marquise et à Cécile et sort avec elles par la porte du fond qui se referme.)

SCÈNE XVI.

CAGLIOSTRO, LE CHEVALIER.

DUO.

Ensemble.

(A voix basse, et se regardant l'un l'autre.)

LE CHEVALIER.

Le voilà donc en ma puissance !
A son tour, confus et surpris,
Malgré sa magique science,
Dans ses filets le voilà pris !

CAGLIOSTRO, à part.

D'où lui vient donc tant d'insolence ?
Et quel secret a-t-il surpris ?

Allons, allons, de l'assurance !
Et reprenons tous nos esprits !

CAGLIOSTRO, fièrement et relevant la tête.

J'attends avec impatience
L'objet d'un pareil entretien.

LE CHEVALIER, le raillant.

Et vous tremblez un peu, je pense !

CAGLIOSTRO.

Un honnête homme ne craint rien !

LE CHEVALIER.

Un honnête homme ! vous !... C'est le seul personnage
Que vous ne puissiez pas remplir !

CAGLIOSTRO, avec colère.

Monsieur !

LE CHEVALIER.

A la colère à quoi bon recourir ?
(Sévèrement.)
J'ai le droit avec vous de tenir ce langage.
Ce prince italien, marquis Caracoli,
Qui hier, avec succès, par vos soins fut guéri...
Il est votre valet !... Je viens de tout apprendre
Par lui, qui, moyennant cinq cents louis comptants,
M'a livré vos papiers, vos projets et vos plans !

CAGLIOSTRO, troublé.

Eh quoi !

LE CHEVALIER.

Commencez-vous enfin à me comprendre,
Messire Cagliostro ! le roi des charlatans !...
(Nouveau trouble de Cagliostro.)
Eh bien ! donc, si j'allais remettre à la justice
(Tirant des papiers de sa poche.)
Ces papiers que votre complice
M'a vendus ?...

CAGLIOSTRO, à part.

Ah ! grands dieux !

LE CHEVALIER, raillant.
Vous comprenez?

CAGLIOSTRO.
Très-bien !...
Ce sont les sots qui ne comprennent rien !

LE CHEVALIER.
Mais par clémence ou par scrupule...
Et pour ne pas livrer ma tante au ridicule...
Je consens à ne pas vous perdre !

CAGLIOSTRO, avec joie.
En vérité !...

LE CHEVALIER.
Je garderai pour moi, pour ma sécurité,
Ces écrits précieux... et pardonne au coupable.

CAGLIOSTRO, de même.
Est-il possible?

LE CHEVALIER.
A la condition
Qu'à l'instant vous allez écrire à cette table
Ce que je vais dicter... Vous hésitez ?...

CAGLIOSTRO.
Non ! non !

Ensemble.

LE CHEVALIER.
Satan qui le possède,
Et qu'il implore en vain,
Ne lui peut être en aide,
Ni changer son destin !
Ruse et sorcellerie,
Venez à son secours !
Je ris de la magie
Et de ses vains détours !

CAGLIOSTRO.
Satan, viens à mon aide,
Tire-moi de ses mains !

Veux-tu donc que je cède
Des triomphes certains?...
Démons de la magie
Et des adroits détours,
Ruse, sorcellerie,
Venez à mon secours!

LE CHEVALIER, le faisant passer près de la table à gauche, où est un fauteuil.

Asseyez-vous donc...

CAGLIOSTRO, d'un air humble et sournois.

Oui, monsieur le chevalier.

(Tirant près de lui un autre fauteuil.)

Mais vous-même, je vous prie...

LE CHEVALIER, d'un air protecteur.

C'est bien!

CAGLIOSTRO.

Non, après-vous...

LE CHEVALIER.

Point de cérémonie!

(Lui montrant la table.)

Vous avez là de l'encre et du papier...
Commençons!

CAGLIOSTRO.

Oui, monsieur le chevalier.

(Prenant une des tabatières qui sont sur la table, il l'ouvre, va prendre une prise, s'arrête, et se tournant vers le chevalier, il lui dit gracieusement:)

En usez-vous?

LE CHEVALIER, prenant une prise et le remerciant.

Trop bon!

(Dictant.)

« Madame la marquise...

CAGLIOSTRO, écrivant.

« Madame la marquise...

LE CHEVALIER, dictant.

« Madame la marquise,
« Je renonce à jamais à l'union promise...

CAGLIOSTRO, répétant en écrivant.

« Je renonce à jamais à l'union promise...

LE CHEVALIER, de même.

« Je vous rends!...

CAGLIOSTRO, répétant.

« Je vous rends...

LE CHEVALIER, de même.

« Votre parole... »
(Voyant Cagliostro qui s'arrête et jette un regard sur lui.)
Eh bien!
Qu'est-ce donc ?

CAGLIOSTRO.

Ce n'est rien !
La plume va mal!

LE CHEVALIER.

Oui, c'est assez difficile
A tracer!

CAGLIOSTRO, même mine sournoise, lui présentant de nouveau la tabatière.

Nullement, monsieur le chevalier!
Vous offrirai-je encor?

LE CHEVALIER, prenant une seconde prise.

De votre main civile,
J'accepte! Terminons.
(Achevant de dicter sans s'arrêter.)
« Et je viens vous prier
« De marier la charmante Cécile
« A son cousin le chevalier !

CAGLIOSTRO.

Pas si vite... de grâce !
(Répétant ce que vient de lui dicter le chevalier comme s'il se rappelait mal.)
« Et je viens vous prier...

LE CHEVALIER, dont les yeux commencent à s'appesantir.
« Et je viens vous prier...

CAGLIOSTRO.
« De marier...

LE CHEVALIER, de même.
« De marier...

CAGLIOSTRO.
« La charmante Cécile...

LE CHEVALIER, de même.
« La charmante Cécile...

CAGLIOSTRO.
« A son cousin.

LE CHEVALIER, laissant tomber sa tête sur sa poitrine.
« Le chevalier! »

Ensemble.

LE CHEVALIER, luttant contre le sommeil qui le gagne.
Satan qui le possède,
Et qu'il implore en vain,
Ne lui peut être en aide,
Ni changer son destin...
Mon adresse infinie
Déjouera ses détours.
Ruse, sorcellerie,
Je me ris de vos tours!

CAGLIOSTRO, le regardant.
Satan, viens à mon aide,
Mon triomphe est certain ;
Son œil se ferme, il cède...
Et veut lutter en vain !
Démon de la magie
Et des excellents tours,
Je veux toute ma vie
Implorer ton secours!

LE CHEVALIER, à moitié endormi.
Signez! signez!

5.

CAGLIOSTRO.
Très-volontiers.

LE CHEVALIER.
Donnez donc !
(Il ouvre la main et laisse tomber les papiers qu'il tenait.)

CAGLIOSTRO, les ramassant.
A moi ces papiers !...
(Regardant le chevalier qui est profondément endormi.)
Désormais soyez plus sage,
Dormez, monsieur le chevalier.
(Il tire le ressort adapté à la table, la trappe s'ébranle et descend lentement.)
Rêvez à votre mariage,
Vous n'irez pas vous marier !
Bonne nuit et bon voyage,
Pour vous je vais me marier !
(La trappe se referme. Cagliostro prend sur la table à droite son chapeau qu'il agite d'un air de triomphe et sort par la porte du fond.)

ACTE TROISIÈME

Le salon de la marquise, à Versailles.

SCÈNE PREMIÈRE.

LA MARQUISE, Parents et **LE NOTAIRE**, assis à gauche, et écoutant la lecture d'un contrat; à droite, CÉCILE et des JEUNES FILLES ; CAGLIOSTRO, au milieu du théâtre, allant de l'un à l'autre groupe.

LE CHŒUR et LA MARQUISE.
Ah ! qu'elle est belle,
Celle
Qui va charmer ses jours !
Vermeille rose,
Eclose
De la main des amours !

CAGLIOSTRO.
Ah ! qu'elle est belle,
Celle
Qui va charmer mes jours !
Vermeille rose,
Eclose
De la main des amours !

Oui, j'ai su rendre
Tendre
Cette jeune beauté,
Et j'enflamme

Son âme
Par mon art enchanté.
LE CHOEUR.
Ah ! qu'elle est belle, etc.

LA MARQUISE, se levant, à Cécile.
Voici tous nos parents et toutes tes amies.

CÉCILE, qui a regardé autour d'elle.
Mais je n'aperçois pas mon cousin...

LA MARQUISE.
Mon neveu...

CAGLIOSTRO, froidement.
Le chevalier ne viendra pas !

CÉCILE, à part.
Grand Dieu !

LA MARQUISE.
Que s'est-il donc passé?

CAGLIOSTRO.
D'absurdes calomnies
L'abusaient... et d'un mot, sans bruit et sans éclat,
J'ai détruit une erreur qu'il reconnaît lui-même.
Il s'excuse et s'éloigne... et, pour grâce suprême,
Il demande à ne point signer à ce contrat!

LA MARQUISE.
Je comprends... Il fait bien !...
(Se tournant vers la table.)
Nous, monsieur le notaire,
Achevons cet écrit...

CAGLIOSTRO, avec joie.
Qui m'engage sa foi !

CÉCILE, à part, avec douleur.
Allons, allons, tout est fini pour moi !

ROMANCE.

Oui, je l'aimais... et le perfide
Trahit l'amour qu'il m'a juré...

Que son exemple enfin me guide,
Je l'ai juré... je l'oublirai !
Et vous, magique science,
Sur moi redoublez d'effort,
Car, malgré votre puissance,
Je crains de l'aimer encor !

(A Cagliostro qui s'est approché d'elle.)

Mais qu'alors votre magie,
Monsieur, redouble d'effort ;
Car, malgré sa perfidie,
Je crains de l'aimer encor !

CAGLIOSTRO.

En vous voyant si jolie,
Pour vous redoublant d'effort,
Les amours et la magie
Vont embellir votre sort !

(La marquise vient chercher Cagliostro et Cécile, et leur présente la plume pour signer.)

LE CHŒUR.

Ah ! qu'elle est belle, etc.

(Pendant ce chœur, Cécile s'est approchée de la table et, après un moment d'hésitation, elle signe : Cagliostro prend la plume et va en faire autant, au moment où entre Caracoli.)

SCÈNE II.

LES MÊMES ; CARACOLI, paraissant à la porte du fond.

UN DOMESTIQUE, annonçant.

M. le marquis Caracoli !

CARACOLI, qui s'est avancé en saluant à droite et à gauche, aperçoit Cagliostro et dit à part :

O ciel ! c'est lui que ze croyais perdu... et il signe !... Et le chevalier... (Regardant autour de lui.) Où est-il donc ?

CAGLIOSTRO, l'apercevant et se dirigeant vers lui.

Monseigneur Caracoli !

(Pendant que les parents et amis entourent la table à gauche pour signer au contrat, Cagliostro se trouve seul à droite du théâtre, à côté de Caracoli.)

CARACOLI, interdit, à Cagliostro.

Daignez recevoir les compliments d'un ami.

CAGLIOSTRO, à voix basse.

D'un traître !

CARACOLI, jouant la surprise.

Moi !

CAGLIOSTRO, de même.

Tu ne sais donc pas qu'un pouvoir occulte m'avertit à l'instant de la moindre trahison... Et mes papiers que tu as livrés ?

CARACOLI, étendant la main.

Ça n'est pas vrai.

CAGLIOSTRO, les tirant de sa poche et les lui montrant.

Les voici !... Et ces cinq cents louis en or que tu as reçus ?

CARACOLI, portant une main sur son gousset et faisant serment de l'autre.

Ce n'est pas vrai !

CAGLIOSTRO, montrant le gousset de Caracoli.

Ils sont là !... Et quand je peux d'un mot te faire tomber mort...

CARACOLI, tremblant.

Ze le sais !

CAGLIOSTRO, tournant la tête vers des fournisseurs qui viennent d'entrer.

Qu'est-ce ?

CARACOLI, voulant distraire l'attention de Cagliostro.

La corbeille de noce !...

CAGLIOSTRO.

Qu'on la porte au salon. (A Caracoli.) Et toi... (Tendant la main.) ce prix de ta trahison ?

CARACOLI, interdit.

Comment ?

CAGLIOSTRO, d'un air menaçant.

Allons, ou sinon !... (Caracoli lui remet en tremblant la bourse que Cagliostro jette aux fournisseurs.) Tenez... c'est un à-compte. (La marquise fait porter la corbeille dans le salon à droite, y entre un instant et en ressort presque aussitôt.)

CARACOLI, à part.

Per dio ! payer sa corbeille de noce avec l'argent d'un rival... O grand homme !

LA MARQUISE, sortant du salon à droite.

Quoi ! monsieur le comte, une corbeille magnifique !

CARACOLI, à part.

Et pas chère.

CAGLIOSTRO.

Mais à vous, madame la marquise, je ne vous ai point encore offert mon présent de noce... (A demi-voix.) Cette fiole que vous m'avez demandée...

LA MARQUISE, vivement.

Vous l'avez là, sur vous ?

CAGLIOSTRO.

La voici.

LA MARQUISE, voulant déboucher le flacon.

O précieuse liqueur !

CAGLIOSTRO, l'arrêtant du geste.

Qui, comme toutes les liqueurs précieuses, a besoin de quelques mois de bouteille pour arriver à sa perfection.

LA MARQUISE.

Est-il possible ?

CAGLIOSTRO.

Plus vous attendrez, plus l'effet sera prompt.

LA MARQUISE, vivement.

J'attendrai !... mais encore, combien ?

CAGLIOSTRO.

Deux ou trois mois seulement !...

LA MARQUISE.

Silence ! (Apercevant le notaire qui s'approche d'elle, le contrat plié à la main, lui présente un portefeuille qu'elle prend, et s'adressant à Cagliostro.) A mon tour, monsieur le comte, j'ai à vous remettre ce portefeuille qui contient la dot de Cécile.

CARACOLI, à voix basse, à Cagliostro.

Le million ?

CAGLIOSTRO, de même, avec indifférence.

Lui-même !

CARACOLI, avec enthousiasme, à part.

O génie ! comment ai-je pu te méconnaître !...

CAGLIOSTRO, à la marquise.

Et à quelle heure la célébration du mariage ?

LA MARQUISE.

Nous n'attendons que M. le cardinal de Rohan ; il vient de me faire dire qu'une affaire importante le retient... mais qu'il sera ici à minuit... D'ici là, nous avons, pour occuper tout notre monde, la séance de somnambulisme que vous nous avez promise.

CAGLIOSTRO.

Dès que notre somnambule arrivera...

LA MARQUISE.

On l'introduira dans mon boudoir... Je vais en donner l'ordre.

CAGLIOSTRO, bas, à Caracoli.

Toi, va l'attendre, et recommande-lui de nouveau ce qu'elle doit dire et faire !

CARACOLI, bas.

Z'y vais... et ze réponds de tout sur ma tête... Ce n'est pas moi maintenant qui voudrais vi tromper !

LA MARQUISE, à Cagliostro.

Ne voulez-vous pas d'abord que je vous présente à toutes

les personnes de la cour qui sont là, impatientes de vous voir!

(Elle désigne le salon à droite.)

LE CHŒUR.

Ah! qu'elle est belle, etc.

(Tout le monde entre dans le salon à droite, excepté Caracoli qui sort par le fond; Cécile reste seule en scène.)

SCÈNE III.

CÉCILE, seule, puis CORILLA.

CÉCILE.

Allons, il n'y a plus d'espérance!... Malgré moi pourtant, j'attends encore... j'attends toujours que quelque fée secourable vienne à mon aide... (Apercevant Corilla qui entre par la porte du fond.) Que vois-je! celle qui a causé tous mes maux...

CORILLA.

Et qui vient les réparer.

CÉCILE, étonnée.

Vous, madame?

CORILLA.

Vous avez vu le chevalier?

CÉCILE, avec émotion.

Moi!... du tout!

CORILLA.

Comment! ne s'est-il pas présenté ici?

CÉCILE, affectant la fierté.

Je ne l'aurais pas reçu!

CORILLA.

Pour rompre votre mariage?

CÉCILE, de même.

Le rompre!... De quel droit?... Certainement je n'y consentirais pas!... Et d'ailleurs, c'est impossible! car dans quelques instants, à minuit, il doit se célébrer, dans la chapelle du château!...

CORILLA.

Mais vous ne savez donc pas que le chevalier vous aime?

CÉCILE.

Lui!... Après les lettres que vous m'avez montrées... après l'amour qu'il a eu pour vous?...

CORILLA.

Et qu'il n'a plus!

CÉCILE.

C'est égal... Est-ce qu'on peut aimer deux fois?

CORILLA.

Je l'espère bien!... pour moi du moins, qu'il a abandonnée, trahie, car c'est moi qu'il trahit pour vous.

CÉCILE.

C'est vrai!

CORILLA.

Et je lui pardonne!

CÉCILE.

C'est vrai!

CORILLA.

Et vous êtes inexorable!... Et vous voulez sa perte... car il se tuera!

CÉCILE, effrayée.

O ciel! vous le croyez?...

CORILLA.

C'est peut-être déjà fait... sinon, il serait ici!...

CÉCILE, de même.

Se tuer, dites-vous?

CORILLA.

Et s'il faut ainsi tuer tous les infidèles... Qu'est-ce qu'il nous restera?

CÉCILE, apercevant le chevalier qui entre par la porte du fond.
C'est lui!

SCÈNE IV.
CÉCILE, CORILLA, LE CHEVALIER.

TRIO.

CORILLA, courant au chevalier.
Enfin, je vous revois!... Qu'êtes-vous devenu?

LE CHEVALIER, avec égarement.
Ce traître, ce perfide était en ma puissance,
Quand sur nous un nuage est soudain descendu...
Je voulais le poursuivre... il avait disparu...
Et contre un rêve affreux... contre un spectre terrible,
Je luttais vainement... un pouvoir invincible
Par des liens de fer me tenait torturé;
Je ne sais pas quel temps cette fièvre a duré...
Enfin, je m'élançai...

CÉCILE.
Je frémis d'épouvante!

LE CHEVALIER, se rappelant ce qu'il a vu.
Une grotte, un jardin... des murs... je les franchis...

CORILLA, à part.
O ciel!

LE CHEVALIER.
Une voiture à mes yeux se présente!
A Versailles!... criai-je... à Versailles!... J'ignore
Comment j'ai fait la route... et je doutais encore
De moi, de ma raison... Mais à présent, j'y crois
Car je suis près de vous... Cécile, je vous vois!

Ensemble.

LE CHEVALIER.
Oui, cette douce vue,
Emblème du pardon,

Rend à mon âme émue
L'espoir et la raison !

CORILLA.

Oui, cette douce vue,
Emblème du pardon,
Rend à son âme émue
L'espoir et la raison !

CÉCILE.

Eh quoi ! ma seule vue,
Emblème du pardon,
Rend à son âme émue
L'espoir et la raison !

CORILLA, vivement, à Cécile.

Oui, oui, vous accordez le pardon qu'il réclame.
(Bas au chevalier.)
J'avais parlé pour vous...
(Haut.)
Eh ! vite, ces écrits,
Ces papiers, qui sauront prouver à tout Paris
Que le grand Cagliostro n'est qu'un fourbe, un infâme !

LE CHEVALIER.

C'est juste !...
(Cherchant sur lui.)
Ces papiers...

CORILLA.

Eh bien ! vous les avez ?

LE CHEVALIER, avec désespoir.

Non ! je ne les ai plus... disparus ! enlevés !

CORILLA et CÉCILE.

Disparus ! enlevés !

Ensemble.

CORILLA.

Fortune impitoyable
Qui les sépare encor,

Talisman favorable
D'où dépendait leur sort!

LE CHEVALIER et CÉCILE.

Fortune impitoyable
Qui nous sépare encor,
Talisman secourable
D'où dépend notre sort!

CORILLA, vivement, à Cécile.

Eh bien! dans ce salon, et devant votre mère,
D'une voix intrépide et d'un front assuré,
Refusez hautement...

CÉCILE, tremblante.

Jamais je n'oserai!

CORILLA, à part, avec indignation.

Et cela croit aimer!

CÉCILE.

Mais, ce que je puis faire,
C'est de mourir!

LE CHEVALIER.

O ciel!

CÉCILE, au chevalier.

Et pour vous je mourrai!

CORILLA.

Dénoûment détestable!

Ensemble.

CORILLA.

Fortune impitoyable, etc.

LE CHEVALIER et CÉCILE.

Fortune impitoyable, etc.

CORILLA, au chevalier et à Cécile.

Je puis vous en répondre,
Je comblerai vos vœux,
Et je saurai confondre
Ce fourbe audacieux!

LE CHEVALIER, à Cécile qu'il presse dans ses bras.

Mais nous pouvons confondre
Ce fourbe audacieux,
Si ton cœur sait répondre
A mon cœur amoureux !

CÉCILE.

La mort saura confondre
Leurs projets odieux,
L'honneur doit t'en répondre...
A toi mes derniers vœux !

(A la fin du trio, on entend Caracoli parler par la porte à droite.)

CÉCILE, poussant un cri.

Ah ! l'on vient ! (Elle s'arrache des bras du chevalier.) Adieu ! adieu !

(Elle s'élance dans le grand salon à gauche.)

CORILLA, qui a été regarder dans la chambre à droite, au chevalier.

N'ayez pas peur ! il y a là quelqu'un qui pourra nous servir.

LE CHEVALIER.

Qui donc ?

SCÈNE V.

CORILLA, LE CHEVALIER, CARACOLI.

CARACOLI, à la porte à droite.

Oui, mademigelle, ze vais leur dire que la sonnambula, elle est prête !...

LE CHEVALIER, apercevant Caracoli.

Ah ! le ciel nous l'envoie !

CARACOLI, effrayé.

Le chevalier !...

LE CHEVALIER.

Et, à défaut d'écrits, son témoignage aidera à démasquer Cagliostro !

CARACOLI, vivement.

Moi?... Ne comptez pas là-dessus... Ze parlerai plutôt contre vous !

LE CHEVALIER.

Quand tu nous as avoué ?...

CARACOLI, de même.

Ze n'ai rien dit... ze nierai tout !

LE CHEVALIER.

Qu'est-ce que cela signifie ?

CARACOLI, à demi-voix.

Les papiers que ze vous avais livrés sont revenus d'eux-mêmes entre ses mains... L'or que vi m'aviez donné est passé dans les siennes... Il a, en enfer, des espions de police qui lui disent tout !

LE CHEVALIER et CORILLA.

Allons donc !

CARACOLI.

Et même, dans ce moment, s'il devine que ze cause avec vous, c'est fait de moi !

LE CHEVALIER.

Écoute-nous, au moins !

CARACOLI.

Non !... et ze n'ai rien qu'un mot à vous dire... un dernier... Partez au piou vite, ou craignez comme moi le grand Cagliostro.

(Il s'élance dans le salon à gauche.)

SCÈNE VI.

CORILLA, LE CHEVALIER.

CORILLA.

Eh bien ! vit-on jamais une crédulité, une terreur pareilles !...

LE CHEVALIER.

Il les a tous ensorcelés !

CORILLA.

Et si vous osiez, à présent, attaquer leur idole, c'est sur vous que tomberait l'indignation publique...

LE CHEVALIER.

N'importe !

(Il va pour sortir par la porte du fond.)

CORILLA.

Où allez-vous ?

LE CHEVALIER.

Le tuer, et me tuer après.

CORILLA, effrayée.

O ciel! vous tuer !... (D'un ton de reproche.) Vous n'auriez pas fait cela pour moi, ingrat !

LE CHEVALIER.

Pardon ! mais dans mon désespoir !...

CORILLA.

Et penser que, d'un mot, je peux les sauver et les rendre tous heureux !

LE CHEVALIER.

Eh bien! ce mot, pourquoi ne pas le dire?

CORILLA.

Pourquoi?... parce que, moi, il me rend à jamais esclave... parce qu'il me remet aux mains d'un tyran... N'importe!... je vous aime encore plus que je ne pensais... Et si je vous prouvais que ce prétendu comte de Cagliostro n'est autre que Joseph Balsamo... si je vous prouvais qu'il est marié !...

LE CHEVALIER, avec joie.

Nous sommes sauvés!...

CORILLA.

Et que sa femme est ici!...

LE CHEVALIER, stupéfait.

Comment! vous?...

CORILLA, voyant ouvrir la porte à gauche.

Silence!

SCÈNE VII.

LES MÊMES; LE PRINCE, sortant du salon.

LE PRINCE, apercevant Corilla.

Je courais vous écrire... Vous avez deviné que j'avais des nouvelles... (Se retournant.) Le chevalier!... D'où diable sort-il?... de l'autre monde!...

LE CHEVALIER.

Vous l'avez dit!

CORILLA.

Exprès pour confondre Cagliostro!

LE PRINCE, au chevalier.

Je ne vous conseille pas de l'essayer!... Ceux qui lui en veulent ne réussissent pas... vous l'avez vu... tandis que tout nous sourit, à nous autres, qui sommes ses amis!... Voici d'abord, et, grâce à lui, la belle Corilla, qui, jusqu'alors insensible m'aime enfin, et n'a jamais aimé que moi!...

LE CHEVALIER.

Comment!...

LE PRINCE.

Il me l'a dit!... (A Corilla.) et comme un bonheur n'arrive jamais seul, M. le cardinal de Rohan vient de m'envoyer pour vous ce paquet qu'il reçoit à l'instant de la cour de Rome.

CORILLA.

Ah! mon Dieu!

LE PRINCE, d'un air joyeux.

Lisez! lisez!

CORILLA, lisant.

Oui, oui, c'est bien cela... un bref du saint-père, qu annule et brise mon mariage avec Joseph Balsamo!

LE CHEVALIER.

O ciel!... il est libre!... (Tombant sur un fauteuil.) libre!...

LE PRINCE, à Corilla.

Et vous aussi!... fidèle à votre promesse, vous ne pouvez plus refuser ma fortune et ma main... Parlez... ordonnez... faites vos conditions!...

CORILLA.

Eh bien! je n'en mets qu'une!... (Lui montrant le papier qu'elle tient.) Silence absolu, silence avec tous... sinon, rien de fait!...

LE PRINCE.

Je suis muet...

CORILLA.

Maintenant, et sans rentrer au salon... partez!

LE PRINCE.

Quand je peux passer ma soirée avec vous, et assister au triomphe de Cagliostro!...

CORILLA.

J'ai dit : partez!

LE PRINCE.

C'est juste!... mais pourquoi?... Qu'aurai-je à faire?...

CORILLA.

Tout disposer pour quitter Versailles.

LE PRINCE, consterné.

Quitter Versailles!... Et comment?

CORILLA.

Avec moi!

LE PRINCE, poussant un cri et tombant à genoux.

Ah!

(Elle lui fait signe de se relever. Il sort par la porte du fond.)

SCÈNE VIII.

CORILLA, LE CHEVALIER.

LE CHEVALIER, avec désespoir.

Adieu! adieu!... Tout est fini pour moi!... Partez avec lui!...

CORILLA, avec sentiment.

Oui, je partirai... mais quand vous serez heureux, quand je vous aurai sauvé!... Venez! entrons dans cet appartement.

(Elle désigne la chambre à droite.)

LE CHEVALIER.

Mais nous y trouverons cette somnambule...

CORILLA.

C'est égal... Venez, vous dis-je!...

(Ils sortent vivement par la porte à droite.)

SCÈNE IX.

LA MARQUISE, CAGLIOSTRO, CÉCILE, CARACOLI,
Seigneurs et Dames de la société de la marquise.

FINALE.

LE CHOEUR.

O brillante alliance!
Jour de félicité!
Honneur à la science,
Amour à la beauté!

CAGLIOSTRO, donnant la main à Cécile.

Enfin, voici l'instant si cher à ma tendresse.

CÉCILE, à part, regardant autour d'elle.

Ah! je ne les vois pas... Plus d'amis! plus d'espoir!

LA MARQUISE, à Cagliostro.

Près d'elle, n'allez pas oublier la promesse
Que vous nous avez faite...

CAGLIOSTRO, se tournant vers l'assemblée.

        Oui, nous devons, ce soir,
Ici vous présenter une devineresse
Qui lit au fond des cœurs, sans trouble et sans effort,
Et dit la vérité sitôt qu'elle s'endort!

TOUS.

Où donc est-elle?...

CARACOLI, montrant la porte à droite.

        Là... car ze l'ai dézà vue.
Éveillée, elle est bien... ma...

CAGLIOSTRO, à voix basse.

        Tu l'as prévenue?

CARACOLI, de même.

Et demande, et réponse, elle sait tout par cœur!

LA MARQUISE, à Cécile, montrant Cagliostro.

Et voilà ton époux... Comprends-tu ton bonheur!...

LE CHŒUR.

O brillante alliance! etc.

(La porte de droite s'ouvre, et paraît la somnambule; elle est en blanc, couverte d'un voile épais, une couronne de laurier sur le front, une branche de verveine à la main.)

LE CHŒUR, à demi-voix.

Mais c'est elle... Du silence!
Lentement elle s'avance,
Et déjà règne en mon cœur
Une sainte terreur!

(Caracoli apporte un fauteuil au milieu du théâtre, Cagliostro fait asseoir la somnambule et se tient debout auprès d'elle; à droite la marquise et Cécile sont assises, à côté d'elles se place Caracoli. Au milieu, un second groupe de femmes, à droite, un peu vers le fond, un troisième groupe de femmes, elles sont assises. Les hommes sont debout derrière elles. Des domestiques en riches livrées se tiennent au fond du théâtre, derrière tout le monde.)

CAGLIOSTRO, magnétisant la somnambule qui vient de s'asseoir.

O pouvoir magnétique,
Fluide sympathique,
Du monde léthargique
Ouvre-lui les trésors !
A ma voix qui commande,
Que le sommeil descende,
Que l'esclave m'entende !
Dors ! je le veux !... dors !

(La somnambule renverse sa tête et paraît plongée dans le sommeil.)

LE CHŒUR.

Elle dort ! Quelle puissance !
Écoutons ! faisons silence !

CAGLIOSTRO, soulevant le voile de la somnambule.

Et maintenant, parlez ! (Il jette les yeux sur elle et pousse un cri d'effroi.) Ah !

(Caracoli accourt à ce cri, aperçoit Corilla, pousse un second cri et reste immobile ainsi que Cagliostro, pendant que Corilla se lève lentement.)

Ensemble.

CAGLIOSTRO, dans le plus grand trouble, à part.

Ah ! quelle image fantastique
S'est offerte à mes yeux troublés !
Ma femme !... O pouvoir diabolique,
Est-ce ma mort que vous voulez ?

LA MARQUISE, regardant Cagliostro.

Sous l'influence magnétique
Tous ses traits semblent renversés,
Et comme la sibylle antique,
Ses cheveux se sont hérissés !

CARACOLI, à part.

Ce n'est pas elle ! C'est unique,

6.

D'effroi mon âme a tremblé,
Et malgré son pouvoir magique,
Mon maître en paraît tout troublé.

LE CHŒUR.

Sous l'influence magnétique
Ses yeux sont ternes et glacés,
Et comme la sibylle antique,
Tous ses traits semblent renversés !

CORILLA, d'une voix lente et solennelle.

Tu commandes, ô maître... et je cède à tes lois...
Je vais parler.

CAGLIOSTRO, à part.

C'est elle ! c'est sa voix...
(S'approchant d'elle et à voix basse.)
Tu reviens du tombeau pour me perdre !

CORILLA, à voix basse.

Au contraire !
(A voix haute, vers l'assemblée.)
Écoutez ! écoutez... la vérité m'éclaire...

CÉCILE, qui jusque-là n'a pris aucune part à cette scène, lève les yeux
et reconnaît Corilla.

O ciel !

LA MARQUISE, étonnée.

Qu'as-tu ?

CÉCILE.

Rien ! rien !

CORILLA, d'un air inspiré.

Je lis que le savant
Cagliostro ne peut plus se marier...

TOUS, avec surprise.

Comment !

CORILLA, de même.

Je lis, je vois, que de sa fiancée
Un autre amour occupe la pensée...
Décidée à mourir !...

CÉCILE, se levant avec exaltation.
Oui, c'est vrai!

LA MARQUISE.
J'ai frémi!

CORILLA, de même.
Si sa main n'appartient à son cousin qu'elle aime!

LA MARQUISE.
Il a fui loin de nous!

CORILLA.
Oui, mais à l'instant même
Il revient! il accourt!

LA MARQUISE.
Impossible!

CORILLA, étendant la main vers la porte du fond.
C'est lui!
Il accourt! le voici! le voici!
(Le chevalier paraît, tout le monde pousse un cri.)

Ensemble.

CAGLIOSTRO et CARACOLI.
Ah! quelle image fantastique
S'est offerte à mes yeux troublés!
Démons et pouvoir diabolique,
Est-ce ma mort que vous voulez?

LE CHEVALIER et CÉCILE.
Oui, par le pouvoir magnétique
Tous deux nous voilà rassemblés.
A sa voix divine, magique,
Nos cœurs sont déjà consolés!

LA MARQUISE et LE CHŒUR.
Pouvoir terrible et sympathique
Dont chacun de nous est troublé,
Sous le fluide magnétique,
Lui-même paraît accablé!

CORILLA.

Oui, grâce au pouvoir magnétique
Tous les secrets sont révélés,
Et tous, à ma voix prophétique
Obéissez, ou bien tremblez!

Écoutez! écoutez... ô dévoûment suprême!...
Je vois que, toujours grand, sublime et généreux,
Cagliostro ne veut pas leur malheur à tous deux;
A la main de Cécile il renonce lui-même.

CAGLIOSTRO, bas, à Cécile.

Non! je n'en ferai rien!

CORILLA, à demi-voix à Cagliostro.

Je le veux! je le veux!

CAGLIOSTRO, à part, avec colère.

Il le faut parbleu bien! Soyons donc généreux!
(Haut, avec effort, s'avançant près de la marquise)
Oui, oui, qu'ils soient heureux!

CORILLA.

Ah! ce n'est rien encor!

CAGLIOSTRO, à part, avec inquiétude.

Que veut-elle de plus?

CORILLA.

Aussi riche qu'habile,
Le fameux Cagliostro ne peut tenir à l'or,
Il en fait quand il veut... et la dot de Cécile,
Qu'il vient de recevoir... est, je le vois, par lui
Rendue au chevalier!

CAGLIOSTRO, à part, avec colère.

Ah! c'est un peu trop fort!

CORILLA, bas, à Cagliostro.

Balsamo, je le veux!

LE CHEVALIER, s'inclinant d'un air railleur, à Cagliostro.

Vraiment, monsieur le comte?

CAGLIOSTRO, balbutiant.

Oui!

(A part.)
Il le faut, morbleu bien!
(Haut, et tirant noblement le portefeuille de sa poche.)
La voici! la voici!

LE CHOEUR.

O vertu sublime!
Mortel généreux
Que la terre estime
A l'égal des dieux!

CORILLA.

Écoutez! écoutez! ce n'est rien!...

CAGLIOSTRO, avec impatience.

C'en est trop!

CORILLA, avec emphase.

Le grand, le vertueux, le divin Cagliostro!...

CAGLIOSTRO, vivement.

Ah! ma modestie est trop grande
Pour en écouter plus... Assez, je le commande!
(La magnétisant pour l'éveiller.)
Assez! assez!
(A part.)
Satan femelle!
(Haut.)
Éveille-toi!
Je te l'ordonne!...

CORILLA, ouvrant les yeux à peine, comme quelqu'un qui a longtemps dormi, et affectant une grande surprise.

Où suis-je! et qu'est-ce que je vois?

CÉCILE et LE CHEVALIER, à sa gauche.

Ceux qui vont, grâce à vous, s'adorer sans entrave...

CAGLIOSTRO, à sa droite, bas.

Et ton maître irrité qui reprend son esclave!

CORILLA, de même.

C'est ce que nous verrons!...

SCÈNE X.

LES MÊMES ; LE PRINCE, entrant par la porte du fond, et passant entre Cagliostro et Corilla.

LE PRINCE.
La voiture est en bas !

CAGLIOSTRO, étonné.

Comment ?

LE PRINCE, à Cagliostro, à demi-voix.
Je vous la dois, et ne m'en cache pas !
C'est Corilla, c'est elle que j'enlève !

CAGLIOSTRO, vivement.

Mais elle est mariée !

LE PRINCE, de même.
Elle avait pour mari
Un Joseph Balsamo, scélérat accompli !...
Mais le pape a brisé leur hymen...

CAGLIOSTRO.
Est-ce un rêve ?

CORILLA, montrant le bref qu'elle tire de sa poche.

C'est signé !

CAGLIOSTRO, à part, avec rage.
J'étais libre...
(Montrant Cécile.)
Et pouvais l'épouser !

CORILLA, à demi-voix.

Toi, qui les trompes tous, on peut bien t'abuser !
(Elle va rejoindre le prince à gauche, pendant que la marquise, Cécile et le chevalier sont à droite.)

CARACOLI, s'approchant de Cagliostro, qui est seul sur le devant du théâtre, et à mi-voix.

Et qu'avons-nous gagné, maître ?

CAGLIOSTRO, de même.
                              Un crédit immense!
De tout oser, morbleu! j'ai maintenant les droits!

LA MARQUISE, regardant Cagliostro.
Tant de vertus méritent récompense...
(S'approchant de lui, et à voix basse.)
Un seul mot!

CAGLIOSTRO, de même.
Qu'est-ce donc?

LA MARQUISE, lui montrant la fiole qu'elle tire de sa poche.
                       Revenez dans trois mois!

LE CHOEUR.
Ah! son mérite immense
Va toujours crescendo!
Bravo, signor, bravo!
Il donne l'opulence,
Il guérit subito,
Le tout incognito!
Et voilà la science
Du divin Cagliostro!

ORESTE ET PYLADE

OPÉRA-COMIQUE EN UN ACTE

En société avec M. H. Dupin.

MUSIQUE DE A. THYS.

Théatre de l'Opéra-Comique. — 28 Février 1844.

PERSONNAGES.	ACTEURS.
M. DE VERNEUIL............ MM.	Victor.
ÉDOUARD, son pupille...........	Audran.
SAINT-ANGE, ami de Verneuil...	Duvernoy.
LEBON, garde du commerce.......	Moreau-Sainti.
UN HUISSIER...............	Collard.
UN DOMESTIQUE, en livrée.......	
AMÉLIE, fille de M. de Verneuil..... Mmes	Félix.
MARIE, femme de chambre d'Amélie....	Sarah.

A Paris, dans la maison de M. de Verneuil.

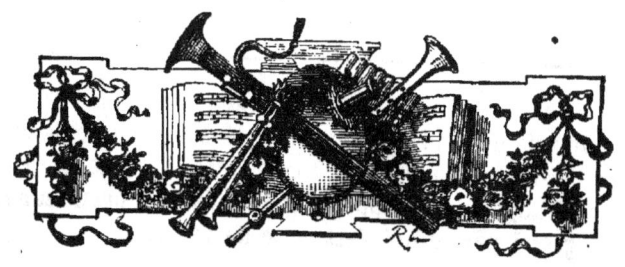

ORESTE ET PYLADE

Un des appartements de la maison de M. de Verneuil. — Porte au fond, portes latérales ; sur le premier plan, à droite du spectateur, la porte de la salle à manger ; sur le deuxième plan, celle du salon de compagnie. Du côté opposé, celle de l'appartement de M. de Verneuil, une table sur le devant de la scène, à gauche.

SCÈNE PREMIÈRE.

M. DE VERNEUIL, sortant de son appartement, UN DOMESTIQUE, puis SAINT-ANGE.

UN DOMESTIQUE, annonçant.

M. de Saint-Ange !

VERNEUIL.

Faites entrer !... Saint-Ange, mon vieil ami... Qu'est-ce que je dis là... s'il m'entendait, lui qui se croit toujours jeune... un lion !... le doyen des lions... (Saint-Ange entrant par le fond.) Eh bonjour, mon cher Saint-Ange... Vous voilà donc de retour ? Depuis un mois j'ai envoyé au moins trois ou quatre fois chez vous.

SAINT-ANGE.

Je suis désolé !... j'ai manqué le dernier steeple-chase... la rentrée de Lablache... mais j'étais à Strasbourg, pour un héritage que je rapporte et dont j'ai une partie sur moi... un grand parent qui s'est avisé de mourir.

VERNEUIL.

Moi, pendant ce temps, je mariais ma fille à Édouard, mon pupille.

SAINT-ANGE, à part.

Ah diable !... (Haut.) un charmant cavalier... un jeune militaire... qui vaut son pesant d'or.

VERNEUIL.

Heureusement qu'il n'a pas cette valeur-là... car il se serait dépensé lui-même ou il se serait mis en gage, pour le moins... C'est un garçon qui a un cœur excellent, mille qualités aimables. Du côté de la fortune, il a, en Amérique, un oncle immensément riche, dont il héritera un jour, et, par lui-même déjà, un fort joli patrimoine ; car c'est moi qui étais son tuteur... mais, il ne connaît pas le prix de l'argent ; il le dépense à pleines mains, il prête à tout le monde, et il a surtout une facilité à signer des lettres de change... Enfin, tout cela me fait trembler pour le bonheur de ma fille, et surtout pour sa dot.

SAINT-ANGE.

Cependant, vous n'avez consenti à cette union qu'après avoir mûrement réfléchi.

VERNEUIL.

Mais non, je n'ai pas eu le temps... Ces jeunes gens s'aimaient, s'adoraient ; ils se sont jetés à mes pieds en pleurant. Édouard a juré qu'il n'avait plus de dettes, et qu'il n'en ferait plus... que tout était payé... je l'ai cru sur parole, mais il me reste encore quelques doutes ; et c'est pour les éclaircir que je désirais vous voir, parce que vous qui êtes lancé dans le monde fashionable...

SAINT-ANGE.

Verneuil... au café de Paris, nous nous sommes fait une loi... Je n'ai que du bien à dire de M. Édouard.

VERNEUIL.

J'entends... mais je suis votre ami, et vous ne voudrez point tromper la confiance d'un père de famille... Je n'ai pas besoin de vous dire que depuis quelque temps je m'étais aperçu de votre amour pour ma fille... et que si je n'avais écouté que mon goût particulier et la raison, c'est vous que j'aurais préféré.

SAINT-ANGE.

Je ne suis pas un mauvais parti, surtout à présent.

VERNEUIL.

Mais vous vous avisez de partir pour Strasbourg.

SAINT-ANGE.

Diable de parent! il ne pouvait pas mourir six semaines plus tôt; mais enfin, votre parole est donnée...

VERNEUIL.

Conditionnellement... Ce soir, nous nous marions à la municipalité, et à minuit, à l'église... mais si, d'ici-là, je découvre qu'Édouard a une seule lettre de change, un seul effet non acquitté... tout est rompu... Ce sont nos conventions.

SAINT-ANGE.

Et il n'aura rien à dire; mais qui peut vous faire présumer qu'Édouard s'exposerait à un pareil danger?...

VERNEUIL.

Je ne sais, mais sa conduite n'est pas claire... d'abord hier, de toute la journée, nous ne l'avons pas vu... Aujourd'hui même... voilà midi, le jour de son mariage, il n'est pas encore ici.

SAINT-ANGE, à part.

Allons, le papa n'est pas aussi bonhomme qu'il en a l'air,

il y a quelque chose là-dessous, et je ne perds pas tout espoir.

VERNEUIL.

Et la corbeille même n'est pas envoyée !

SCÈNE II.

Les mêmes; AMÉLIE, MARIE.

AMÉLIE.

Mon père, mon père, si vous saviez ce qui vient d'arriver !

VERNEUIL.

Serait-ce mon gendre ?

AMÉLIE, apercevant Saint-Ange.

Que vois-je ? monsieur de Saint-Ange !

VERNEUIL.

Lui-même, qui est plus diligent que ton prétendu, car il arrive de Strasbourg pour ta noce, tandis que monsieur Édouard, qui habite la rue de Grammont, a mis plus de deux jours pour faire le voyage.

AMÉLIE.

Oh ! ne lui en voulez pas, il vient de m'envoyer une corbeille magnifique... des tissus de l'Inde, des dentelles... et de plus une lettre charmante qui m'explique son absence d'hier... lisez plutôt.

VERNEUIL.

Voyons donc quelle excuse il nous donne. (Il lit.) « Ma « chère Amélie, ma jolie cousine... ma femme, je t'aime, « je t'adore... »

AMÉLIE.

J'étais bien sûre qu'il ne pouvait pas être coupable.

VERNEUIL, continuant.

« Dans un instant je serai près de toi, et ce n'est pas ma

« faute si je n'y ai pas été plus tôt. Ton mari, ÉDOUARD. »

AMÉLIE.

« Ce n'est pas ma faute... » Vous voyez bien !

VERNEUIL.

Je vois... je vois... je ne vois pas du tout qu'il se justifie.

MARIE.

Quant à moi, il ne me reste pas le plus léger doute.

AMÉLIE.

Ni à moi non plus.

VERNEUIL.

Pourquoi n'est-il pas venu hier ?

AMÉLIE.

Mais puisqu'il vient aujourd'hui, il nous expliquera tout. D'ailleurs il le dit en toutes lettres : « Ce n'est pas ma « faute. » Il me semble que c'est écrit... et je ne vous ai jamais vu ainsi.

SAINT-ANGE.

Au fait, mon cher Verneuil...

VERNEUIL.

C'est que tout cela n'est pas naturel... je suis négociant, j'aime avant tout la franchise, l'ordre et la bonne conduite, j'ai surtout horreur des dettes, et quelque avancé que soit son mariage, s'il m'était prouvé qu'Édouard...

AMÉLIE.

Puisqu'il vous a donné sa parole... et si vous en doutez encore, venez voir ma corbeille, quel goût ! quelle richesse !... Ce n'est pas quand on a des dettes qu'on peut faire de pareilles dépenses.

VERNEUIL.

A Paris, ce sont les gens qui n'ont rien qui font le plus d'étalage ; allons toujours voir la corbeille ; venez-vous, Saint-Ange ?

(Verneuil, Amélie et Saint-Ange entrent dans le salon.)

SCÈNE III.

MARIE, seule.

C'est fini, on ne peut plus se passer de ce Saint-Ange qui veut faire encore le lion... heureusement celui-là c'est un lion sans griffes ; n'importe, je ne suis pas sans inquiétude parce que M. Édouard est si inconséquent, si étourdi... et, ce qu'il y a de pis, c'est qu'il n'arrive pas. (Entendant du Bruit en dehors.) Eh ! mais, je ne me trompe pas, c'est sa voix... il n'est pas seul... est-ce qu'on se dispute ?

SCÈNE IV.

MARIE, ÉDOUARD, LEBON, entrant par le fond.

ÉDOUARD, à Lebon.

Venez... si je passe devant vous, c'est pour vous montrer le chemin.

TRIO.

Ensemble.

ÉDOUARD.

Me voici chez notre beau-père
Ou chez moi, car c'est tout comme à présent.

MARIE.

Le voici chez notre beau-père
Ou chez lui, car c'est tout comme à présent.

LEBON.

Nous voici chez notre beau-père
Ou chez lui, car c'est tout comme, à présent.
(Examinant.)
Superbe hôtel et riche ameublement !
Je ne risque rien, je l'espère.

ÉDOUARD, à Lebon, montrant Marie.

C'est ma petite sœur de lait
Pour qui déjà chacun soupire...
Bonjour, Marie...

(Il va pour l'embrasser.)

MARIE, l'arrêtant.

Un moment, s'il vous plaît...
Depuis deux jours, qu'avez-vous fait?
D'où sortez-vous?

ÉDOUARD.

A toi, je puis le dire...
Apprends donc que je sors de prison.

MARIE.

De prison... quelle horreur!...

LEBON.

Pourquoi donc?
Sous le verrou des geôliers
On peut chanter, boire et rire;
Je suis payé pour le dire,
J'aime fort les prisonniers.
Quand cet avare, sans cesse
Qui renferma sa richesse,
Qui fut sourd à la détresse,
Enfin s'en va chez Pluton,
Son or pour rendre à la ronde
Le bonheur à tout le monde,
Ne sort-il pas de prison!

Ensemble.

ÉDOUARD et LEBON.

Tu vois bien d'après tout cela,
Que bonheur et gaîté sont sortis de là.

MARIE.

Je vois bien d'après tout cela,
Que bonheur et gaîté sont sortis de là.

ÉDOUARD.

Déjà je suis consolé

De quelques heures fâcheuses,
Et les choses précieuses
Sont seules mises sous clé.
Près de la beauté charmante,
Cette liqueur enivrante
Dont la mousse jaillissante
Va s'échappant du flacon,
Causant de douces alarmes,
N'offre jamais tant de charmes
Qu'en sortant de sa prison !...

Ensemble.

ÉDOUARD et LEBON.

Tu vois bien d'après tout cela, etc.

MARIE.

Je vois bien d'après tout cela, etc.

MARIE.

Encore quelques mauvaises affaires !

ÉDOUARD.

Du tout, ça ne me regarde pas, c'est Derville, un de nos amis, un brave jeune homme, qui, faute d'une trentaine de mille francs, allait suspendre ses paiements... se brûler la cervelle... J'ai du crédit... et d'un seul trait de plume, sans hésiter, je l'ai sauvé... c'étaient des billets à trois mois de date... trois mois, j'ai cru que cela ne finirait jamais... Eh bien! pas du tout... Hier matin, comme je sortais de chez moi pour faire la cour à ma prétendue, la pluie tombait à verse, impossible d'avoir un fiacre, car lorsqu'il fait mauvais, pas un seul sur la place...

LEBON.

Triste emblème des amis du jour !

ÉDOUARD.

Vous avez lu ça quelque part, monsieur Lebon, mais n'importe, je vous sais gré de la citation. (A Marie.) J'allais donc me lancer au milieu des ruisseaux en bottes vernies, lorsque devant ma porte s'arrête une voiture où monsieur était seul.

MARIE, regardant Lebon.

Ah! c'était monsieur!

(Lebon salue.)

ÉDOUARD.

Lui-même qui, voyant un jeune homme comme il faut, dans l'embarras, me propose, de la manière la plus aimable, une place à côté de lui... j'accepte sans façon, et nous voilà à causer comme d'anciennes connaissances. Mon compagnon de voyage allait du côté de la barrière, ce n'était pas tout à fait mon chemin... mais la pluie qui continuait, et surtout la conversation originale de monsieur, me déterminèrent à prendre le plus long, lorsque vers le haut de la rue de Clichy...

MARIE, à Lebon avec indignation.

Quoi! monsieur serait...

ÉDOUARD.

Un excellent homme... c'est monsieur Lebon.

LEBON.

Oui, mademoiselle, monsieur Lebon... les lettres de change de monsieur avaient été protestées... jugement obtenu, j'étais chargé de le mettre à exécution, et je ne pense pas qu'il soit possible de le faire avec plus d'égards. Aussi,

« Je suis aimé de tous ceux que j'arrête. »

comme le dit un de nos meilleurs auteurs.

MARIE, à mi-voix.

Dieu! quelle vilaine espèce d'homme! (A Edouard.) Comment êtes-vous sorti?

ÉDOUARD.

Monsieur Lebon qui, sous le paletot d'un recors cache le cœur d'un philanthrope, a daigné prévenir mes amis de mon changement de domicile... Eux, et surtout Derville, celui que j'avais obligé, en apprenant l'embarras où je me trouvais, ont tout engagé, tout vendu, et ce matin, ces chers amis m'ont apporté vingt-sept mille francs, c'est tout ce qu'ils ont pu faire du jour au lendemain.

MARIE.

Au moins, voilà d'honnêtes gens!

ÉDOUARD.

Par malheur, il restait encore une lettre de change de mille écus, à un M. Duval, négociant ; si l'on eût pu seulement attendre vingt-quatre heures, c'eût été une plaisanterie... mais c'est aujourd'hui mon mariage... il fallait que je vinsse à ma noce, j'y étais indispensable... il fallait surtout le plus profond secret, à cause du beau-père... car à la moindre nouvelle, tout était rompu.

MARIE.

Vous avez raison... eh bien! alors comment avez-vous pu faire?

ÉDOUARD.

C'est encore M. Lebon qui a poussé à la roue.

MARIE.

Lui!

LEBON.

Oui, mademoiselle... vous avez dit tout à l'heure : « Quelle vilaine espèce d'homme! » le mot ne m'a pas échappé... je vous prie de croire que je suis de la bonne espèce; j'arrête les gens qui ont des dettes, parce que c'est mon devoir, c'est ma place, et que je suis père de famille... mais j'aime à rendre service, et quand je le peux sans me compromettre...

ÉDOUARD.

Il a été trouver mon créancier, et en lui portant les vingt-sept mille francs, il a obtenu de lui que, malgré les mille écus qui restaient à payer, je serais libre.

LEBON.

Pour aujourd'hui seulement... car ce soir à sept heures,

je dois vous reconduire rue de Clichy... Et songez bien que d'ici là, je réponds de vous corps pour corps.

ÉDOUARD.

C'est trop juste... mais tu peux être sans inquiétude. D'ici à quelques heures, le beau-père me remettra la dot ; tu as sur toi ma lettre de change?...

LEBON.

Oui, monsieur, car M. Duval l'avait passée en blanc, et je peux la remettre sur-le-champ à celui qui me donnera les fonds.

ÉDOUARD.

Tu les auras, et de plus, dix louis pour ta peine ; et c'est encore moi qui serai ton obligé... Aussi, ma chère Marie, je te prie d'avoir soin de ce brave homme.

TRIO.

ÉDOUARD.

Je vais aller trouver ma prétendue.

LEBON.

J'y vais aussi.

ÉDOUARD.

Non, toi, tu vas rester.

LEBON.

Pardon ! il peut se trouver quelque issue,
Et d'un instant je ne peux vous quitter.

ÉDOUARD.

Songe aux dix louis...

LEBON.

De les gagner je grille,
Mais mon devoir...

ÉDOUARD.

Douterais-tu de moi?

LEBON.

Voulez-vous donc qu'un père de famille

S'expose, hélas! à perdre son emploi!
J'ai deux enfants, un garçon, une fille...
ÉDOUARD.
Morbleu! morbleu! c'est me pousser à bout!
LEBON.
Voilà pourquoi je vous suivrai partout.

Ensemble.

ÉDOUARD.
Dans un jour d'ivresse,
Quelle est ma détresse!
Cet homme sans cesse
Va suivre mes pas;
Devant le beau-père
Toujours si sévère,
Que dire et que faire?
Ah! quel embarras!

MARIE.
Quelle est sa détresse!
Dans un jour d'ivresse
Cet homme sans cesse
Va suivre ses pas.
Devant le beau-père
Toujours si sévère,
Que dire et que faire?
Ah! quel embarras!

LEBON.
Plaignez ma détresse!
Ma consigne expresse
M'ordonne sans cesse
De suivre vos pas.
Devant le beau-père,
Je saurai me taire,
Laissez-moi donc faire
Et ne tremblez pas.

ÉDOUARD.
Je suis forcé de l'admettre à ma noce.

MARIE.

Mais voyez donc, monsieur, son paletot!

LEBON.

C'est bien porté, vêtement comme il faut;
Le mien aurait besoin d'un coup de brosse.

ÉDOUARD.

C'est un habit qu'il faudrait lui prêter...

MARIE, ouvrant un cabinet.

J'ai là celui que monsieur s'est fait faire
Pour votre hymen. On vient de l'apporter.

ÉDOUARD.

Voilà, voilà justement notre affaire!

LEBON et MARIE.

Voilà, voilà justement notre affaire!

ÉDOUARD, à Lebon.

Sans crainte, je crois, tu peux changer.

LEBON, à Édouard qui lui passe l'habit.

Quoi, monsieur! vous voulez vous charger...

ÉDOUARD.

Oui, je veux t'aider, ne t'en déplaise.

MARIE.

Vous n'avez pas l'air d'être à votre aise?

LEBON.

On se gêne un peu pour obliger...

(Il va se mirer dans la glace, puis voyant Édouard se diriger vers la porte, il court après lui et le ramène sur le devant de la scène.)

Ensemble.

ÉDOUARD.

Dans un jour d'ivresse, etc.

MARIE.

Quelle est sa détresse! etc.

LEBON.

Plaignez ma détresse! etc.

ÉDOUARD.

Je n'ai pas besoin de te recommander une tenue et des manières distinguées.

LEBON.

Monsieur sait que j'ai de l'instruction et de la lecture ; de plus, avant d'être garde du commerce, j'ai été à l'école de M. Choron.

ÉDOUARD.

Diable ! tu es musicien ?

LEBON.

Et j'aime tant la musique et la littérature que dans ma compagnie, tout le monde me charge des couplets de fêtes, noces, baptêmes et enter... j'en ai autant dans mes poches que d'assignations et de protêts.

ÉDOUARD.

A merveille !... Eh bien ! Marie, tâche qu'Amélie vienne de ce côté.

MARIE.

Elle est dans le salon, avec M. de Saint-Ange.

ÉDOUARD.

Saint-Ange est arrivé de Strasbourg ?... garde-toi bien de lui rien dire... c'était mon rival, il aspirait aussi à la main d'Amélie, et en son absence, je l'ai supplanté. (A Lebon.) Mais tu dois le connaître, un habitué du café de Paris... un lion ?

LEBON.

Saint-Ange, non, je ne le connais pas.

MARIE.

Taisez-vous, car voici monsieur, et je vais à mon ouvrage.

(Elle sort.)

SCÈNE V.

ÉDOUARD, LEBON, VERNEUIL, AMÉLIE; puis MARIE.

VERNEUIL.
Enfin ! c'est lui... c'est bien heureux !

AMÉLIE, avec joie.
Quoi, monsieur, vous voilà !

ÉDOUARD.
Oui, mon beau-père; oui, ma chère Amélie.

AMÉLIE.
J'étais d'une inquiétude ! Qu'êtes-vous donc devenu depuis avant-hier?

VERNEUIL.
Oui, sans doute, expliquez-nous tout cela... et d'abord, quel est ce monsieur?

ÉDOUARD.
Ce monsieur, mon beau-père... ce monsieur... vous ne vous en douteriez pas, c'est un intime.

VERNEUIL.
Et où vous êtes-vous donc connus ?

ÉDOUARD.
A l'armée !

VERNEUIL.
En Afrique?

ÉDOUARD.
Oui, chez les Arabes. Tel que vous le voyez, c'est un gaillard qui, à lui tout seul, aurait arrêté tout un régiment (A part.) en détail. (Haut.) Je me rappelle surtout notre dernière affaire...

LEBON, à Verneuil.

Où il fut fait prisonnier.

ÉDOUARD.

Sans lui, je le serais encore... aussi, depuis ce jour-là, on nous appelle Oreste et Pylade.

VERNEUIL, à Lebon.

Monsieur, les amis de mon gendre seront toujours bien reçus chez nous... (A Édouard.) Mais tu ne nous dis pas pourquoi hier tu t'es absenté.

ÉDOUARD, montrant Lebon.

C'est à cause de lui... (Bas.) Une aventure très-désagréable où je lui étais nécessaire... Mais ce n'est pas mon secret, c'est le sien... et je vous demanderai la permission de ne pas vous en dire davantage.

AMÉLIE.

Allons, s'il en est ainsi, je lui pardonne.

(Elle sort.)

VERNEUIL.

Et moi aussi... Mais nous avons à parler d'affaires... et j'aurais deux mots à te dire en particulier.

ÉDOUARD.

Très-volontiers.

VERNEUIL.

C'est au sujet de la dot.

ÉDOUARD, à part.

Quel bonheur! il va me la donner... et je vais envoyer Pylade à tous les diables.

VERNEUIL.

Tu m'as promis que tu ne ferais plus de dettes.

ÉDOUARD.

Et je tiendrai ma parole, je vous le jure.

VERNEUIL.

Alors les conditions que je vais te proposer ne doivent point t'effrayer.

ÉDOUARD.

Parlez... tout ce que vous voudrez.

VERNEUIL.

Sans compter la succession de ton oncle Durand qui est en Amérique, tu as deux cent mille francs de fortune. (Apercevant Lebon qui s'approche.) Qu'est-ce qu'a donc ce monsieur?... il me semble que ton ami nous écoute.

ÉDOUARD.

Lui!... c'est par distraction.

(Il fait signe à Lebon de s'éloigner.)

VERNEUIL.

Tu as deux cent mille francs qui sont entre mes mains... ma fille t'en apporte autant en mariage... je les garde...

ÉDOUARD.

Ah! vous les garderez?...

VERNEUIL.

Et je vous en paierai les intérêts, est-ce que cela te contrarie?

ÉDOUARD.

Moi! du tout... (A part.) Me voilà bien... (Haut.) C'est que j'aurais voulu, pour entrer en ménage, quelque argent comptant.

VERNEUIL.

C'est trop juste, demain... après-demain, je te paierai le premier quartier, et alors... (Voyant Lebon qui s'approche d'eux.) Par exemple!... c'est trop indiscret... et ton Pylade ne connaît pas les usages.

ÉDOUARD.

Si vraiment, mais l'intérêt qu'il prend à mes affaires... et à tout ce qui me concerne...

LEBON.

Est-ce que vous ne donnez pas la dot à mon ami Édouard ?

(Amélie entre.)

VERNEUIL.

Non, monsieur, si vous voulez bien le permettre... et pour des motifs à moi connus... que je lui expliquerai plus au long, quand nous serons seuls. Je pense que dans ce moment, ces jeunes gens seront bien aises d'être ensemble.

LEBON.

Certainement.

VERNEUIL.

Moi, je vais aller m'habiller.

LEBON.

Vous ferez bien... moi, d'abord, je le suis.

VERNEUIL, à part.

Il n'a pas l'air de comprendre. (Il appelle.) Marie ! (Marie entre.) Est-ce que le tailleur n'a pas encore apporté mon habit neuf ?

MARIE.

Non, monsieur.

VERNEUIL.

Je ne sais pas à quoi il pense !... C'était un habit pour assister à la noce.

MARIE.

Eh ! monsieur, soyez tranquille... (Regardant l'habit de Lebon.) Il y sera à la noce, votre habit !...

(Elle sort.)

VERNEUIL.

En attendant, je vais en mettre un autre. (A Lebon.) Monsieur, je suis à vous... si vous voulez passer dans le salon...

LEBON.

Vous êtes bien bon !

VERNEUIL.

Vous y trouverez de la société.

LEBON.

Celle d'Oreste suffit à Pylade.

VERNEUIL, bas à Édouard.

Ma foi, j'y renonce !

(Il entre dans l'appartement à droite.)

SCÈNE VI.

ÉDOUARD, AMÉLIE, LEBON, qui est un peu au fond.

TRIO.

ÉDOUARD.

Plus d'importuns, au gré de mon envie
Nous voici seuls... ô moment enchanteur !
Il est enfin venu, chère Amélie,
Ce jour charmant d'ivresse et de bonheur !

AMÉLIE.

Plus d'importuns ! au gré de mon envie
Nous voici seuls... ô moment enchanteur !
Il est enfin venu pour Amélie
Ce jour charmant d'ivresse et de bonheur !...
Mon cœur...

(Elle s'arrête tout à coup.)

ÉDOUARD.

Eh bien ! achevez, Amélie.

AMÉLIE.

C'est ce monsieur que je n'avais pas vu.

ÉDOUARD, à part.

O contre-temps ? ô malheur imprévu !
C'est au moment de l'aveu le plus tendre.

Ensemble.

ÉDOUARD, bas à Lebon, avec colère.

Va-t'en donc, va-t'en !

Enfin je me lasse !
Ah ! quitte la place
Rien qu'un seul instant.

LEBON.

On me dit : va-t'en !
Mais quoi que l'on fasse,
Moi quitter la place !
Pas si sot vraiment.

AMÉLIE.

Qu'il soit complaisant !
Que de bonne grâce
Il quitte la place
Rien qu'un seul instant !
(Montrant Lebon à Édouard.)
Il est calme, impassible.

ÉDOUARD.

Ah ! quel supplice, hélas !

AMÉLIE.

Mais vous n'osez donc pas ?...

ÉDOUARD.

Je crains de le fâcher... il est si susceptible...

Ensemble.

ÉDOUARD.

Va-t'en donc, va-t'en ! etc.

LEBON.

On me dit : va-t'en ! etc.

AMÉLIE.

Qu'il soit complaisant ! etc.

ÉDOUARD.

Puisque dans un instant, nous allons être unis...

AMÉLIE.

Non, ce n'est qu'à minuit, ainsi le veut mon père ;
Et d'ici là je puis
Fort bien changer d'avis.

ÉDOUARD, à part.
A minuit ! ce retard cache-t-il un mystère ?

AMÉLIE.
Oui, priez-le de s'en aller,
Devant lui je n'ose parler.

ÉDOUARD, bas, à Lebon.
Donne-moi, te montrant sensible,
Jusqu'à minuit...

LEBON, de même.
C'est impossible,
Il faut à sept heures filer...

ÉDOUARD, le prenant au collet.
De mon malheur le traître abuse !

LEBON, reculant.
Monsieur !...

AMÉLIE, accourant.
Arrêtez...

ÉDOUARD.
Vous voyez !
De s'en aller monsieur refuse.

LEBON, noblement.
A Pylade vous oseriez...

Ensemble.

ÉDOUARD.
C'est que Pylade,
Parfois maussade,
Manque ce soir
A son devoir.
En vain je prie
Et je supplie,
Vous voyez bien,
Il n'entend rien !

AMÉLIE.
Eh ! quoi, Pylade,

Parfois maussade,
Manque ce soir
A son devoir !
En vain on prie,
On le supplie,
Je le vois bien,
Il n'entend rien.

LEBON.

Hélas ! Pylade
N'est point maussade.
C'est son devoir
Qu'il fait ce soir.
Point d'avanie,
Je vous en prie,
On le sait bien,
Ça n'y fait rien.

AMÉLIE, à Édouard.

Entre nous deux, monsieur, il faut que l'on choisisse.
Point d'hymen aujourd'hui
S'il demeure en ces lieux.

ÉDOUARD.

Ah ! je suis au supplice !
Cet homme, hélas ! n'est pas ce que l'on pense ici...
Il faut, oui, je l'avoue, il faut qu'on le ménage,
Je ne puis à présent en dire davantage,
Mon sort dépend de lui.

AMÉLIE.

Mais de qui, s'il vous plaît, pouvez-vous donc dépendre ?
Vous n'avez qu'un parent,
C'est votre oncle Durand ;
Il est en Amérique,... O ciel ! je crois comprendre !

ÉDOUARD.

Demain, vous saurez tout... vous daignerez m'entendre,
Et mes torts expiés...

AMÉLIE, qui regarde Lebon avec le plus tendre intérêt.

Quoi ! monsieur, vous seriez...

Ensemble.

LEBON.

Je suis Pylade,
Bon camarade;
Je crois avoir
Fait mon devoir.
Point d'avanie,
Je vous en prie,
On le sait bien,
Ça n'y fait rien.

AMÉLIE, à Édouard.

Votre boutade,
Votre incartade
Peuvent l'avoir
Fâché ce soir ;
Je vous en prie,
Vous en supplie,
Pour votre bien,
Ne dites rien.

ÉDOUARD.

Plus de boutade,
Plus d'incartade,
S'il fait ce soir
Mieux son devoir.
Puisqu'Amélie
Ici m'en prie,
On le voit bien,
Je ne dis rien.

AMÉLIE.

Eh! que ne le disiez-vous?

ÉDOUARD, tombant à ses genoux.

Ah! que je suis heureux!

SCÈNE VII.

Les mêmes; VERNEUIL, SAINT-ANGE.

SAINT-ANGE.

Eh bien! est-ce qu'on ne dîne pas? Chevet est arrivé... Tout le monde est dans la salle à manger, on attend le futur.

ÉDOUARD.

Eh bien! mon cher Saint-Ange, le voilà.

SAINT ANGE, surpris.

Ah! diable, monsieur Edouard!... on ne nous avait pas avertis de votre arrivée...

VERNEUIL, à Lebon.

Monsieur nous fait l'honneur de dîner avec nous?

LEBON.

Certainement, monsieur, je m'en fais un devoir... et, si vous le permettez, je chanterai au dessert des couplets que j'ai composés pour mon ami...

ÉDOUARD, bas à Lebon.

Je te le défends bien!...

SAINT-ANGE.

Monsieur a fait des couplets... délicieux...

VERNEUIL.

Un moment, avant de les chanter devant la société, je suis bien aise...

LEBON.

La censure paternelle... c'est trop juste...

COUPLETS.

Premier couplet.

Débiteur volage
L'amour veut s'enfuir;

L'hymen au passage,
Crac! vient le saisir!
Par son ministère
Gaîment on lui met
Chez monsieur le maire
La main au collet!

La mariée après un long veuvage...

VERNEUIL, étonné.

Comment, veuvage!

ÉDOUARD, bas à Lebon.

Maladroit!

LEBON.

Erreur du copiste...

La mariée, à qui je rends hommage,
A selon moi bien choisi son époux;
Qu'un tel exemple, amis, vous encourage;
Suivez l'avis que je vous donne à tous :
Si vous trouvez femme jolie
Comme Julie...

ÉDOUARD, bas à Lebon.

Amélie donc!

LEBON.

Comme Amélie,
Mariez-vous!

Car...

Débiteur volage, etc.

Deuxième couplet.

L'hymen avec cette aimable orpheline...

ÉDOUARD, bas à Lebon.

Eh! quoi! voilà son père...

LEBON.

Ça ne va plus! Pardon... nouvelle erreur typographique..

Ton hyménée avec femme divine

Va, selon moi, faire bien des jaloux ;
Un pied mignon, une œillade assassine,
Et point coquette avec des traits si doux !
  Si vous trouvez en ce bas monde,
  Si vous trouvez gentille blonde,

C'est une faute !

  Avec l'amour et la fortune
  Si vous trouvez gentille brune,
    Mariez-vous !

Car...

  Débiteur volage, etc.

VERNEUIL.

Très-bien... (A part.) Il ne les chantera pas. (Haut.) Allons, messieurs, à table !... Le croiriez-vous ?... nous n'avons pourtant que notre famille ; car, du côté de mon gendre il n'y a que son oncle Durand...

AMÉLIE, avec intention.

Qui, malheureusement, n'est pas ici... nous aurions tant de plaisir à le recevoir... à le fêter...

ÉDOUARD, à part.

Pauvre Amélie !... voilà qu'elle lui fait la cour.

VERNEUIL.

Et, malgré tout cela, nous sommes tant de monde, que nous serons obligés de dîner dans deux appartements séparés.

LEBON, à part.

Ah ! mon Dieu !... (Haut à de Verneuil.) Pardon, monsieur... oserai-je vous demander dans quel appartement vous me mettrez ?

VERNEUIL, à part.

Quelle demande !... (Haut.) Dans la seconde pièce, et les mariés dans la première... il n'y a que le vestibule qui nous sépare.

LEBON.

Je vous fais mille excuses de mon impolitesse, mais je vous prierai en grâce de me mettre à la même table que mon cher Oreste.

ÉDOUARD, bas.

Veux-tu te taire !

LEBON.

Je ne pourrais pas dîner sans cela... du reste, ne vous gênez pas... à côté de lui ou en face, comme vous voudrez, pourvu que je le voie.

VERNEUIL.

Eh bien ! par exemple...

SAINT-ANGE.

C'est fort curieux...

ÉDOUARD, à part.

Je suis sur les épines.

LEBON.

Vous voyez que j'agis sans façons... c'est mon caractère.

VERNEUIL.

Il n'y a pas de mal... et pour agir de même, je vous dirai que je suis désolé de vous refuser.

LEBON.

Et moi aussi... car à coup sûr, je ne quitterai pas mon ami... je resterai plutôt derrière sa chaise.

ÉDOUARD, à Verneuil.

C'est un original sans pareil, que vous ne connaissez pas comme moi.

AMÉLIE.

Ça, c'est bien vrai. (A part.) Mais enfin... c'est notre oncle.

ÉDOUARD.

Vous allez lui faire mettre une petite table dans cette pièce qui donne sur notre salle à manger ; et je parie qu'il aimera mieux cela... (Bas à Lebon.) Veux-tu bien accepter ?

8.

LEBON.
Oui, sans doute, pourvu qu'on laisse les portes ouvertes, et que je sois toujours avec vous.

VERNEUIL, à demi voix, à Édouard.
Ah ! je t'avoue que de ton Pylade j'en ai déjà assez.

ÉDOUARD, à part.
Et moi donc !

(De Verneuil, Édouard, Amélie et Saint-Ange entrent dans la salle à manger.)

SCÈNE VIII.

LEBON, puis MARIE, qui apprête une table et met son couvert.

LEBON.
Eh ! bien, qu'est-ce qu'ils font donc !... m'ôter pendant le dîner la vue de mon ami, comme si Oreste pouvait vivre sans Pylade !...

(Il va ouvrir la porte qu'Édouard a fermée en s'en allant.)

MARIE.
Je vais mettre là votre table.

LEBON.
Permettez... j'aime mieux que la table soit de ce côté.

(Il transporte la table à droite, près de a porte de la salle à manger.)

MARIE.
C'est que vous aurez le vent de la porte.

LEBON.
C'est égal, je risque le rhume... dans notre état, nous y sommes faits. (Regardant dans la salle à manger.) Réellement, ils sont très-pressés... il eut été difficile de placer un convive de plus, mais d'ici je vois tout mon monde.

Comus, tu vas m'offrir un excellent dîner,
Dans notre état, c'est rare et je vais m'en donner.

COUPLETS.

Premier couplet.

Je cède à la plus douce ivresse;
Soucis, chagrins, soyez exclus,
Vivent les plaisirs, la tendresse,
Vive surtout le grand Bacchus!
Il a des soldats pleins de gloire
Que le temps ne peut réformer :
A tout âge nous pouvons boire,
On ne peut pas toujours aimer.

Deuxième couplet.

Oui, vétéran de la folie,
Tenant en main un vieux flacon,
Je veux au banquet de la vie
Demeurer comme Anacréon;
En cheveux blancs son gai délire
Savait encor plaire et charmer,
A tout âge nous pouvons rire,
On ne peut pas toujours aimer.

(Il court regarder dans la salle à manger, comme quelqu'un qui s'est oublié.)

MARIE, apportant plusieurs plats.

Vous avez faim, je gage;
Le futur pense à vous, voyez...

LEBON.

Il est bien bon!

(Se mettant à table.)

Ah! l'excellent potage
Et l'excellent garçon!

Ensemble.

LES CONVIVES, dans la salle à manger.

A table, que l'on prouve
La gaîté qu'on éprouve,
Et le verre à la main,
Restons jusqu'à demain!

LEBON.

Le plaisir que j'éprouve,
Mon appétit le prouve.
Je ne manque de rien,
Ça va bien, ça va bien !

MARIE.

Son appétit me prouve
Le plaisir qu'il éprouve.
Il ne manque de rien,
Ça va bien, ça va bien !

(Elle sort.)

LEBON.

RONDEAU.

Dieu ! quelle alternative étrange !
Il faut, hélas ! il faut, quel embarras !
Ne pas regarder ce qu'on mange
Pour regarder ce qu'on ne mange pas.

Mets succulents, pardon ! c'est une offense !
Ciel ! une truffe au bout de ce couteau...
Sans le parfum qui trahit sa présence,
Elle passait vraiment incognito.

Dieu ! Quelle alternative étrange, etc.

MARIE, *entrant avec de nouveaux mets.*

Vous le voyez : Oreste veille
Sans cesse sur ses bons amis.

LEBON, *allant regarder.*

Pylade lui rend la pareille.

(Se remettant à table.)

Puis-je prendre pour mes petits
Trois ou quatre de ces biscuits ?

MARIE, *lui donnant un papier pour les envelopper.*

Prenez...

LEBON.

J'en ai deux que j'adore,
Et mon épouse est jeune encore.

MARIE, regardant.

La mariée ici porte ses pas ;
Vite...

(Elle veut mettre le paquet dans les poches de Lebon.)

LEBON.

Ces poches-là ne m'appartiennent pas ;
(Marie va pour le remettre sur la table.)
Non, dans mon paletot; c'est plus sûr et plus ample.

MARIE, à part.

Je reviens sur son compte, et plus je le contemple,
Honnête et délicat,
C'est un assez brave homme en dépit de l'état.

Ensemble.

LEBON, avalant un verre de vin de champagne.

Le plaisir que j'éprouve, etc.

MARIE.

Son appétit me prouve, etc.

(Elle sort.)

LES CONVIVES, dans la coulisse.

A table que l'on prouve, etc.

SCÈNE IX.

LEBON, AMÉLIE, sortant de la salle à manger.

AMÉLIE.

Ah! monsieur! que j'avais besoin de vous parler!...

LEBON.

La chaleur vous a peut-être fait sortir de table?

AMÉLIE.

C'est du moins le prétexte que j'ai pris... il vient d'arriver plusieurs lettres de félicitation que mon père m'a priée de lire pour lui... dans le nombre, il y en avait une que je me suis bien gardée de lui montrer... Elle est d'un M. Duval, négociant... il a, dit-il, contre son gendre, une lettre de change de mille écus... Je tremble que ce soit vrai!

LEBON.

Et moi, j'en suis sûr.

AMÉLIE.

Vous le saviez... Eh bien! monsieur, je viens vous en supplier... ne laissez pas à mon père le plus léger prétexte, et daignez acquitter sur-le-champ cette dette.

LEBON.

Moi! Eh bien!... par exemple...

AMÉLIE.

Vous êtes si riche et si bon... pour vous, mille écus ce n'est rien... c'est une misère, et vous assurez à jamais le bonheur de votre neveu.

LEBON.

De mon neveu!... Qu'est-ce que cela signifie?

AMÉLIE.

Eh bien! non... je sais que vous ne voulez pas être connu... mais ne ferez-vous rien pour lui?

LEBON.

Rien... que des vœux pour son bonheur... car je suis père de famille... (Regardant du côté de la salle à manger.) Ah mon Dieu! on est au dessert... et je ne vois pas M. Édouard... il n'est plus à sa place... Où est-il donc?

AMÉLIE, à part.

Tant d'affection pour lui, et il refuse!

SCÈNE X.

Les mêmes; SAINT-ANGE.

SAINT-ANGE, entrant gaiement.

Dieu! comme il est parti!...

LEBON, avec effroi.

Parti!... qui donc?

SAINT-ANGE.

Ce bouchon de vin de champagne... paf... au plafond!...

LEBON, à part.

Ce n'est qu'un bouchon!... je respire.

SAINT-ANGE, à Amélie.

Je ne m'attendais pas, mademoiselle, à vous trouver ici avec ce... avec ce monsieur... car de tous côtés on demande la mariée.

AMÉLIE.

Je retourne au salon... (A part, regardant Lebon.) Et puisqu'il est inflexible... si je pouvais par moi-même... Quelle idée... Oui... je crois que cela pourra suffire.

(Elle sort.)

SCÈNE XI.

LEBON, SAINT-ANGE.

SAINT-ANGE.

Elle s'éloigne... (A Lebon qui va pour sortir.) Monsieur, vous êtes l'ami d'Édouard, son ami intime?

LEBON.

Oui, monsieur, c'est l'opinion générale.

SAINT-ANGE.

Ne pourrais-je vous dire deux mots en particulier?

LEBON.

A moi!... si je ne me trompe, vous êtes monsieur de Saint-Ange.

SAINT-ANGE.

Oui, monsieur.

LEBON, à part.

Cet ancien rival, dont Edouard me parlait ce matin. (A Saint-Ange.) Monsieur, je suis à vous dans la minute.

(Il entre dans la salle à manger.)

SCÈNE XII.

SAINT-ANGE, seul.

Je me doute du sujet qui les occupe, et je devine leur inquiétude ; car tout à l'heure, dans le salon, on parlait à voix basse d'un créancier, d'un certain M. Duval... Si je pouvais acquérir quelques preuves... si je pouvais... quel triomphe pour le café de Paris !... car enfin je ne suis pas obligé de servir un rival qui m'enlève ma maîtresse... C'est notre homme qui revient, tâchons de le faire causer.

SCÈNE XIII.

SAINT-ANGE, un peu à l'écart, **LEBON**.

LEBON, à part en entrant.

Je suis tranquille, il était dans le petit salon à causer avec sa future. C'est un digne jeune homme... il m'a fait prendre le café et la liqueur, et j'ai gardé trois morceaux de sucre pour madame Lebon qui n'est point insensible aux douceurs... mais quand j'y pense, cette pauvre chère demoiselle qui voulait absolument me confier son écrin... (Apercevant Saint-Ange qui s'approche.) Voyons maintenant, monsieur, qu'y a-t-il pour votre service ?

SAINT-ANGE.

Ne connaissez-vous pas M. Duval ?

LEBON.

M. Duval, le négociant ?... oui, monsieur.

SAINT-ANGE.

N'est-ce pas à lui qu'Édouard a souscrit une lettre de change?

LEBON, à part.

Une lettre de change... (Haut.) Oserai-je vous demander, avant tout, pourquoi ces questions?

SAINT-ANGE.

Plus bas, monsieur... il est important qu'Edouard n'ait plus de dettes... et s'il avait encore quelques billets de par le monde, nous voudrions, en secret, et sans l'en prévenir, les retirer de la circulation.

LEBON.

En secret?

SAINT-ANGE.

Oui, monsieur.

LEBON, à part.

Un rival! ça ne me paraît pas naturel, et je crois, mon ami Lebon, qu'il faut ici jouer serré... (Haut.) Monsieur... M. Édouard n'a pas de dettes... du moins à ma connaissance.

SAINT-ANGE.

Eh bien! j'en suis fâché; car j'aurais donné tout au monde pour trouver, de lui, un seul billet au porteur.

LEBON.

Que dites-vous, monsieur? vous donneriez tout au monde...

SAINT-ANGE.

Sans doute.

LEBON.

Voilà qui est différent, et il y aurait peut-être moyen de s'entendre... Combien donneriez-vous?

SAINT-ANGE.

Hein!... qu'est-ce que cela signifie? Est-ce que vous auriez...

LEBON.

Il ne s'agit pas de cela; combien donneriez-vous pour avoir entre les mains une lettre de change?

SAINT-ANGE.

Mais.... quitte à me faire rembourser plus tard... j'en paierais d'abord le montant.

LEBON.

C'est-à-dire que vous la prendriez au prix coûtant... Ce n'est pas assez... le papier de M. Édouard est très-recherché, maintenant surtout qu'il est rare sur la place... et j'ai là un effet de lui de mille écus, que je ne donnerais pas pour le double.

SAINT-ANGE.

Vous, monsieur?... N'êtes-vous pas l'ami d'Édouard?

LEBON.

Moi, monsieur!... pas plus que vous.

SAINT-ANGE.

Je comprends alors... vous êtes un créancier... vous êtes ce M. Duval.

LEBON.

Peut-être bien.

SAINT-ANGE.

Porteur d'une lettre de change.

LEBON.

C'est vrai...

SAINT-ANGE.

Et pourquoi ne vous présentez-vous pas?

LEBON.

Si je ne veux pas?

SAINT-ANGE.

Vous seriez payé.

LEBON.

Je n'y tiens pas.

SAINT-ANGE.

Cela n'est pas croyable !... Et quels sont vos motifs ?

LEBON.

Tenez, monsieur, ne cherchons point à pénétrer nos secrets, vous avez vos raisons, j'ai les miennes... Autant que je puis m'y connaître, vous faites une bonne affaire et moi aussi... voyez donc si ça vous convient... deux mille écus sur-le-champ... c'est à prendre ou à laisser.

SAINT-ANGE.

Y pensez-vous ? un pareil prix ! (A part.) C'est un Arabe que cet homme-là. (Haut.) C'est trois mille francs que j'y mets de ma poche.

LEBON.

C'est juste ; mais si cela vous en fait gagner trente fois autant... si cela vous délivre d'un rival.

SAINT-ANGE.

Que dites-vous ?

LEBON.

Qu'il n'y a peut-être plus que cet effet-là en circulation... outre qu'il est orné de tous ses accessoires... protêt, jugement, signification ; et puis il est passé en blanc.

SAINT-ANGE.

C'est bien quelque chose.

LEBON.

Le titre est exécutoire... vous pouvez envoyer un huissier sur-le-champ.

SAINT-ANGE, à part.

Pour convaincre M. de Verneuil, c'est un moyen sûr... (Bas à Lebon.) Me promettez-vous le secret le plus profond ?

LEBON.

J'y ai intérêt autant que vous.

SAINT-ANGE, lui donnant des billets de banque qu'il tire de son portefeuille.

Tenez, monsieur.

LEBON, lui donnant la lettre de change.

Tenez, monsieur...

(Saint-Ange s'en va par le fond.)

SCÈNE XIV.

LEBON, seul.

Une lettre de change de mille écus que je viens de lui vendre le double, ça n'est pas maladroit, et j'ai mené cela comme un avoué... je l'ai mis dedans au bénéfice de mon client... Mais un instant... le devoir avant tout... il faut d'abord payer M. Duval le négociant, car c'est à lui qu'appartient la lettre de change... c'est lui qui m'avait chargé de la toucher... et voici, à part, les mille écus qui lui reviennent, et que je lui porterai ce soir... (Il met cette somme dans la poche de son gilet.) Maintenant, attention, car c'est ici un compte à parties doubles, cette lettre de change passée à l'ordre d'un rival ne tardera pas à se présenter... Ainsi, mon ami Lebon... soyons au poste, et attendons les événements.

SCÈNE XV.

LEBON, ÉDOUARD, sortant du salon.

ÉDOUARD.

Ah! mon ami! mon cher Lebon, je suis désolé.

LEBON.

Et pourquoi cela?

ÉDOUARD.

Six heures et demie viennent de sonner, et dans une demi-heure il faudra quitter ma femme! renoncer à tout ce que j'aime... Et que penseront-ils de mon absence?... Si au moins j'étais marié... si tu voulais me donner quelques heures de plus ?

DUO.

LEBON, prenant un ton solennel.
Jeune homme! ici j'ai fait bombance,
Oreste eut pour moi des bontés
Et des égards inusités.
Ils vont avoir leur récompense ;
Pylade, par l'honneur conduit,
Vous accorde jusqu'à minuit.

ÉDOUARD, transporté.
Jusqu'à minuit !

LEBON.
Jusqu'à minuit.

Ensemble.

ÉDOUARD.
O joie extrême !
On va m'unir
A ce que j'aime,
Quel doux plaisir !
O mon bon ange,
Je t'ai trouvé,
Mon destin change,
Je suis sauvé !

LEBON.
O joie extrême !
On va l'unir
A ce qu'il aime,
Quel doux plaisir !
Bonheur étrange
Est arrivé,
Et ton bon ange
T'aura sauvé.

ÉDOUARD.
Damnation ! Après avoir reçu sa main,
Il faudra la quitter, peine amère et cruelle !

LEBON.

Pauvre garçon, hélas! je conçois son chagrin...
Si le jour de ma noce, amant tendre et fidèle,
On m'eût ôté des bras de madame Lebon...

ÉDOUARD.

De madame Lebon? j'allais te parler d'elle.

LEBON.

On n'invoqua jamais impunément son nom;
En souvenir de mon ivresse,
De nos amours, de sa tendresse,
Oui, me montrant sensible, humain,
Je vous donne jusqu'à demain.

ÉDOUARD, transporté.

Jusqu'à demain!

LEBON.

Demain matin.

Ensemble.

ÉDOUARD.

O joie extrême! etc.

LEBON.

O joie extrême! etc.

SCÈNE XVI.

Les mêmes; AMÉLIE.

AMÉLIE.

Ah! monsieur! ah! mon cher Édouard, quel événement! mon père était dans le salon, on l'a fait appeler... Je l'ai suivi bien doucement dans l'antichambre, et là, on lui a présenté une lettre de change de vous.

ÉDOUARD.

De moi!... (Regardant Lebon.) Est-ce que ce serait une autre que j'aurais oubliée?... Et comment cela se fait-il?

AMÉLIE.

Cela vient d'être apporté par un huissier, et ce que vous ne croiriez jamais, cet huissier est envoyé par M. de Saint-Ange.

ÉDOUARD.

Quelle trahison!... Que faire?... quel parti prendre?

LEBON.

Payer votre lettre de change.

ÉDOUARD.

Et comment?

AMÉLIE, à Lebon.

Monsieur, je vous en supplie, venez à notre secours!... Verrez-vous notre mariage rompu, verrez-vous notre douleur sans en être ému?...

LEBON.

Non, sans doute, et j'ai moi-même le cœur trop sensible... Tenez, tenez, mon jeune ami, prenez ces valeurs, ces billets de banque, c'est le montant de la somme.

ÉDOUARD.

Que faites-vous?

AMÉLIE.

Ah! le bon oncle!... J'étais bien sûre qu'il paierait... ils finissent tous par là.

ÉDOUARD.

Que dit-elle?... mon oncle!...

LEBON.

Qu'importe qui je puis être, vous m'avez nommé votre ami intime, j'ai voulu en remplir les fonctions... Prenez, et renvoyez l'huissier, renvoyez-le avec les égards qu'on doit à une profession modeste et pénible, et d'autant plus sensible aux politesses qu'elle y est moins habituée... mais silence, c'est M. de Verneuil.

SCÈNE XVII.

Les mêmes ; VERNEUIL, MARIE, un Huissier qui se tient à l'écart.

VERNEUIL, à Édouard, d'un ton sévère.

Monsieur, je n'ai pas besoin de vous rappeler nos conventions ni les promesses que vous m'avez faites.

ÉDOUARD.

A coup sûr, je ne les ai point oubliées.

VERNEUIL.

D'où vient donc qu'un pareil effet est encore en circulation ?

ÉDOUARD.

Un effet de moi !... Voulez-vous permettre ? (Le regardant.) O ciel !... (Bas à Lebon.) Celui de M. Duval passé à l'ordre de Saint-Ange !... Comment est-il sorti de tes mains ?

LEBON, de même.

Pour vous sauver... allez, et ne craignez rien. (A de Verneuil.) Où est le mal, monsieur, de faire des lettres de change ?... Vous qui êtes négociant, vous en faites tous les jours.

VERNEUIL.

Sans contredit, mais le mal est de ne point les payer.

ÉDOUARD.

J'attendais qu'on se présentât ; car hier, vous le savez, j'étais absent, et je suis trop heureux de pouvoir m'acquitter devant vous. Voici trois mille francs.

(Il lui donne les billets de banque.)

VERNEUIL.

Je ne reviens pas de ma surprise, mais je devine ; c'est monsieur, c'est votre ami qui a payé pour vous.

LEBON.

Moi, monsieur!... vous ne me connaissez pas, vous ne connaissez pas mon ami Édouard, mais quoiqu'il n'ait besoin de personne, il faut qu'il sache ce que sa prétendue voulait faire pour lui... noble et généreux sacrifice, surtout pour une femme... Elle renonçait à ses diamants, à ses parures... elle se trouvait assez belle de son amour et de sa tendresse. (A Amélie.) C'est bien, mademoiselle, c'est très-bien, vous en serez récompensée... Voici vos diamants, je vous les rends.

(Il lui remet son écrin.)

VERNEUIL.

Quoi, monsieur!... ma fille vous avait confié...

LEBON.

Oui, monsieur; j'avais accepté pour donner une preuve d'intérêt à votre famille, une leçon à mon jeune ami, et pour assurer à jamais à votre fille le cœur et la reconnaissance de son époux,

L'amour, l'estime et l'amitié...

comme dit la romance.

AMÉLIE.

O le meilleur des oncles!

VERNEUIL, ÉDOUARD et MARIE.

Que dites-vous?

AMÉLIE.

Quoi!... vous ne l'avez pas reconnu? C'est l'oncle d'Édouard, son oncle Durand qui arrive d'Amérique.

TOUS.

Serait-il vrai?

LEBON.

Non, messieurs, non, calmez vos transports... je suis Parisien... je ne suis pas du tout parent de M. Édouard.

ÉDOUARD.

Eh! qui donc a payé?

LEBON.

Votre rival, que nous rembourserons demain, après-demain, à notre aise. (A l'huissier.) Quant à vous, monsieur Legris, on vous a appelé, on vous paiera votre vacation... Emportez le dossier et les fonds; plus tard, je passerai chez vous et nous nous entendrons.

L'HUISSIER.

Monsieur, je me retire.

(Il sort.)

VERNEUIL.

Ah! il connaît tout le monde, même des huissiers... Ah çà, monsieur, qui donc êtes-vous?

LEBON.

C'est la seule chose que je ne puisse vous dire : mais mademoiselle et monsieur votre gendre, qui sont dans la confidence, vous apprendront un jour les motifs de mon incognito... En attendant, Oreste épouse celle qu'il aime et Pylade lui demande la permission d'aller lui chanter quelquefois le matin :

> Ce n'est qu'en ménage
> Qu'on a d'heureux jours ;
> Le bonheur volage
> S'échappe toujours,
> Mais il a beau faire,
> Gaîment on lui met
> Chez monsieur le maire
> La main au collet.

LA SIRÈNE

OPÉRA-COMIQUE EN TROIS ACTES

MUSIQUE DE D.-F.-E. AUBER.

THÉATRE DE L'OPÉRA-COMIQUE. — 26 Mars 1844.

| PERSONNAGES. | ACTEURS. |

LE DUC DE POPOLI, gouverneur des Abruzzes. . MM. Ricquier.
BOLBAYA, directeur des spectacles de la cour . . . Henri.
SCOPETTO, aventurier . . . . Roger.
SCIPION, jeune marin. . . . . Audran.
PECCHIONE, compagnon de Scopetto . . . . . . Duvernoy.
LE GRAND-JUGE. . . . . —
UN CHASSEUR CALABRAIS . . . . —

ZERLINA, jeune paysanne, sœur de Scopetto. . . . Mmes Lavoye.
MATHÉA, servante. . . . . Prevost.

Laquais. — Dragons. — Contrebandiers. — Chasseurs calabrais. — Soldats de marine.

Dans les Abruzzes.

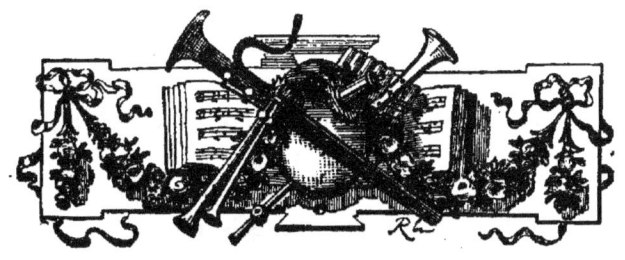

LA SIRÈNE

ACTE PREMIER.

Intérieur d'un presbytère, dans le village de Castel di Sangro. — Au fond, deux croisées. Deux portes latérales. Sur le devant du théâtre, à droite, une table.

SCÈNE PREMIÈRE.

MATHÉA, puis BOLBAYA et SCIPION.

(On frappe en dehors, à la porte de droite.)

MATHÉA, sortant de la porte à gauche.

On y va! on y va! Vous êtes bien pressé!... (Ouvrant la porte et voyant Bolbaya et Scipion qui paraissent.) Ah! c'est vous, signor Bolbaya, mon nouveau maître?

BOLBAYA.

Moi-même! que tu fais attendre dans la montagne au moment où un orage se prépare... (A Scipion qui est derrière lui.) Entrez, entrez, mon jeune compagnon... Vous êtes ici chez moi.

SCIPION.

Dans ce presbytère, au milieu des Abruzzes !

BOLBAYA.

C'était à mon frère le curé, dont Mathéa était la servante... car il y a près de trois mois que nous avons perdu ce pauvre frère !

MATHÉA.

Que vous ne veniez jamais voir !

BOLBAYA.

C'est tout naturel... Lui dans le sacré, moi dans le profane... Et quoique dans la famille on eût l'air de me traiter d'imbécile, j'ai fait mon chemin et ma fortune dans les arts.

SCIPION.

Vous les cultivez, monsieur ?

BOLBAYA.

Pas si bête ! je les exploite... Bolbaya, entrepreneur de talents lyriques, surintendant des théâtres de la cour, place superbe, que Sa Majesté le roi de Naples vient de m'accorder, à la condition de renouveler toute la troupe pour la saison prochaine... Il ne manque plus qu'un seul sujet, une prima donna, et je retournais à Naples !...

SCIPION.

A travers la montagne ?

BOLBAYA.

En quoi j'ai peut-être eu tort... car tout ce qu'on me raconte de la troupe infernale de Marco Tempesta le bandit...

SCIPION.

Le bandit ! non pas... Marco Tempesta est un intrépide contrebandier, que l'on dit invulnérable, parce que dans sa famille ils se succèdent tous de père en fils... et le peuple croit que c'est toujours le même... Du reste, il ne fait tort à personne, quand on lui laisse débarquer et vendre ses marchandises... Mais, dans l'occasion, il fait bravement le

coup de fusil avec les douaniers et les soldats de marine...
Nous en savons quelque chose !

BOLBAYA.

Aussi, enchanté, mon jeune ami, de vous avoir rencontré... Vous allez comme moi à Naples ?

SCIPION.

Où il me tarde d'arriver !

BOLBAYA, souriant.

Quelque jolie Napolitaine qui vous attend ?

SCIPION.

Je l'espère !... car depuis un an je suis absent... (Faisant quelques pas pour sortir.) et si vous voulez le permettre...

BOLBAYA, le retenant.

Nous repartirons ensemble... La pluie tombe déjà... Et je vous demanderai le temps de jeter un coup d'œil sur les papiers de la succession... Ce ne sera pas long... je suis seul héritier !

MATHÉA, à part.

Hélas ! oui...

SCIPION.

C'est pour cela que vous avez passé par ici ?

BOLBAYA.

D'abord... et puis pour une autre raison... A la dernière auberge où j'ai couché, au pied des Abruzzes, on a parlé toute la soirée d'une voix mélodieuse qui, depuis quelque temps, se fait entendre sur différents points de la montagne.

SCIPION.

En vérité ?

BOLBAYA.

Une voix qui est, dit-on, fort belle !... car tous les voyageurs s'arrêtent pour l'écouter et cherchent à la suivre, au risque de se casser le cou dans les précipices.

SCIPION.

Allons donc !

BOLBAYA.

C'est, dit-on, au sommet de la montagne, aux environs du presbytère, que la Sirène se fait entendre de préférence... Et comme je cherche partout une voix, et surtout une voix magique, j'ai voulu aller aux informations.

SCIPION.

Et Mathéa, votre servante, qui est du pays, vous dira que c'est une fable.

MATHÉA.

Une fable ! plût au ciel ! mais, par malheur, ce n'est que trop vrai !

SCIPION.

Par malheur ! et pourquoi ?

(Grand bruit au dehors.)

MATHÉA.

Ah ! mon Dieu !

SCIPION.

Ce n'est rien !... L'orage qui nous menaçait vient d'éclater... Parlez toujours.

(La ritournelle, qui a commencé avec force et par un bruit d'orage, s'apaise tout à coup et accompagne presque en sourdine les couplets suivants.)

MATHÉA.

COUPLETS.

Premier couplet.

Quand vient l'ombre silencieuse,
Quand vient le calme de la nuit...
Voix lointaine et mystérieuse
Dans la montagne retentit ;
O vous, que sa douceur enivre,
Et qui croyez l'atteindre, hélas !

Voyageurs, qui voulez la suivre,
Le précipice est sous vos pas!

Fuyez l'enchanteresse,
Fuyez sa voix traîtresse!
Le plaisir vous guida,
La mort vous atteindra,
Car la Sirène est là!
(On entend un chant très-éloigné.)

UNE VOIX, en dehors.

Ah! ah! ah! ah! ah! ah!

Ensemble.

MATHÉA.

Ecoutez... la voilà...
Oui, la Sirène est là!

BOLBAYA.

Que veut dire cela?
Quoi! la Sirène est là!

SCIPION.

Douce voix que voilà!
(Montrant son cœur.)
Et qui m'arrive là!

MATHÉA.

Deuxième couplet.

J'ai lu dans un auteur habile,
Et nos vieillards les plus instruits
Disent que Naple et la Sicile,
Des sirènes sont le pays...
Aussi, messieurs, et par prudence,
Quand vous arrivent de ces lieux
Une roulade, une cadence,
Joli sourire et deux beaux yeux...

Fuyez l'enchanteresse,
Fuyez sa voix traîtresse!
Le plaisir vous guida,

Votre perte en viendra,
Car la Sirène est là !
(On entend la même voix, mais plus rapprochée.)

LA VOIX, en dehors.

Ah ! ah ! ah ! ah ! ah ! ah !

Ensemble.

MATHÉA.

Ecoutez... la voilà !
Oui, la Sirène est là !

BOLBAYA.

Que veut dire cela ?
Quoi ! la Sirène est là !

SCIPION.

Douce voix que voilà !
(Montrant son cœur.)
Et qui m'arrive là !

BOLBAYA, à Scipion, qui chancelle.

Eh bien ! qu'avez-vous donc ?

SCIPION.

Rien !... mais cette voix... C'est bien étonnant, il me semblait...

BOLBAYA.

Quoi donc ?

SCIPION.

J'en tremble encore !

BOLBAYA.

Vous qui êtes si brave !... Il y a donc quelque chose ?...
(En ce moment on frappe rudement à la porte, à droite.)

BOLBAYA, à Mathéa.

N'ouvre pas !

SCIPION.

Et pourquoi donc ?

SCÈNE II.

Les mêmes; SCOPETTO.

BOLBAYA, à Mathéa.

N'ouvre pas, te dis-je! (Voyant entrer Scopetto.) Quel est donc cet homme?

SCOPETTO.

Un pèlerin qui n'aime pas la pluie, quand il y a moyen de s'en priver... c'est pour cela que j'ai frappé à la porte du curé.

BOLBAYA.

Le curé n'y est plus!

SCOPETTO.

On le voit bien... C'était un brave homme!

BOLBAYA.

Qui accueillait tous les vagabonds... et moi, je veux connaître ceux que je reçois... car cette maison m'appartient, comme à son frère et à son héritier.

SCOPETTO.

Ah! c'est vous!...

BOLBAYA.

Eh bien! comme il me regarde!... Est-ce que vous trouvez en moi quelque chose d'extraordinaire?...

SCOPETTO.

Non... rien que de très-ordinaire... (Lentement et le regardant.) Nicolaïo Bolbaya!

BOLBAYA.

Il me connaît!

SCOPETTO.

Directeur du théâtre de la cour... fortune immense... mérite plus restreint!

BOLBAYA.

Qu'est-ce à dire ?

SCOPETTO.

Que, dans votre position, vous n'avez pas besoin de l'héritage du curé... et que vous auriez dû en faire cadeau à Mathéa, sa servante.

MATHÉA.

Il me connaît aussi !

BOLBAYA.

Je n'ai pas d'avis à recevoir de vous... et je vous prie de sortir... attendu que chacun est maître chez soi !

SCOPETTO, s'asseyant.

Alors, je reste !

(Il tire de sa poche du tabac et une pipe, qu'il bourre.)

BOLBAYA.

Insolent !... Et n'avoir ici ni laquais, ni domestiques... (A Mathéa.) Va me chercher le barigel, le podestat !

MATHÉA.

Au milieu de la montagne ?

BOLBAYA.

Mais vous, du moins, mon hôte et mon ami, vous ne permettrez pas qu'il me manque à ce point !

SCIPION.

Permettez, monsieur !

BOLBAYA.

Est-ce qu'il peut rester ici malgré moi ? Est-ce que je n'ai pas le droit de le mettre à la porte ?

SCIPION.

Oui, monsieur... s'il ne pleuvait pas !

BOLBAYA, brusquement.

Est-ce que c'est ma faute, à moi, s'il pleut ?... Est-ce que ça me regarde ?... est-ce que j'ai tort ?

SCIPION.

Non, sans doute !... Mais si vous aviez été comme moi des nuits entières couché en plein air, mourant de froid et de faim, vous penseriez qu'on n'a jamais raison de refuser un abri à un pauvre diable !... (Scopetto se lève sans rien dire, va serrer la main de Scipion, et retourne s'asseoir sur sa chaise en fumant sa pipe.) Ainsi, croyez-moi, ne vous fâchez pas... et accordez-lui généreusement l'hospitalité qu'il paraît décidé à prendre.

BOLBAYA.

Moi !

SCIPION.

Apaisez-vous !... (Regardant la fenêtre du fond.) bientôt le ciel en fera autant... et alors, je me charge de congédier votre hôte !

BOLBAYA.

A la bonne heure !... C'est pour vous, ce que j'en fais... sans cela... (A Mathéa.) Tu vas me rejoindre dans le cabinet de mon frère, et m'aider à faire la visite de ses tiroirs et de ses papiers.

MATHÉA.

Oui, monsieur.

SCOPETTO, à Bolbaya, qui s'en va.

Adieu, mon hôte !... Je ne vous demanderai pas à souper... Merci ! merci !... ce serait abuser de votre noble hospitalité !...

(Bolbaya sort avec colère.)

SCÈNE III.

SCOPETTO, SCIPION, MATHÉA.

SCOPETTO.

Quoique, dans la circonstance présente et pour me réchauffer l'estomac, un bon verre de vin n'eût pas été de refus !

MATHÉA, *ouvrant une petite armoire.*

Vous l'aurez !

SCOPETTO.

De son vin ? je n'en veux pas !

MATHÉA.

Non ! non ! il est à moi... c'est sur mes économies...

SCOPETTO.

C'est différent... si toutefois le camarade veut trinquer avec moi !

SCIPION, *s'asseyant vis-à-vis de lui, de l'autre côté de la table.*

Volontiers !

SCOPETTO, *remplissant les deux verres et élevant le sien, qu'il regarde.*

Je ne suis pas comme maître Bolbaya, moi... et sans lui demander son nom ou son pays, dès qu'un verre de vin se présente, je lui donne l'hospitalité... (Il l'avale.) Eh mais, Dieu me pardonne !...

SCIPION.

C'est du lacryma-christi !

SCOPETTO.

Et du meilleur !

MATHÉA.

Je crois bien... deux bouteilles que j'avais là en réserve depuis dix ans !

SCIPION.

Pour qui donc ?

MATHÉA.

Pour l'enfant de la maison... pour celui que j'ai élevé !

SCOPETTO.

Vous, ma brave femme ?

MATHÉA.

Oui, vers le temps où les troupes du roi Joachim forcèrent les contrebandiers à quitter la montagne... un soir, la veille de Noël, nous trouvâmes à la porte du presbytère deux jolis enfants dans le même berceau, comme qui dirait deux jumeaux... La fille, monsieur le curé ne pouvait s'en charger, et il fallut bien la porter à Naples, à l'hospice des Orphelines... mais le garçon, monsieur le curé voulut être son parrain, et l'éleva lui-même... ou plutôt ce fut moi... Pauvre Francesco... il était si gentil... Il brisait tout... un vrai diable !... Mais un si bon cœur !... il nous aimait tant !... Et un jour, il avait à peine douze ans, il nous fut enlevé...

SCIPION.

Par qui ?

MATHÉA.

Ah ! il n'y a pas de doute... par Marco Tempesta et sa bande, qui venaient de reparaître dans le pays... Aussi, je donnerais tout ce que je possède pour le voir pendre, lui et les siens !

SCOPETTO.

Et, depuis, vous n'avez plus entendu parler de ce Francesco ?

MATHÉA.

Si, vraiment !... Tous les ans, la veille de Noël, il arrivait ici, pour moi et mon maître, des présents magnifiques avec ces mots : « A M. le curé, de la part de son filleul !... » Mais, depuis deux années, plus de nouvelles !... preuve qu'il n'existe plus... Et, malgré cela, M. le curé a mis dans son testament qu'il donnait à Francesco, son filleul, s'il reparaissait, la moitié de sa fortune ! (Regardant Scopetto, qui essuie une larme à la dérobée.) Ça vous fait pleurer ?

SCOPETTO.

Moi ! pourquoi pas ?

MATHÉA.

Et, de plus, il m'a dit : « Tu lui remettras toi-même,

comme gage de ma bénédiction, que je n'ai pu lui donner... ce portrait !... »

SCOPETTO, le prenant vivement et le regardant.

Le sien !

MATHÉA, continuant.

« S'il en est digne !... et si, comme je l'espère, c'est un honnête homme ! »

SCOPETTO, lui rendant le portrait.

Tiens ! tiens !... (Comme un homme qui cherche à s'étourdir.) Et nous, camarade, buvons !

(On entend sonner dans la chambre à gauche.)

MATHÉA.

Ah ! c'est l'autre héritier !... le seul maintenant. (Criant.) Me voilà, monsieur ! me voilà !

(Elle sort par la gauche.)

SCÈNE IV.

SCIPION, SCOPETTO.

SCOPETTO, trinquant avec Scipion.

On aime à savoir avec qui l'on boit... Votre nom, camarade ?

SCIPION.

Je n'en ai pas !

SCOPETTO.

Ni moi non plus !

SCIPION.

Je me suis donné celui de Scipion...

SCOPETTO.

Et moi celui de Scopetto... Mais votre mère ?

SCIPION.

Je n'en ai plus depuis longtemps !

SCOPETTO.

Moi de même... Et vos amis ?...

SCIPION.

J'en ai un d'aujourd'hui... si vous le voulez !

SCOPETTO, lui tendant la main.

Touchez là !... aussi bien, à la première vue, je me suis pris pour vous d'inclination... Vous dites donc que votre fortune...

SCIPION.

Est à faire !

SCOPETTO.

Comme la mienne !... Je l'avais faite, je l'ai perdue... C'est à recommencer... Mais j'ai juré, et c'est justice, la mort de celui qui nous l'a enlevée !

SCIPION.

Ah ! vous étiez...

SCOPETTO.

Dans le commerce.

SCIPION.

Une belle carrière !

SCOPETTO.

C'est selon !... La vôtre est plus belle... officier de marine !... Mais on n'est pas maître de choisir... mon père était comme moi...

SCIPION.

Négociant ?

SCOPETTO.

Comme vous dites... Il m'a pris de bonne heure près de lui, m'a élevé dans son état, et me l'a laissé...

SCIPION.

Florissant ?

SCOPETTO.

Non! des affaires diablement embrouillées... et après lui, quoique bien jeune encore, je me suis trouvé le chef... de la maison de commerce... bien plus, le chef de la famille... car j'ai une sœur, dont j'ai été longtemps séparé... et que j'ai enfin prise avec moi... jurant de l'établir un jour et de la doter comme une duchesse... ce que je ferai dès que j'aurai refait ma fortune... Voilà mon histoire... Et la vôtre?

SCIPION.

N'est pas longue... Je ne suis pas si heureux que vous... Je n'ai jamais connu mon père, un grand seigneur, dont ma mère ne prononçait jamais le nom... car elle avait été trompée et délaissée par lui... Et moi, enfant du peuple, pauvre lazzarone, je fus élevé, comme ils le sont tous, aux rayons du soleil napolitain, courant pieds nus sur la grève, maniant la rame et aidant le pêcheur de la côte. Je devins moi-même matelot, soldat, et, après cinq ans de service et quatre blessures, nommé commandant d'une tartane, avec cent piastres par an de traitement...

SCOPETTO.

Tant que cela!... Ah! si je vous avais connu plus tôt, je vous aurais associé à mon commerce qui offre bien d'autres chances, et demande parfois un marin expérimenté... C'est égal, capitaine Scipion, nous sommes du même âge, vous êtes brave, vous n'avez rien, vous me convenez... et quand j'aime les gens, je me charge de leur fortune... Je veux vous marier.

SCIPION, étonné.

Moi!

SCOPETTO.

Voyez! Oui ou non?

SCIPION.

Je dirais oui, si déjà je n'étais pas amoureux d'une jeune fille qui, comme moi, n'a rien.

SCOPETTO.

C'est différent !

SCIPION.

Je l'aime depuis mon enfance !... C'est pour elle que je me suis fait soldat... et je lui ai promis de l'épouser à mon retour !

SCOPETTO.

Dès qu'il y a serment... c'est juste... N'en parlons plus... (Se levant de table.) Vous retournez donc de ce pas?...

SCIPION, se levant aussi.

A Naples !

SCOPETTO, souriant.

Pour la revoir?...

SCIPION.

Et pour un rapport que j'ai à faire au roi !

SCOPETTO.

Vous, capitaine !... et comment cela ?

SCIPION.

Vous avez entendu parler du fameux Marco Tempesta, le contrebandier ?

SCOPETTO.

Sans doute !... Il n'y a que lui qui imprime un peu d'activité au commerce !

SCIPION.

Et aux douaniers, qui le donnent au diable !

SCOPETTO.

En revanche, il est adoré de la population des Abruzzes.

SCIPION.

Je le crois bien : il supprime les impôts !

SCOPETTO.

Ce qui lui permet de vendre à moitié prix des rubans et

des étoffes pour les femmes, et pour les hommes, du rhum, du tabac et de la poudre.

SCIPION.

Aussi c'est à qui lui achètera!... Et il a fait de si bonnes affaires que, satisfait de sa fortune, il voulait, dit-on, quitter le pays, se faire banquier à Gênes ou à Marseille, et finir en honnête homme!

SCOPETTO.

Comme tant d'autres!

SCIPION.

Aussi venait-il d'embarquer ses trésors et ses marchandises, et une partie de ses compagnons, sous la conduite de son lieutenant Pecchione, tandis que lui-même attirait dans la montagne le duc de Popoli, gouverneur de la province, et toutes ses troupes, dont il déjouait ainsi la surveillance... Mais, par malheur pour lui, j'étais en croisière avec ma tartane l'*Etna!*

SCOPETTO, après un mouvement de colère, qu'il réprime.

Quoi! c'était vous...

SCIPION.

Moi-même!

SCOPETTO, avec un sourire forcé.

Qui lui avez enlevé une cargaison de cinq cent mille piastres et les deux tiers de sa bande?

SCIPION, avec fierté.

Certainement, c'est moi!... Qu'avez-vous donc?...

SCOPETTO.

Rien!... mais je vous trouve bien hardi de traverser seul ces montagnes... car Marco Tempesta et ses compagnons ont juré, dit-on, de se défaire, par tous les moyens possibles, du commandant de la tartane l'*Etna!*

SCIPION.

Et moi, camarade, pour être nommé capitaine de frégate

et épouser celle que j'aime, j'ai juré de m'emparer mort ou vif de Marco Tempesta !

SCOPETTO.

C'est bien !... touchez là !

DUO.

Ensemble.

SCIPION.

Qu'une heureuse rencontre
  Bientôt me le montre ;
Le ciel décidera
Lequel l'emportera.

SCOPETTO.

Qu'une heureuse rencontre
  Bientôt vous le montre ;
Le sort décidera
Lequel l'emportera !

SCIPION.

Je saurai le connaître !

SCOPETTO, souriant.

A vos dépens, peut-être !

SCIPION.

Mais où le découvrir ?

SCOPETTO.

Il est homme à venir !

Ensemble.

SCIPION.

Qu'une heureuse rencontre
  Bientôt me le montre ;
Ce fer décidera
Lequel l'emportera.

SCOPETTO.

Qu'une heureuse rencontre
  Bientôt vous le montre ;

Ce fer décidera
Lequel l'emportera.

(Scopetto porte la main à son poignard, lorsqu'on entend chanter au dehors.)

Ah! ah! ah! ah! ah! ah!

SCIPION.

C'est la Sirène!

SCOPETTO, souriant.

La Sirène!

SCIPION.

Sa voix, tout à l'heure lointaine,
Se rapproche de nous...

SCOPETTO, de même.

Comment! vous, capitaine,
Vous croyez à cela?

SCIPION, écoutant.

Silence!

Ensemble.

SCIPION, écoutant.

O surprise nouvelle!
Dont mes sens sont émus!
Cette voix me rappelle
Des accents bien connus.
Non, non, ce n'est pas elle;
Pourtant, comme auprès d'elle
Tous mes sens sont émus!

LA VOIX, en dehors.

Ah! ah! ah! ah! ah! ah! etc.

SCOPETTO, regardant Scipion.

O surprise nouvelle!
Comme il a l'air ému!
Il tressaille, il chancelle
A ce bruit inconnu!

(Le regardant de nouveau.)

O surprise nouvelle!

Comme il a l'air ému !
(A Scipion.)
Quoi ! vous qui prétendez sans crainte
Nous livrer Marco Tempesta,
De frayeur votre âme est atteinte
En entendant cette voix-là !

SCIPION.

Moi !

SCOPETTO.

Vous !

SCIPION.

Moi !

SCOPETTO.

Vous tremblez déjà !

SCIPION, avec colère.

Ah ! l'épée en main l'on verra
Lequel de nous deux tremblera !

SCIPION et SCOPETTO, se donnant la main.

Qu'une heureuse rencontre, etc.

(On entend encore la voix sous la croisée à gauche.)

SCÈNE V.

LES MÊMES ; BOLBAYA et MATHÉA, sortant de la gauche.

BOLBAYA.

Silence, donc ! c'est elle !

MATHÉA, ouvrant la croisée à gauche.

Oui, là, sous la croisée.

SCIPION.

O charme heureux par qui mon âme est abusée !

Ensemble.

LA VOIX, en dehors.

Ah ! ah ! ah ! ah ! ah ! ah ! etc.

SCIPION.

O surprise nouvelle ! etc.

SCOPETTO.

O surprise nouvelle ! etc.

BOLBAYA et MATHÉA.

Espérance nouvelle !
Ce mystère ambigu,
En nous emparant d'elle,
Peut nous être connu !

BOLBAYA, à Mathéa, lui montrant la croisée.

Saisissons-la pendant qu'elle se fait entendre !

MATHÉA, effrayée.

Allez sans moi ; je n'ose pas !

SCIPION, montrant à Bolbaya la fenêtre du fond.

De ce côté nous pouvons la surprendre ;
Venez, venez, et courons sur ses pas !
(A part.)
Il faut qu'un tel soupçon à la fin s'éclaircisse...

BOLBAYA.

Ah ! si je puis ainsi trouver ma cantatrice !
Allons, partons, je suis vos pas.

SCIPION.

Nous l'atteindrons !

SCOPETTO, à part.

Je ne crois pas !

SCIPION, vivement, entraînant Bolbaya.

Qu'une heureuse rencontre
Ici nous la montre ;
De nous deux l'on verra
Lequel l'attrapera !

SCOPETTO.

Qu'une heureuse rencontre
Ici vous la montre ;
De vous deux l'on verra

Lequel l'attrapera !

(Bolbaya et Scipion sortent par la porte du fond sans prendre leurs chapeaux.)

SCÈNE VI.

SCOPETTO, MATHÉA.

SCOPETTO, à part.

Cela veut dire que monseigneur le gouverneur ou quelque détachement de soldats s'approche de ce presbytère.

(On frappe à la porte à droite.)

MATHÉA.

Qui va là ?

UNE VOIX, en dehors.

Ouvrez... c'est le duc de Popoli !

MATHÉA, à Scopetto.

Duc de Popoli !... qu'est-ce que c'est que ça ?

SCOPETTO.

C'est un habit brodé sur lequel il y a de l'or, des rubans... et dessous, rien !

MATHÉA.

Alors, faut-il ouvrir ?

SCOPETTO.

Parbleu ! gouverneur des Abruzzes... tout-puissant sous le roi Joachim, tout-puissant sous le règne suivant, il n'a qu'un seul esprit... celui de rester en place !

MATHÉA.

Et moi qui le laisse à la porte... (Ouvrant.) Entrez, entrez, monseigneur !

SCÈNE VII.

Les mêmes; LE DUC, enveloppé d'un manteau et suivi de deux laquais, qui sortent sur un geste de leur maître.

LE DUC, entrant.

C'est bien heureux... Où est le maître de cette maison ?...

SCOPETTO, s'avançant.

Il vient de sortir, monseigneur.

LE DUC, lorgnant Scopetto qu'il reconnaît.

Eh ! c'est ce gaillard de Scopetto !

MATHÉA, bas à Scopetto.

Il vous connaît ?

SCOPETTO, de même.

J'ai eu l'honneur de faire autrefois partie de sa maison.

LE DUC, à Mathéa.

M'est-il permis, en l'absence de votre maître, de me reposer et d'attendre ici un rendez-vous qu'on m'a donné ?...

MATHÉA, faisant la révérence.

Comment donc !...

SCOPETTO.

Ils seront trop heureux de recevoir Votre Excellence

Il aide le duc à se débarrasser de son manteau, et le donne à Mathéa.)

LE DUC, à Mathéa.

Faites vos affaires, que je ne vous dérange pas...

(Mathéa sort, emportant le manteau dans la chambre à droite.)

SCÈNE VIII.

LE DUC, SCOPETTO.

LE DUC, assis, à Scopetto qui est resté debout devant lui.

Que viens-tu faire dans ce pays ?

SCOPETTO.

J'y demeure, Excellence!... J'ai pris depuis quelque temps une espèce d'auberge dans la montagne.

LE DUC.

Et en fait de voyageurs, qui diable peut loger chez toi?... des imbéciles!

SCOPETTO.

Plût au ciel! mon auberge serait pleine, et elle est vide... aussi, j'ai envie de changer d'état... Vous savez que j'ai toujours eu du goût pour les arts?

LE DUC.

Oui, à l'hôtel, c'était à ne pas s'entendre... tu raclais de la guitare! comme Figaro... Enchanté de te rencontrer!... tu avais quelquefois des idées... Je dois donner demain à toute la cour une fête dans mon palais de la Pescara, et je n'ai jamais été mieux servi que pendant le temps où tu étais de ma maison!

SCOPETTO.

Et moi, je n'ai eu d'esprit que pendant ce temps-là... Il paraît que c'est contagieux et que ça se gagne...

LE DUC, avec bonhomie.

Alors, tu es un sot de m'avoir quitté!

SCOPETTO.

Et le moyen de rester en place!... il n'y a que vous, monseigneur, qui possédiez ce talent-là... La fixité, c'est le génie!... Mais nous autres pauvres diables, jouets de tous les vents!...

LE DUC, souriant.

Il est de fait que tu n'es guère resté à mon service... à peine un mois!

SCOPETTO.

Plus, monseigneur!

LE DUC.

Non pas, je possède toutes les dates... C'était quelque temps avant le tour que nous a joué ce damné Marco Tempesta.

SCOPETTO.

C'est juste !

LE DUC.

Lorsque, sous le roi Joachim, je lui ai saisi pour soixante mille francs de marchandises anglaises que j'ai fait brûler.

SCOPETTO.

Et pour lesquelles il osait demander une indemnité...

LE DUC.

Que j'ai refusée !

SCOPETTO.

Et qu'il a eu l'insolence de vous faire payer !

LE DUC, riant.

Oui, parbleu ! toute mon argenterie qu'il m'a enlevée... et avec une audace... Ce dîner superbe donné à l'ambassadeur de France... Un supplément de domestiques... vingt-cinq gaillards de bonne mine...

SCOPETTO, riant aussi.

Belles livrées !

LE DUC, de même.

Belle tenue... c'était un détachement de sa bande.

SCOPETTO.

Au moins, a-t-il fait les choses en règle... et la quittance de ses marchandises brûlées qu'il vous a envoyée !

LE DUC.

Oui, la plaisanterie était bonne... Ça ne l'empêchera pas d'être pendu, si je le prends !

SCOPETTO.

Et vous le prendrez !

LE DUC.

Parbleu ! j'en ai reçu l'ordre... et de plus, cinq cent mille piastres, provenant de la dernière prise faite sur lui... Le roi m'ordonne de les employer à la capture de Marco Tempesta et à l'extinction de sa bande !

SCOPETTO.

Ah ! les cinq cent mille piastres sont à votre disposition ?

LE DUC.

Chez moi... dans mon palais de la Pescara.

SCOPETTO.

Et d'aujourd'hui vous entrez en campagne ?

LE DUC.

Non pas !... (Voyant Scopetto qui ouvre sa tabatière, il y prend du tabac tout en causant.) Autre chose encore... car c'est le jour aux aventures... (S'arrêtant.) Sais-tu que tu as là un tabac délicieux et bien supérieur au mien !...

SCOPETTO.

Je vais vous dire pourquoi... C'est que vous, gouverneur de cette province, vous vous adressez à la manufacture royale.

LE DUC.

Sans doute !

SCOPETTO.

Et nous autres, pauvres diables, à la contrebande... c'est moins cher et meilleur !

LE DUC.

C'est parbleu vrai !... (A demi-voix.) Il faudra que tu te charges de faire ma provision !

SCOPETTO.

Volontiers, Excellence... Marco Tempesta est facile et accommodant... et en le faisant pendre, vous ferez bien du tort au pays.

LE DUC, prenant une seconde prise.

Que m'importe ? le devoir avant tout !

SCOPETTO.

Comme vous dites !... Mais l'aventure dont parlait Votre Excellence ?...

LE DUC.

C'était hier, au bal de la princesse Aldobrandini, que je dois recevoir demain chez moi ; un beau masque m'a donné rendez-vous aujourd'hui au presbytère de la montagne, pour un secret important.

SCOPETTO.

Quelque bonne fortune !

LE DUC, avec fatuité.

Cela m'en a l'air !...

SCOPETTO.

Je ne sais comment Votre Excellence peut suffire à tant d'intrigues !

LE DUC.

Ah ! nous autres hommes d'État... Mais mes instants sont comptés... et je trouve qu'on me fait bien attendre !
(En ce moment, on jette par la fenêtre une lettre attachée à une pierre.)

SCOPETTO, ramassant la lettre.

Votre Excellence n'a qu'à parler pour être obéie ! (Lisant l'adresse.) « A M. le duc de Popoli, gouverneur des Abruzzes.. »

LE DUC, souriant.

Ah ! ah ! Lis-moi cela, Scopetto... car depuis que la mode nous oblige à avoir la vue basse, c'est gênant en diable !... La signature d'abord... Il n'y en a pas, sans doute ?

SCOPETTO, qui a ouvert la lettre.

Si, vraiment ! *Signé* : LA SIRÈNE.

LE DUC.

La Sirène !... cette nymphe invisible... cette voix mystérieuse... Moi qui ai toujours adoré la musique... Je t'écoute, Scopetto !

SCOPETTO, lisant.

« Monseigneur, votre frère aîné, Odoard de Popoli, déses-
« pérant de séduire une jeune fille des Abruzzes, Maria
« Vergani, dont il était amoureux, voulut la tromper par un
« faux mariage... »

LE DUC, se balançant sur son fauteuil.

Eh bien ! qu'est-ce que cela me fait ?

SCOPETTO, continuant.

« Le fripon auquel il s'adressa, honnête homme par spé-
« culation, amena, sans lui en rien dire, un vrai prêtre, de
« vrais témoins... et cet acte, bien en forme, dont la mort
« l'a empêché de profiter... je l'ai retrouvé... il est dans
« mes mains... »

LE DUC.

Qu'est-ce à dire ?

SCOPETTO, continuant.

« Si je le publie... en quelque lieu qu'existent Maria Ver-
« gani ou les siens, ils viendront vous redemander le titre
« du duc de Popoli et sa fortune, qu'on estime, dit-on, à
« plusieurs millions de piastres... »

LE DUC, avec colère.

Permettez ! permettez !...

SCOPETTO, continuant.

« Nous pouvons nous entendre à meilleur marché, sans
« compter le titre qui vous restera... »

LE DUC.

Qu'entend-on par là ?

SCOPETTO, continuant.

« Je vous remettrai cet acte, d'où dépend votre sort, en
« échange des cinq cent mille piastres que vous retenez
« injustement à Marco Tempesta et compagnie, négociants,

« à la condition que vous m'apporterez vous-même cette
« somme en billets de banque de Naples, ce soir, à neuf
« heures, à la Pietra Nera, où je vous attendrai... *Signé :*
« LA SIRÈNE... *Post-scriptum.* Je suis près de vous, et j'at-
« tends votre réponse. »

LE DUC.

Voilà une audacieuse et infernale Sirène !

SCOPETTO.

Qui ne ressemble guère à celle que vous espériez !

LE DUC, lentement à Scopetto.

Ton idée là-dessus ?

SCOPETTO, de même.

La vôtre, monseigneur ?

LE DUC, s'appuyant sur l'épaule de Scopetto et regardant la fenêtre.

As-tu fait, comme moi, attention à ces mots : Je suis près de vous ?

SCOPETTO.

Cela veut dire qu'on n'est pas loin !

LE DUC.

Sans doute !... Mais l'acte dont elle nous menace ?...

SCOPETTO, froidement.

N'est peut-être pas vrai.

LE DUC.

Et s'il l'était ?

SCOPETTO, de même.

Avec votre coup d'œil de lynx, c'est à vous de vous en assurer... et s'il est authentique et bien en règle... ce n'est pas trop cher pour vous.

LE DUC, avec colère.

Cinq cent mille piastres !

SCOPETTO.

Puisque vous les avez chez vous, dans votre palais !...

LE DUC.

D'accord! mais je ne les aurais plus.

SCOPETTO.

Vous connaissez mieux que moi la valeur des choses... et si vous préférez perdre le titre de duc et la fortune de votre frère...

LE DUC.

Eh! non... d'autant que cette Maria Vergani, dont mon frère était amoureux, je me la rappelle parfaitement... Belle brune, ma foi; mais elle s'est éloignée... Écoute, Scopetto, il faut ici de la diplomatie!... Tu as de l'esprit, de l'activité... il faut qu'à tout prix tu me trouves Maria Vergani, qui ne soupçonne rien encore de cette fâcheuse affaire... Si elle et les siens n'existent plus, je me moque de la Sirène, comme si...

SCOPETTO.

Elle chantait.

LE DUC.

Tu l'as dit... (Regardant Scopetto en riant.) Il a de l'esprit... Si, au contraire, les Vergani existent encore, tu tâcheras, par tes promesses, par l'espoir d'un petit capital, ou plutôt par des rentes viagères, d'obtenir leur départ ou leur silence... Tu comprends?

SCOPETTO.

Que tout cela prendra des mois et des années, et que ce soir, à neuf heures, la Sirène vous attend, ou sinon...

LE DUC, vivement.

J'irai! j'irai!

SCOPETTO, froidement.

Et moi aussi!

LE DUC, lui serrant la main.

Je te remercie... Mais d'ici là, si nous pouvions trouver, à nous deux...

SCOPETTO.

Quoi donc ?

LE DUC.

Quelque combinaison diplomatique pour ne rien payer, et attirer, au contraire, la Sirène dans le piége !

SCOPETTO, froidement.

C'est une autre idée !

SCÈNE IX.

Les mêmes ; MATHÉA, rentrant par la droite.

MATHÉA, tenant un papier cacheté.

On demande monsieur le gouverneur.

LE DUC, vivement.

Une dame ?

MATHÉA.

Non ! un gendarme...

LE DUC.

C'est différent.

MATHÉA.

Porteur de cette dépêche... et il attend à cheval à la porte du presbytère.

LE DUC, décachetant l'enveloppe.

C'est du capitaine de gendarmerie de Castel di Sangro... gaillard intelligent, que j'ai chargé depuis longtemps de m'avoir le signalement de Marco Tempesta.

SCOPETTO, à part.

O ciel !

LE DUC.

Signalement que je veux faire copier et adresser à tous les détachements de chasseurs calabrais qui battent la montagne... (A Mathéa.) Qu'on attende ma réponse...

(Il tire de l'enveloppe deux papiers, l'un qu'il place sur la table à droite, et l'autre qu'il déploie et qu'il lit. Mathéa sort.)

SCOPETTO, voulant prendre le papier pour le lire.

Si monseigneur veut permettre?...

LE DUC, refusant.

Non! non! ce n'est pas un billet doux... (Avec profondeur.) Cela demande de la discrétion... (Lisant.) « Je prie Votre « Excellence de ne pas se hasarder à suivre dans la mon- « tagne le chant de la Sirène... » (S'interrompant.) Cela vient à propos!

SCOPETTO, à part.

Maladetto!

LE DUC, continuant.

« D'après des avis certains et secrets qui m'ont été donnés, « il paraîtrait que c'est une jeune et jolie fille qui, depuis « quelque temps, a été enlevée par Marco Tempesta... Les « chants qu'elle fait entendre, le soir, sur différents points « de la montagne, servent de correspondance et de télé- « graphe de nuit aux contrebandiers... et souvent aussi ont « pour but d'écarter de leur route et de dépister les soldats « ou les douaniers qui les poursuivent... »

SCOPETTO, avec naïveté.

Voyez-vous cela!...

LE DUC, avec suffisance.

Cela t'étonne!... Je m'en étais toujours douté! (Continuant.) « Quant au signalement de Marco Tempesta, je vous l'envoie, « monseigneur, et des plus fidèles. » (S'interrompant.) Lisons!...

(Scopetto, qui a passé derrière lui, saisit le signalement qui est sur la table.)

SCOPETTO, s'efforçant de sourire, et froissant le papier dans sa main.

Oui, monseigneur, lisons !

(On entend au dehors un bruit de tambour et des pas lointains.)

LE DUC.

Non... écoute... (A part.) Un de nos détachements qui gra-

vit la montagne... (Haut à Scopetto.) Attends-moi ici... j'ai mon dée... j'en ai une !...
(Il sort.)

SCÈNE X.

SCOPETTO, seul.

AIR.

Une idée à vous, monseigneur !
Ce serait jouer de malheur !...
Mais ce signalement dont mon esprit s'alarme,
Et que tu me paîras, honorable gendarme !
Voyons...
(Le parcourant.)
C'est cela ! trait pour trait !
D'un seul coup d'œil on le reconnaîtrait...
Déchirons-le d'abord...

O Dieu des flibustiers,
Dieu de la contrebande,
Que ta main nous défende
De nos tyrans altiers !

Magistrat et greffier,
Chacun nous réprimande,
Et prétend châtier
Notre noble métier,
Lorsque la contrebande
Parcourt le monde entier !

O Dieu des flibustiers,
Dieu de la contrebande,
Que ta main nous défende
De ces tyrans altiers !
Dieu des bons tours, viens et défends
Et tes amis et tes enfants !

(Se mettant à la table à droite, et écrivant sur une autre feuille de papier.)
Eh ! vite, par un nouveau signalement remplaçons l'autre...

SCÈNE XI.

SCOPETTO, à la table à droite, et écrivant, BOLBAYA et SCIPION, entrant par la porte du fond, à gauche, et s'essuyant le front.

FINALE.

BOLBAYA, se jetant sur un fauteuil.

Ah ! je suis anéanti !

SCIPION.

Impossible d'approcher d'elle !

SCOPETTO, levant les yeux sur Scipion, qui est debout vis-à-vis de lui.

Et moi qui cherchais un modèle !...
Il arrive à propos !... Autant que ce soit lui !
Faisons à notre place arrêter l'ennemi !

(Il se met à écrire en regardant de temps en temps Scipion.)

BOLBAYA, assis.

Ah ! grand Dieu ! quelle cantatrice !
Comme une roulade elle glisse...
S'il me faut ainsi désormais
Courir après mes succès...
Je n'en aurai jamais !

SCOPETTO, toujours écrivant.

Ainsi, vous n'avez pas attrapé la Sirène ?

BOLBAYA.

Pas même vue !

SCIPION, se mettant à marcher.

Hélas ! la poursuite fut vaine !

SCOPETTO, lui faisant signe de ne pas se déranger.

Restez donc !

SCIPION.

Et pourquoi me regarder ainsi ?

SCOPETTO, écrivant.

C'est que je ris de l'aventure !...

Je suis à vous... Plus qu'un mot... J'ai fini!
(Il se lève, plie et laisse sur la table le signalement qu'il vient d'écrire.)

SCIPION, prenant son chapeau, et s'adressant à Bolbaya.

Partons, monsieur, partons... la nuit devient obscure!

Ensemble.

BOLBAYA.

O démons et sorciers
Que mon cœur appréhende,
Eloignez votre bande
De ces sombres sentiers!
Et toi, Dieu des beaux-arts, défends
Et tes amis et tes enfants!

SCIPION.

O démons! ô sorciers!
J'appelle et je demande
Votre joyeuse bande
Parmi ces noirs sentiers.
Et toi, défends, Dieu des amants,
Et viens guider nos pas errants!

SCOPETTO.

O Dieu des flibustiers,
Dieu de la contrebande,
Que ta main nous défende
De nos tyrans altiers!
Dieu des bons tours, viens et défends
Et tes amis et tes enfants!

SCOPETTO, à Scipion et à Bolbaya, qui vont pour sortir par la porte du fond.

Au revoir, messieurs, bon voyage!

SCÈNE XII.

LES MÊMES; LE DUC, paraissant à la porte à droite, en donnant des ordres à la cantonade.

LE DUC.
Partez! vous m'avez entendu?
Et que chacun se trouve à l'endroit convenu!
(Il s'approche de la table, y prend le signalement qu'il parcourt avec son lorgnon, et dit à Scopetto.)
Mon manteau!

BOLBAYA, stupéfait.
Quel est donc ce nouveau personnage?

SCOPETTO, entrant dans le cabinet à droite pour y prendre le manteau.
Le duc de Popoli!

LE DUC, à Bolbaya et à Scipion qui le saluent, et toujours parcourant le signalement.
Qui vient de recevoir
A la Pietra Nera, pour neuf heures du soir,
Un galant rendez-vous de la belle Sirène!

SCIPION, vivement.
A la Pietra Nera!

BOLBAYA, à demi-voix, à Scipion.
Nous y passons, je crois!

SCIPION, de même, à Bolbaya.
C'est notre route, et cette fois,
Nous sommes sûrs de voir cette nymphe inhumaine...

BOLBAYA.
Si monseigneur nous permet à tous deux...

LE DUC, s'inclinant.
Comment donc!

SCIPION.
De l'y joindre!

LE DUC, à part, regardant Scipion et le signalement.

En croirai-je mes yeux ?
O ciel ! c'est lui... c'est Marco Tempesta !
Et mon escorte n'est plus là !
Il n'importe !
(A haute voix, s'approchant d'eux.)
Messieurs, à la Pietra Nera,
A ce soir !

SCOPETTO, sortant en ce moment du cabinet à droite avec le manteau, et s'approchant du duc.

Qu'est-ce donc ?

LE DUC, le prend à part, et, lui montrant Scipion, lui dit à voix basse :

C'est Marco Tempesta !
Du silence !

SCOPETTO, à part.

Bravo ! ça commence déjà.

Ensemble.

SCIPION et BOLBAYA, à part.

O nymphe trop craintive,
Qui, sitôt qu'on arrive,
Disparais fugitive
A travers les buissons !
Une chance certaine,
Près de toi nous amène !
Enfin nous te verrons !

LE DUC.

Mon imaginative,
Audacieuse et vive,
Adroitement captive
Ces deux maîtres fripons.
Mon art me les amène ;
Ma vengeance est certaine !
Enfin nous les tenons.

SCOPETTO.

O bonheur qui m'arrive,
Heureuse tentative

Par laquelle j'esquive
Gendarmes et prisons !
Oui, leur rage inhumaine
Me gardait une chaîne
(Montrant Scipion.)
Qui deviendra la sienne,
Et gaîment nous changeons !
(Bolbaya et Scipion sortent par la porte du fond.)

SCOPETTO, gaîment au duc.

Nous allons donc chercher la somme demandée...
Et nous partons après pour la Pietra Nera?

LE DUC, avec finesse et à voix basse.

Pas nous !

SCOPETTO, étonné.

Qu'entendez-vous par là?

LE DUC.

Ne t'avais-je pas dit que j'avais une idée,
Que je viens d'exécuter...

SCOPETTO.

Vous !

LE DUC.

A neuf heures, sans nous,
Nous laissons le brigand aller au rendez-vous...
Mais aussitôt qu'on l'y verra paraître...
Cinquante chasseurs calabrais,
Cachés par les rochers ou par les bois épais,
Feront tous feu sur le bandit...

SCOPETTO, à part.

Ah ! traître !

LE DUC.

Et j'aurai les papiers sans risques et sans frais...
Que dis-tu de ce plan?

SCOPETTO, froidement.

Que c'est un coup de maître...
Mais je crois qu'il s'en doutera...
Et n'ira pas...

LE DUC.

Il y viendra !...
Il y court à présent... Car Marco Tempesta,
Que tu viens de voir et d'entendre,
A la Pietra Nera, de ce pas va m'attendre
Pour y trouver la mort !

SCOPETTO, à part, vivement.

Et je pourrais ainsi...

LE DUC, voyant son trouble.

Qu'as-tu ?

SCOPETTO, se remettant.

Rien...
(A part, pendant que le duc va regarder par la croisée à droite.)
Après tout c'était notre ennemi !
Et puisque, vengeant notre outrage,
Un autre s'est chargé de le faire périr...

LE DUC, regardant par la fenêtre.

Mon escorte revient...

SCOPETTO, toujours sur le devant du théâtre.

N'importe !... c'est dommage !
(Vivement, et s'élançant vers la porte.)
Ce n'est pas lui... c'est nous qui devons le punir !

LE DUC, l'arrêtant.

Où vas-tu donc ?

SCOPETTO, froidement.

Chez moi !

LE DUC.

La forêt n'est pas sûre...
J'ai là des cavaliers qui suivront ma voiture...
Jusqu'à la grande route avec nous tu viendras !

SCOPETTO, à part, et voyant des dragons napolitains qui entrent dans ce moment.

Décidément Dieu ne veut pas
Que je le sauve... Allons, que son sort s'accomplisse !

(Avec gaîté et insouciance.)
Et toi qui, dans ce bois, dois nous être propice...

Ensemble.

SCOPETTO.

O Dieu des flibustiers,
Dieu de la contrebande,
Que ta main nous défende
De nos tyrans altiers!...
Dieu protecteur, viens et défends
Et tes amis et tes enfants!

LE DUC, à part.

Audacieux flibustiers,
Tremblez, car je commande
J'atteindrai votre bande
Parmi ces noirs sentiers...
Par mon génie et mes talents,
Je vais bien rire à vos dépens!

(Le duc sort par la porte à droite, Scopetto sort après lui, suivi par l'escorte de dragons.)

ACTE DEUXIÈME

Le théâtre est coupé en deux parties ; l'une inférieure représente l'intérieur d'une auberge adossée à la montagne et dominée par des rochers. — La partie supérieure représente un sentier de la forêt qui serpente au milieu des arbres et des rochers et passe au-dessus du toit et de la cheminée de l'auberge. — A gauche du spectateur, une porte. Sur le premier plan, une cheminée, à droite, et deux petites portes latérales donnant sur d'autres chambres. Au fond la fenêtre d'un petit caveau. Sur le devant une table et des bancs.

SCÈNE PREMIÈRE.

DES CONTREBANDIERS dans la salle d'auberge ; les uns sont assis autour d'une table, d'autres sont couchés par terre ; puis PECCHIONE.

LES CONTREBANDIERS.
Pour égayer la misère,
Il ne faut qu'un doigt de vin !
Mais, hélas ! dans de l'eau claire,
Comment noyer le chagrin ?

PECCHIONE entre, tenant à la main une bouteille qu'il pose sur la table.
C'est la dernière bouteille ;
Désormais pour étancher
Votre soif, qui toujours veille,
Vous aurez l'eau du rocher !

LES CONTREBANDIERS, avec tristesse.
De notre cave prospère
Ce flacon est le dernier !

PECCHIONE, débouchant la bouteille, en verse à tous ses compagnons et se verse à lui-même.

Viens donc remplir notre verre,
Ami du contrebandier!

LES CONTREBANDIERS.

Pour égayer la misère,
Il ne faut qu'un doigt de vin!
Mais, hélas! dans de l'eau claire,
Comment noyer le chagrin?

(Renversant avec colère sur la table tous les verres qu'ils viennent de vider.)

Plus de vin! plus de vin! plus de vin!

SCÈNE II.

LES MÊMES; SCOPETTO, qu'on a vu, dans la partie supérieure du théâtre, traverser le sentier de la forêt, entrant à droite.

SCOPETTO.

Qu'est-ce donc, mes amis? et quelles catastrophes
Nous accablent encor?

LES CONTREBANDIERS, d'un air consterné.

Plus de vin! plus de vin!

SCOPETTO.

Je vous croyais plus philosophes...
Le malheur aujourd'hui, la fortune demain!

AIR.

Voyez-vous cet épais nuage
Que poussent les sombres autans?...
En ses flancs il porte l'orage
Qui gronde et tombe par torrents.
Tout est perdu!... Non! non!... Brille sur la verdure
Un rayon de soleil,
Et tout dans la nature
Est riant et vermeil...

C'est l'emblème et l'image
De nos destins changeants...
Aujourd'hui, c'est l'orage,
Et demain le beau temps !

Noble état dont je suis fier,
Bravant le fer,
Et libre comme l'air,
En lui je trouve et le ciel et l'enfer,
Et tous nos jours passent comme l'éclair !
Oui, pour nous le jour brille et fuit comme l'éclair !

Protecteurs du commerce,
Ennemis des impôts,
Partout notre main verse
L'abondance à grands flots !
Du haut des rocs en poudre,
Bravant le douanier,
Nous contemplons la foudre,
Ainsi que l'aigle altier.

LES CONTREBANDIERS.

Noble état dont je suis fier,
Bravant le fer,
Et libre comme l'air,
C'est le ciel, c'est l'enfer ;
Et pour nous le jour brille et fuit comme l'éclair.

(Les contrebandiers rentrent dans l'intérieur de la caverne, en laissant en scène Scopetto et Pecchione.)

SCÈNE III.

SCOPETTO, PECCHIONE.

PECCHIONE.

Tu as de bonnes nouvelles ?

SCOPETTO.

Au contraire, mon vieux Pecchione... Je te le dis à toi seul, le plus ancien lieutenant de mon père... ça va mal !... Mais il ne faut pas les décourager... ni nous non plus !

PECCHIONE.

Et l'affaire du duc de Popoli?

SCOPETTO.

Manquée!

PECCHIONE.

L'acte n'était donc pas bon?

SCOPETTO.

Si vraiment... le coquin de tes amis qui te l'avait livré savait bien ce qu'il faisait!

PECCHIONE.

Il vaut alors cinq cent mille piastres pour le moins.

SCOPETTO.

Oui, mais le duc préfère le ravoir à meilleur marché... moyénnant cinquante chasseurs calabrais qui m'attendent au rendez-vous!

PECCHIONE.

Alors, pas moyen de traiter avec cet homme-là... et il faut en avoir vengeance!

SCOPETTO.

Laquelle?

PECCHIONE.

Chercher partout Maria Vergani.

SCOPETTO.

Si elle existe...

PECCHIONE.

Et lui remettre ces titres, pour ruiner notre ennemi.

SCOPETTO.

En attendant, des détachements nombreux battent la montagne dans tous les sens... Avec le peu de monde qui nous reste, impossible de lutter... Mon père lui-même, le vieux Marco, s'il vivait encore, nous conseillerait la retraite... et il faut y décider nos compagnons!

PECCHIONE.

Jamais ils ne consentiront à partir, avant d'avoir repris les cinq cent mille piastres, fruit de leurs travaux... et pour ma part, je ne quitterai pas les Abruzzes que je n'aie eu la vie du commandant de la tartane *l'Etna,* cause de notre ruine!

SCOPETTO.

De ce côté-là, sois tranquille !

PECCHIONE.

Je me le suis réservé... car c'est moi qui commandais le brick qu'il a fait échouer... et seul je me suis échappé du désastre!

SCOPETTO.

Je te dis que c'est un compte réglé... ce soir il n'existera plus !

PECCHIONE, avec humeur.

A la bonne heure ! mais ce n'est pas la même chose !

SCOPETTO.

Tu n'es jamais content!... notre cargaison a été transportée, non pas à Naples... mais au palais du duc de Popoli, situé au bord de la mer... à l'embouchure de la Pescara... et, avant de quitter le pays, il n'est pas défendu de tenter, sinon par la force, au moins par la ruse, les moyens de pénétrer dans le palais du gouverneur, et de lui ravir notre bien.

PECCHIONE.

Ah! je te plaçais déjà au-dessus de ton père et de ton grand-père, Marco Tempesta, roi des contrebandiers... mais si tu fais une action pareille...

SCOPETTO.

C'est bien! c'est bien!... Dis-moi... ma sœur est-elle rentrée?

PECCHIONE.

Pas encore.

SCOPETTO.

L'avez-vous entendue ce soir?

PECCHIONE.

Oui, dans la direction du presbytère... et puis la voix a cessé.

SCOPETTO.

C'est ce que je lui avais recommandé.

PECCHIONE.

Si nous partons, viendra-t-elle avec nous?

SCOPETTO.

Non!... ici, dans cette auberge, dont elle me croit maître, c'était possible... mais s'il faut recommencer nos expéditions maritimes et commerciales... N'importe! même en nous séparant, je défends de nouveau, songez-y tous, que personne lui révèle qui nous sommes!

PECCHIONE.

Et pourquoi?

SCOPETTO, avec embarras.

Pourquoi!... certainement... c'est un bel état que le nôtre... et il y a des jours où j'en suis fier... Mais tout le monde n'est pas de même... et quand, après bien des recherches, j'ai pu remplir la promesse que j'avais faite à mon père... quand j'ai retrouvé chez de braves gens ma sœur Zerlina, pauvre et honnête fille, qui ne parlait que de Dieu et de ses devoirs... Tu ne comprendras peut-être pas ça, Pecchione?...

PECCHIONE, froidement.

C'est possible.

SCOPETTO.

Moi, je ne pouvais me rendre compte de ce que j'éprouvais... parce que, d'avoir passé la moitié de sa vie chez un curé, et l'autre moitié avec vous autres, ça vous met du décousu dans les idées... Enfin, j'étais mal à mon aise, et malgré moi, je baissais les yeux devant cette petite fille.

PECCHIONE.

Et ça ne te rendait pas furieux contre elle?

SCOPETTO.

Non! parce que moi, vagabond et bohémien, qui ne connaissais pas les joies de la famille, j'étais si heureux de pouvoir dire : Ma sœur... (A Pecchione.) Tu ne comprends pas encore ça?

PECCHIONE.

Non!

SCOPETTO.

Je vais te paraître bien absurde!... mais j'ai besoin qu'elle m'estime et qu'elle m'aime... Voilà pourquoi je voulais la rendre heureuse, l'enrichir, la marier à un honnête homme... sans que ni lui ni elle connussent qui j'étais.

PECCHIONE.

Allons donc!

SCOPETTO.

C'était mon idée!... Et c'est pour elle seulement que je regrette ma part dans notre fortune... cent mille piastres qu'elle aurait eues... car pour moi... (Écoutant, et entendant chanter au-dessus d'eux.) Silence! c'est elle!... Prends quelques-uns de nos compagnons... (Lui montrant une ouverture à droite du spectateur.) sortez par le haut des rochers et voyez si rien ne nous menace!

(Pecchione sort par la porte à droite.)

SCÈNE IV.

SCOPETTO, dans l'auberge, ZERLINA paraît sur la route supérieure en chantant ; puis elle s'arrête pour cueillir quelques fleurs, et en forme un bouquet.

ZERLINA.
CHANSON.
Premier couplet.
Prends garde,

Montagnarde
Que regarde
Un vieil amoureux !
Son âme
Qui s'enflamme
Veut pour femme
Fillette aux beaux yeux !
(Faisant avec sa main le geste de compter des écus.)
On prétend qu'il a de ça,
Et ton père en voudra !
Et moi, je dis tout bas,
Que de lui je ne veux pas !
Ah ! ah ! ah ! ah !
Ah ! ah ! ah ! ah !

(A la fin de ce couplet, Zerlina disparaît un instant et entre par la porte de gauche, toujours en chantant.)

Deuxième couplet.

Sévère,
Centenaire
Et colère,
Il gronde toujours !
Qu'importe,
Qu'il apporte
Somme forte,
Au lieu des amours !
(Mettant la main, sur son cœur.)
Gennaio n'a que de ça...
Mon cœur le préféra !
Remportez vos ducats,
Le bonheur ne se vend pas !
Ah ! ah ! ah ! ah !
Ah ! ah ! ah ! ah !

SCOPETTO, à Zerlina, qui lui a donné le bouquet qu'elle tenait à la main.

Merci, ma sœur, merci de tes bouquets et de tes chansons... sans toi, cette pauvre auberge, au milieu de la forêt, recevrait peu de voyageurs... mais, en suivant ta voix, on se perd dans la montagne... on arrive ici... pas d'autre gîte... on y soupe, on y passe la nuit... et c'est tout bénéfice pour l'aubergiste !

ZERLINA.

C'est juste, frère... Mais parfois vous m'envoyez sur un point élevé de la montagne, en me disant : « Chante à telle heure, pendant quelques instants... » et il n'y a pas là de voyageurs, au contraire... car vous me recommandez de disparaître au moindre bruit, et de me soustraire à tous les regards... Pourquoi ?

SCOPETTO.

Pourquoi ?... je vais te l'expliquer !... Quand je suis venu te chercher, d'après la dernière volonté de notre père...

ZERLINA.

Un brave homme, n'est-ce pas ?

SCOPETTO.

Oui, un brave !... Et quand je t'ai emmenée avec moi, par son ordre... qu'est-ce que je t'ai dit... toujours par son ordre ?...

ZERLINA.

Qu'il fallait vous obéir aveuglément sans jamais rien vous demander.

SCOPETTO.

Eh bien !

ZERLINA.

C'est vrai ! je n'y pensais plus !

SCOPETTO.

Et si ce mystère n'a pour but que de te rendre heureuse ?...

ZERLINA.

Vous avez raison !... je n'ai pas besoin de comprendre.

SCOPETTO.

A la bonne heure !... et puisque nous sommes sur ce chapitre, il se peut que je sois obligé de faire un voyage.

ZERLINA.

Sans moi, frère?

SCOPETTO.

Sans toi, sœur!... Pour quelque temps seulement... Tu retourneras à Naples, chez ces braves commerçants qui t'avaient recueillie...

ZERLINA.

Et que vous avez si généreusement récompensés...

SCOPETTO.

Pas autant que je l'aurais voulu!... Tu vas reprendre le costume de ville que tu portais dans leurs riches magasins... et tu partiras tout aussitôt pour les rejoindre.

ZERLINA.

Déjà!

SCOPETTO.

Eux seuls exceptés, tu ne diras à personne que tu as un frère... Il le faut!

ZERLINA.

Oui, frère... Mais quand reviendrez-vous?

SCOPETTO.

Bientôt! pour te marier!

ZERLINA, étonnée.

Moi!

SCOPETTO.

Oui, je reviendrai... avec une belle dot... tu en auras une, je te le jure... ou j'y mourrai!

ZERLINA.

Eh bien! par exemple!... est-ce que je ne peux pas attendre?

SCOPETTO.

Ah! tu n'es donc pas pressée?

ZERLINA.

Non!

SCOPETTO.

Je comprends... tu n'as pas fait de choix... tu n'as pas d'amoureux?

ZERLINA.

J'en ai un!

SCOPETTO.

Depuis quand?

ZERLINA.

Toujours!... depuis que je me connais... depuis que j'existe!

SCOPETTO.

Et tu ne m'en as jamais rien dit?

ZERLINA.

Dame! vous ne m'en avez jamais parlé!

SCOPETTO.

Eh bien! alors, qu'il vienne, qu'il paraisse!

ZERLINA.

Plût au ciel!... mais il ne peut pas... il est absent... et voilà pourquoi cela m'arrange d'attendre... parce que pendant ce temps-là...

SCOPETTO.

Il reviendra.

ZERLINA.

Comme vous dites!

DUO.

SCOPETTO.

C'est quelque ouvrier?

ZERLINA.

Mieux qu'un ouvrier!

SCOPETTO.

Un jeune fermier?

ZERLINA.

Bien mieux qu'un fermier!

SCOPETTO.

Je vois enfin qu'il sait te plaire!

ZERLINA.

Ah! vous voyez juste, mon frère!

SCOPETTO.

Aussi, je ne suis pas sévère...
Mais avant tout, dis-moi, ma chère,
Quel est son métier?

ZERLINA, désignant de la main l'épaulette.

Un noble métier!

SCOPETTO, avec joie.

C'est un officier?

ZERLINA.

Un bel officier!

Ensemble.

SCOPETTO.

Oui, je te le prouve,
Ton hymen est sûr,
Moi, frère, j'approuve
Le choix du futur!
D'un bonheur précoce
Son cœur bat déjà,
Nous ferons la noce
Quand il reviendra!

ZERLINA.

Quel trouble j'éprouve!
Mon bonheur est sûr,
Car mon frère approuve
Le choix du futur!
Ivresse précoce,
Que je sens déjà,
Nous ferons la noce
Quand il reviendra!

SCOPETTO.
C'est donc un parti...

ZERLINA.
Très-bien assorti!

SCOPETTO.
Tu n'as rien... et lui?

ZERLINA.
Autant, Dieu merci!

SCOPETTO.
Quelle est sa mère?

ZERLINA.
Infortunée...
Dans ces montagnes elle est née!
Et morte, hélas! dans la misère...

SCOPETTO.
Mais peux-tu me dire, ma chère,
Quel nom est le sien!

ZERLINA.
Je le sais très-bien!
Maria Vergani!

SCOPETTO, vivement.
Maria Vergani!
Née aux Abruzzes!...

ZERLINA.
Oui!

SCOPETTO, avec joie.
Très-bien!... Ainsi, ma chère,
Son fils existe?

ZERLINA.
Il veut devenir votre frère!

SCOPETTO.
Ah! pour nous quel heureux destin!

ZERLINA.

Vous approuvez donc son dessein?

SCOPETTO, à part.

Le sang des Popoli qui sert notre vengeance!
(Haut.)
Je lui donne à la fois et richesse et naissance,
Et de plus, ta main!

ZERLINA, avec joie.

Ma main!
Ah! j'approuve fort ce dessein.

Ensemble.

ZERLINA.

Quel trouble j'éprouve!
Mon bonheur est sûr, etc.

SCOPETTO.

Quel bonheur j'éprouve!
Notre plan est sûr, etc.

(Vivement.)
Il faut que je le voie, il faut que je le trouve...
Où donc est-il?

ZERLINA.

Depuis un an et plus,
Je n'en sais rien!
(Lui donnant une lettre qu'elle tire de sa poche.)
Ce billet vous le prouve;
C'est le dernier que de lui je reçus!
Et son absence aux regrets me condamne.

SCOPETTO, parcourant le billet.

Que vois-je! ô ciel!... à bord de la tartane
L'*Etna!*

ZERLINA.

C'est son navire!

SCOPETTO.

Et signé : Scipion!

ZERLINA, gaiement.
Oui, vraiment, c'est son nom!

SCOPETTO, à part.
C'est lui! c'est Scipion!

ZERLINA.
Mon Dieu! quel air terrible!
Quoi! vous changeriez de dessein!

SCOPETTO.
A présent, il est impossible!

ZERLINA, avec douleur.
Quoi! changeriez-vous de dessein!

SCOPETTO, à part, avec désespoir.
Et, grâce à moi, son malheur est certain!

Ensemble.

ZERLINA, pleurant.
Ah! quelle tristesse
M'accable et m'oppresse!
Malgré sa promesse,
Trompant nos amours,
Un frère barbare,
Injuste et bizarre,
Tous deux nous sépare,
Hélas! pour toujours!

SCOPETTO, à part.
Honneurs et richesse,
Bonheur et tendresse,
Auraient pu sans cesse
Embellir leurs jours.
Et, destin bizarre,
C'est donc, moi barbare,
Moi qui les sépare,
Hélas! pour toujours!

ZERLINA.
Eh! pourquoi cet hymen est-il donc impossible?

Pourquoi ?

(On entend sonner neuf heures à une église éloignée.)

SCOPETTO, à part.

Neuf heures ! Il est mort !

(Haut, à Zerlina, avec émotion.)

Il est un destin inflexible
Qui tous deux vous sépare à jamais !

ZERLINA, avec impatience.

Mais encor,
Qu'est-ce donc ?

SCOPETTO, à part, avec douleur.

C'est moi, c'est moi-même,
Qui lui ravis celui qu'elle aime.
Un tel beau-frère, un grand seigneur !
C'est moi qui cause son malheur !

Ensemble.

SCOPETTO.

Honneurs et richesse, etc.

ZERLINA, pleurant.

Ah ! quelle tristesse, etc.

(Scopetto sort par la porte à droite.)

SCÈNE V.

ZERLINA, seule.

Mais d'où vient son trouble, son désespoir ?... Il parle d'obstacles invincibles !... Est-ce qu'il y en a, quand on aime ?... (Avec effroi.) Ah ! mon Dieu ! Scipion, qui depuis plus d'un an ne m'a pas écrit... infidèle... mort, peut-être !... Oh ! non ! non !

ROMANCE et TRIO.

Premier couplet.

De nos jeunes années
Tendre et doux souvenir,

Les mêmes destinées
Doivent nous réunir...
Toujours pure et fidèle,
Je t'ai gardé ma foi ;
Reviens, ma voix t'appelle,
Reviens, ou près de toi
Rappelle-moi !

SCÈNE VI.

ZERLINA, dans l'intérieur de l'auberge, SCIPION, puis BOLBAYA, paraissant au-dessus, dans la forêt.

BOLBAYA, à Scipion, qui marche devant lui.
Pas si vite... daignez m'attendre !

SCIPION, regardant autour de lui.
Nous sommes égarés par ma faute !

BOLBAYA.
Oui, vraiment !
Quitter le bon chemin, et pour suivre en courant
La Sirène !

SCIPION.
A deux pas nous avions cru l'entendre !

BOLBAYA.
Et marchant dans le bois au hasard...

SCIPION.
Nous voilà
Peut-être à l'opposé de la Pietra Nera,
Où nous étions certains qu'elle devait se rendre !
Comment y retourner ?

BOLBAYA.
Ma foi, je suis trop las !

SCIPION, prêtant l'oreille au-dessous de lui.
Taisez-vous !

BOLBAYA, avec frayeur.

Elle encor!... Nous n'en sortirons pas!

(Pendant ce dialogue, Zerlina a mis tout en ordre dans l'auberge.)

ZERLINA.

Deuxième couplet.

Aux jours de notre enfance,
Nous n'avions en nos vœux
Qu'un cœur, une espérance,
Qu'une âme pour nous deux!
Par la chaîne éternelle
Qui te lie avec moi,
Reviens, ma voix t'appelle;
Reviens, ou près de toi
  Rappelle-moi!

SCIPION, dans la forêt.

A mon amour fidèle,
Et fidèle à ma foi,

Ensemble.

SCIPION.

C'est ma voix qui t'appelle,
Je suis auprès de toi!

ZERLINA, écoutant.

C'est sa voix qui m'appelle!
Est-ce toi? réponds-moi!
  Oui, réponds-moi!

O Dieu! vous m'avez exaucée!
Est-ce son âme, ou plutôt est-ce lui,
Qui revient vers sa fiancée?

BOLBAYA, à Scipion, qui veut l'entraîner.

A parler vrai, mon jeune ami,
J'aime autant être loin d'ici.

SCIPION.

Partez sans moi, je reste ici.
  (Appelant à haute voix.)
Zerlina! Zerlina!

ZERLINA, lui répondant de l'intérieur.
Ah! ah! ah! ah! ah! ah!

SCIPION, montrant à Bolbaya le sentier à gauche, qui descend au milieu des rochers.
C'est par ici... venez! Une route est ouverte.

BOLBAYA, le retenant.
On nous attire à notre perte!

SCIPION.
Demeurez donc, et ne me suivez pas!

BOLBAYA, effrayé.
Rester seul... J'aime mieux accompagner ses pas!

Ensemble.

BOLBAYA, dans la forêt.
S'exposer à la suivre,
C'est être las de vivre.
Aussi, je sens mon cœur
Palpiter de frayeur!

SCIPION, dans la forêt.
Douce voix qui m'enivre,
Oui, oui, je veux te suivre,
Tu fais battre mon cœur
De trouble et de bonheur!

ZERLINA, dans l'auberge.
Douce voix qui m'enivre,
Et qui me fais revivre,
Tu portes dans mon cœur
Le trouble et le bonheur!

BOLBAYA.
Les fleurs ici cachent des précipices...
De leurs charmes trompeurs redoutez les délices!

SCIPION.
Peu m'importe!
(Appelant.)
Zerlina!

ZERLINA, courant à la porte à gauche qu'elle ouvre, et répondant.
Ah! ah! ah! ah! ah! ah!
(Bolbaya et Scipion disparaissent par la route à gauche. On entend Scipion appeler encore :)
Zerlina! Zerlina!

ZERLINA, augmentant le volume de sa voix à mesure que Scipion approche.
Ah! ah! ah! ah! ah! ah! ah!

SCIPION, guidé par la voix, paraît à la porte à gauche, poussant un cri.
C'est elle!

ZERLINA, de même.
Le voilà!
(Ils courent dans les bras l'un de l'autre.)

ZERLINA et SCIPION.
O retour qui m'enivre,
Amour qui me fais vivre,
Vous rendez à mon cœur
La joie et le bonheur!
(Bolbaya, qui est resté en arrière, paraît à la porte à gauche et aperçoit Scipion dans les bras de Zerlina.)

BOLBAYA, poussant un cri et se cachant la tête dans ses mains.
Ah! l'imprudent!

Ensemble.

BOLBAYA.
Au danger il se livre;
Ai-je eu tort de le suivre!
Je ne sais, mais mon cœur
Tremble toujours de peur.

SCIPION et ZERLINA.
Doux aspect qui m'enivre,
Amour qui me fais vivre,
Oui, tu rends à mon cœur
La joie et le bonheur!
(A la fin de cet ensemble, Bolbaya s'avance vers la fenêtre du caveau qui est au fond à gauche et regarde dans l'intérieur.)

ZERLINA, à elle-même.

Ah! courons prévenir mon frère!

SCIPION.

Zerlina, ma chère Zerlina!

ZERLINA.

Attendez-moi... Je reviens!

(Elle sort par la première porte à droite, en regardant toujours Scipion.)

SCÈNE VII.

SCIPION, BOLBAYA.

SCIPION, se retournant vers Bolbaya, qui, se traînant à peine, arrive du fond du théâtre et s'approche de lui en tremblant de tous ses membres.

Eh mais, seigneur Bolbaya, qu'avez-vous donc?

BOLBAYA, à voix basse.

Venez, partons!

SCIPION.

Pourquoi?

BOLBAYA, de même.

Je vous le dirai quand nous serons hors d'ici!

SCIPION.

Partir, quand je retrouve celle que j'aime... quand elle va revenir!

BOLBAYA.

Raison de plus!... c'est bien elle... c'est la Sirène... car elle nous a attirés dans une caverne de brigands.

SCIPION, riant.

Allons donc!

BOLBAYA, lui montrant la fenêtre du fond.

Par là, par l'ouverture de ce caveau, je viens d'en apercevoir une douzaine que l'on pendrait à première vue et de confiance!

SCIPION.

Des bûcherons, sans doute ?

BOLBAYA.

Avec des carabines et des moustaches pareilles... Je vous ai averti... faites ce que vous voudrez... (En ce moment, Pecchione et quelques contrebandiers traversent la route supérieure, venant de la droite et se dirigeant vers la porte à gauche de l'auberge.) Quant à moi, je n'ai pas envie de pousser plus loin l'aventure, et je m'en vais par où nous sommes venus !

(Il va pour sortir par la porte à gauche, entrent Pecchione et ses compagnons.)

BOLBAYA, poussant un cri d'effroi.

Ah !

SCIPION.

Qu'est-ce donc ?

(Bolbaya s'enfuit vers le fond à droite; au cri qu'il a poussé, d'autres contrebandiers accourent. Bolbaya, effrayé, recule au milieu du théâtre.)

BOLBAYA.

Ah ! des deux côtés !

SCÈNE VIII.

LES MÊMES ; CONTREBANDIERS et PECCHIONE ; puis SCOPETTO.

PECCHIONE.

Eh quoi ! des étrangers !

BOLBAYA, à part.

La peur de moi s'empare !

SCIPION.

Eh oui ! des étrangers qu'un hasard imprévu...
A conduits en ces lieux !

PECCHIONE, regardant Scipion.

Ah ! grand Dieu ! qu'ai-je vu !

Tous nos malheurs, cet instant les répare !
Celui qui commandait la tartane l'*Etna!*
(Aux contrebandiers.)
C'est lui, c'est bien lui !... le voilà !

Ensemble.

PECCHIONE et LES CONTREBANDIERS.

Amis, punissons leur offense !
Dieu dans nos mains les a conduits ;
Oui, pour servir notre vengeance,
Dieu nous livre nos ennemis !

SCIPION.

Envers vous quelle est notre offense,
Et quel crime avons-nous commis ?
Sur nous exercez la vengeance
Du moins en nobles ennemis !

BOLBAYA.

Messieurs, messieurs, point d'imprudence !
De grâce calmez vos esprits :
Pour nous n'est-il plus d'espérance ?
De frayeur, hélas ! je frémis !

TOUS.

Vengeons nos compagnons,
Frappons ! frappons !

(Ils ont dirigé leurs carabines sur Bolbaya, qui tombe à genoux, et sur Scipion, qui reste debout et le front levé ; en ce moment, Scopetto sort de la porte à droite et s'élance vivement au devant de Pecchione.)

SCOPETTO.

Arrêtez !

BOLBAYA, le regardant.

O bonheur soudain !
C'est notre hôte de ce matin !

(Scopetto s'avance lentement près de Scipion, le regarde, et reprend le motif du duo du premier acte.)

SCOPETTO.

Qu'une heureuse rencontre,

Bientôt me le montre,
Le sort décidera
Lequel l'emportera !

SCIPION.

Ah ! c'est Marco Tempesta !

SCOPETTO.

Vous l'avez dit !

SCIPION, étonné et regardant Scopetto.

Lui ! Marco Tempesta !

PECCHIONE, à Scipion.

Qui te livre à nos coups !... Que rien ne nous arrête,
(Il s'élance sur lui le poignard à la main.)
Frappons-les !

SCOPETTO, arrêtant Pecchione du geste.

Pas encore !
(Solennellement, en s'adressant à tous les contrebandiers.)

Ensemble.

SCOPETTO.

Il faut, courbant la tête,
Obéir et céder.
Qu'à ma voix la tempête
Cesse enfin de gronder !

LES CONTREBANDIERS.

Il faut, courbant la tête,
Obéir et céder.
A sa voix la tempête
A cessé de gronder !

BOLBAYA et SCIPION.

Quoi ! tous, courbant la tête,
Sont forcés de céder.
A sa voix la tempête
A cessé de gronder !

SCOPETTO, à Scipion et à Bolbaya.

Approchez et répondez !... (A Scipion.) Comment n'êtes-vous pas depuis longtemps à la Pietra Nera, où le duc de Popoli vous avait donné rendez-vous?

SCIPION.

Égarés à la poursuite d'une personne dont j'avais cru reconnaître la voix... nous sommes venus nous livrer dans tes mains.

SCOPETTO.

Et si j'étais tombé dans les vôtres?

SCIPION.

Nous ne t'aurions pas fait grâce!

BOLBAYA, vivement.

Parlez pour vous... car moi...

SCOPETTO.

Il suffit!... je sais ce qui me reste à faire!... Capitaine Scipion, n'es-tu pas le fils de Maria Vergani, paysanne des Abruzzes?

SCIPION.

Oui.

PECCHIONE, avec surprise.

O ciel!

SCOPETTO.

Peux-tu m'en donner les preuves?

SCIPION.

Sans doute... mais que t'importe?

SCOPETTO.

Où sont-elles?

SCIPION.

Avec mes autres papiers... à bord de la tartane l'*Etna*.

SCOPETTO.

Et ta tartane l'*Etna?*

SCIPION.

A l'ancre, à deux lieues d'ici... à l'embouchure de la Pescara!

SCOPETTO.

C'est bien !... Tes jours sont à nous... et je devrais laisser à mes compagnons la liberté de se venger... mais des raisons que moi seul je connais...

PECCHIONE, brusquement.

Lesquelles ?

SCOPETTO, le regardant.

Lesquelles !... Il est venu ici demander l'hospitalité, et, comme le vieux Marco Tempesta, mon père, j'entends qu'elle soit respectée !

PECCHIONE.

Ce ne sera pas !

SCOPETTO, sévèrement.

Ce sera !... car je le veux... (A Scipion.) A une condition... que tu vas jurer sur l'honneur !

SCIPION.

Quelle est-elle ?

SCOPETTO.

Ces papiers dont je te parlais, il me les faut... et dès ce soir... tu iras les chercher et tu reviendras.

SCIPION.

Je le jure !

BOLBAYA, timidement.

Et moi ?

SCOPETTO, à Bolbaya.

Tu resteras avec nous en otage... de plus, d'ici à vingt-quatre heures, et dans quelque circonstance que vous puissiez vous trouver tous les deux, vous ne direz rien de ce que vous savez... vous ne révélerez à personne quel est Marco Tempesta !

SCIPION.

Je le jure !

BOLBAYA.

Et moi aussi.

SCOPETTO, bas à Scipion.

A personne... pas même à la jeune fille que tu as vue ici tout à l'heure !

SCIPION, avec joie.

Elle l'ignore ?...

SCOPETTO.

Oui, elle l'ignore... mais son sort dépend de moi... elle me sera garant de tes serments... (Tirant sa montre.) Dix heures !... Demain, à pareille heure, nous n'aurons plus besoin de votre silence !... vous serez libres !

PECCHIONE, avec colère.

Libres ! jamais !

SCOPETTO, avec hauteur.

Et depuis quand a-t-on perdu ici l'habitude de m'obéir !... (A plusieurs contrebandiers.) Reconduisez le capitaine par le plus court chemin... faites-le sortir par le haut du rocher... (Saluant Scipion de la main.) Adieu, et à bientôt !

BOLBAYA, à Scipion qui s'éloigne.

Oui... le plus tôt possible !

(Scipion, après avoir de nouveau étendu la main en regardant Scopetto, sort par le fond à droite, escorté par plusieurs contrebandiers.)

SCÈNE IX.

Les mêmes, excepté Scipion.

PECCHIONE, furieux.

Enrichir notre ennemi !... en faire un seigneur, un noble !...

SCOPETTO.

S'il se conduit noblement... sinon, il ne sera rien !

PECCHIONE.

Eh bien ! il ne sera rien ! (Voulant déchirer le papier qu'il tient.) Plutôt détruire ce titre !

SCOPETTO, lui prenant le papier.

Et s'il peut nous sauver tous !

PECCHIONE et LES CONTREBANDIERS.

Comment ?

(On frappe à la porte à gauche.)

SCOPETTO.

Silence !... n'entendez-vous pas... le bruit des fusils ?

VOIX, en dehors.

Ouvrez !

SCOPETTO.

Qui va là ?

VOIX, en dehors.

Chasseurs calabrais !

PECCHIONE.

L'auberge est cernée... c'est fait de nous !

SCOPETTO, aux contrebandiers.

Rentrez ! (Montrant Bolbaya.) Emmenez cet homme... (A Bolbaya, le menaçant.) Et rien qui puisse nous trahir... ou sinon !...

BOLBAYA, vivement.

J'ai compris !

(Il sort avec les contrebandiers.)

SOLDATS, en dehors, frappant avec la crosse de leurs fusils.

Ouvrez, au nom du Roi !

SCÈNE X.

PECCHIONE, SCOPETTO, Chasseurs calabrais; puis LE DUC.

SCOPETTO, ouvrant la porte.

Au nom du Roi!... c'est différent... car, à pareille heure, on hésite à ouvrir la porte... surtout quand on entend le bruit des fusils... Mais vous êtes beaucoup pour une pauvre auberge comme celle-ci.

UN CHASSEUR.

Une cinquantaine !

SCOPETTO.

C'est beaucoup trop!... D'ailleurs... je n'ai plus de provisions.

UN CHASSEUR.

Pourvu que vous ayez quelques rafraîchissements à offrir à notre commandant, qui s'est exténué à gravir la montagne !

SCOPETTO.

Je vous dis que je n'ai rien que quelques gouttes de vieux rhum dans cette gourde... Et quel est-il votre commandant ?

LE DUC, en dehors, à haute voix.

Le détestable pays que le pays que je gouverne !

SCOPETTO, à part, avec joie.

Le duc de Popoli, un allié !

LE DUC, paraissant à la porte à gauche, suivi de deux laquais, qui entrent avec lui.

Ouf!... Où sommes-nous ici ?

PECCHIONE.

Dans la meilleure auberge de la montagne !

LE DUC.

Ah ! c'est une auberge... et l'aubergiste... c'est vous ?

PECCHIONE.

Non !... simple voyageur !

LE DUC.

Mais enfin, l'aubergiste... où est-il donc ?

SCOPETTO, s'avançant.

A vos ordres, monseigneur !

LE DUC, avec surprise.

Scopetto ! c'est incroyable !... Il est dit qu'aujourd'hui je te rencontrerai partout... En effet, je me rappelle que ce matin, j'ai plaisanté sur ton auberge !

SCOPETTO, s'inclinant.

Et sur ceux que j'avais l'honneur d'y recevoir !

LE DUC, riant et s'asseyant.

Sans me douter que moi-même...

SCOPETTO, présentant au duc un verre qu'il prend sur la table, y verse du rhum qui est dans sa gourde.

Si monseigneur veut se rafraîchir ?...

LE DUC, prenant le verre.

Merci, mon garçon, merci... (Buvant.) Il est excellent, ton rhum... c'est comme ton tabac... il vient...

SCOPETTO.

Du même négociant !...

LE DUC, regardant son verre.

Tu me feras aussi ma provision de...

SCOPETTO.

Oui, monseigneur !... Eh bien ! votre rendez-vous à la Pietra Nera... cette expédition combinée avec tant d'adresse !...

(En ce moment, les soldats et les domestiques sortent par la gauche.)

13.

LE DUC.

Et que, pour plus de sûreté, j'avais moi-même dirigée... de loin...

SCOPETTO.

Vous avez réussi ?

LE DUC.

Parbleu ! c'était sûr... s'il était venu... Mais avec des gens qui vous manquent de parole... Deux heures entières à l'affût, sans rien voir paraître.

SCOPETTO.

Il n'a pas osé !

LE DUC.

Et pendant ce temps, un second exprès, envoyé par le capitaine de gendarmerie de Castel di Sangro, nous a assuré qu'on l'avait vu se diriger de ce côté, et rôder dans ces environs... D'après cela, tu vois que tu n'es pas en sûreté dans ton auberge... et si l'autorité ne veillait pas sur toi... Mais tout notre monde est posté et échelonné autour de ces rochers... et maintenant que me voilà reposé et rafraîchi, je pars et laisse ici en garnison une vingtaine de soldats.

SCOPETTO, à part.

O ciel !

PECCHIONE, bas.

Nous sommes perdus !

SCOPETTO.

Quoi ! monseigneur, vous partez déjà ?

LE DUC.

On m'attend à Naples cette nuit... et avant de m'y rendre, il faut que je m'arrête pour donner des ordres au palais Popoli.

SCOPETTO.

Cette superbe habitation que je voudrais bien revoir !

PECCHIONE, à part.

Et moi aussi!

LE DUC.

Je t'ai dit que j'y attendais demain soir la plus brillante société de Naples... et grâce aux occupations de ma journée, rien encore de préparé, rien d'organisé...

SCOPETTO, bas à Pecchione.

Nous sommes sauvés!... (Haut.) Ce n'est pas là ce qui embarrasse Votre Excellence?

LE DUC.

Si vraiment! Accablé comme je le suis par les affaires d'État, je n'ai pas de temps à donner aux plaisirs... et il me faut improviser une soirée.

SCOPETTO.

Un spectacle, un concert...

LE DUC.

Et le moyen, sans artistes!

SCOPETTO.

N'est-ce que cela!... J'ai dans mon auberge le nouveau directeur du théâtre de la cour, le signor Bolbaya.

LE DUC.

Vraiment?...

SCOPETTO.

Il vient de m'arriver avec une partie de sa nouvelle troupe, qu'il a rencontrée dans la montagne, au moment où elle venait d'être arrêtée et complétement dévalisée par...

LE DUC.

Marco Tempesta?

SCOPETTO.

C'est possible!

LE DUC.

C'est sûr!

SCOPETTO.

Dépouillés de tout... Eh! tenez, ce voyageur, c'est le signor Pecchione, sa seconde basse-taille... Est-il possible de mettre une basse-taille dans un pareil état... Il est fait comme un...

LE DUC.

C'est vrai !

SCOPETTO.

Ils sont tous comme ça... Aussi, pour les dédommager, le signor Bolbaya sera trop heureux de faire débuter ses chanteurs sous votre patronage !

LE DUC.

Eh ! eh ! il pourrait plus mal choisir !

SCOPETTO.

Et en l'installant ce soir, lui et sa troupe, dans votre palais...

LE DUC.

Où il trouvera tout... théâtre, décors, costumes...

SCOPETTO.

Il aura le temps demain matin de répéter... car il faut répéter !

PECCHIONE, avec une voix de basse-taille.

Oui, monseigneur, il faut répéter !...

LE DUC.

C'est juste !

SCOPETTO.

Et demain soir, lorsque vous et votre brillante société serez arrivés... il vous aura préparé quelque surprise, quelque spectacle nouveau et inattendu !...

LE DUC.

Sais-tu, Scopetto, que tu es un homme de bon conseil... (A Pecchione.) Veuillez, mon cher, prier votre directeur, le signor Bolbaya, de venir ici me parler !

SCOPETTO, à Pecchione, à demi-voix.
Tu as compris ?
(Pecchione fait signe que oui et va ouvrir la porte du caveau.)

SCÈNE XI.

LES MÊMES ; BOLBAYA, sortant du caveau.

(Scopetto, près du duc, qui est assis.)

FINALE.

PECCHIONE, à haute voix, à la porte du caveau.
Illustre Bolbaya, venez, on vous demande !
(Bolbaya paraît à la porte du fond, que Pecchione referme aussitôt qu'il est entré.)

SCOPETTO.
Le duc de Popoli veut vous parler...

BOLBAYA, les regardant tous trois avec étonnement.
Comment !

SCOPETTO, à demi-voix.
Dis comme nous... sinon !
(Lui montrant son poignard.)

BOLBAYA, à part, tremblant.
Ah ! ma frayeur est grande !

SCOPETTO, au duc, montrant Bolbaya.
Le voici !
(A Pecchione.)
Prévenez sa troupe maintenant !
(Pecchione sort par la petite porte à droite.)

SCÈNE XII.

BOLBAYA, SCOPETTO, LE DUC.

BOLBAYA, à part, regardant Pecchione, qui sort.
Ma troupe... Que dit-il ?

LE DUC, regardant Bolbaya avec son lorgnon.

Eh mais, au presbytère,
J'ai déjà vu tantôt cette figure-là !
(A Scopetto, d'un air de défiance.)
Et... c'est le directeur ?...

SCOPETTO.

Bolbaya !

LE DUC, avec ironie.

Tu crois ça ?

SCOPETTO, avec bonhomie.

Sans doute !

LE DUC, avec finesse.

Eh bien ! pour moi la chose n'est pas claire :
Il voyageait avec ce Marco Tempesta.

SCOPETTO.

Sans le connaître !...

LE DUC, bas à Scopetto.

Peut-être !
(A Bolbaya, d'un air de défiance.)
Ainsi vous êtes donc directeur d'Opéra ?

BOLBAYA, regardant en tremblant Scopetto.

Qui ? moi !... mais je le pense... ou plutôt...

LE DUC, bas à Scopetto.

Il se coupe !
(Haut, à Bolbaya.)
Et vous êtes avec votre nouvelle troupe ?

BOLBAYA, à part, cherchant à comprendre.

Toujours ma troupe !
(Haut, en regardant Scopetto.)
Oui ! oui !
(A part.)
Je tremble à son aspect !

LE DUC, bas à Scopetto.

Décidément, cet homme m'est suspect !
(Haut à Bolbaya.)

Tout voyageur qui veut que la loi le protége
Doit porter avec lui ses titres...

BOLBAYA, fouillant dans sa poche.

Oui, vraiment!...
Voici mon passeport... de plus, mon privilége.

LE DUC, parcourant ces papiers.

C'est vrai! c'est vrai! rien à dire... et pourtant...

SCOPETTO, voyant la porte à droite qui s'ouvre.

De plus, voici sa troupe!

SCÈNE XIII.

LES MÊMES; PECCHIONE et TOUS LES CONTREBANDIERS, sortant de la seconde porte à droite, pendant que Scopetto va ouvrir la première porte à droite en faisant signe à ZERLINA de sortir.

BOLBAYA, apercevant les contrebandiers.

Ah! qu'est-ce que je voi!

PECCHIONE, à demi-voix, le menaçant.

Tais-toi!

SCOPETTO, de même.

Sur ta tête, tais-toi!

Ensemble.

BOLBAYA.

De trouble et d'épouvante
Je reste stupéfait.
Catastrophe effrayante
Dont je prévois l'effet!
Mais la frayeur me coupe
L'usage de mes sens.
Directeur d'une troupe
De semblables brigands!

LE DUC.

Mon âme défiante
Vainement s'alarmait;

Leur tournure est charmante
Et d'un sublime effet !
Tout cela forme un groupe
Des plus divertissants !
Rien ne vaut une troupe
D'artistes ambulants.

SCOPETTO.

O fortune inconstante,
Seconde mes projets !
Du hasard que je tente
Dirige les effets !
Oui, que le vent en poupe
Souffle et mène gaîment
Notre joyeuse troupe
Vers le port qui l'attend !

PECCHIONE et LES CONTREBANDIERS.

D'un état qui m'enchante
Bénissons les attraits ;
Notre gloire ambulante
Ne s'arrête jamais !
A nous le vent en poupe !
Les succès éclatants !
Grand Dieu ! guide la troupe
Vers des bords opulents !

ZERLINA.

Inquiète et tremblante,
Mon âme l'appelait.
(Regardant autour d'elle.)
Ah ! si ma vue errante
Au moins l'apercevait !
Au milieu de ce groupe
Je cherche vainement ;
Lui seul dans cette troupe,
Oui, lui seul est absent !

(A la fin de cet ensemble, les soldats rentrent par la porte à gauche.)

SCOPETTO, désignant au duc les principaux contrebandiers.

Voici le baryton et la basse chantante ;

Puis le ténor, méthode ravissante...
Puis des chœurs étonnants... Ils sont toujours d'accord !
(Bas, au duc.)
Ils voulaient m'enrôler... J'y consentirais presque...

LE DUC, d'un air profond.

Rien ne presse !

SCOPETTO.

Pourquoi ?

LE DUC.

J'ai des doutes encor !

SCOPETTO.

Quoi ! vraiment ?

LE DUC, de même.

Je leur trouve une allure grotesque !

SCOPETTO.

C'est l'opéra buffa !

LE DUC.

Et puis, point de femme !...

SCOPETTO, lui montrant Zerlina, qui est à droite.

Voilà,
Voilà là-bas notre prima donna !...

LE DUC, à Bolbaya.

Ah ! c'est elle ?

BOLBAYA, hésitant et regardant toujours Scopetto.

Oui ! non ! oui !

LE DUC.

Sa voix est-elle belle ?

BOLBAYA, de même.

Je ne sais... C'est-à-dire, avec tout le respect
Que je...

LE DUC, bas, à Scopetto.

Décidément, cet homme m'est suspect,
Ainsi que sa prima donna !...

(A Bolbaya.)

Ne pourrait-elle,
(A Scopetto.)
Car je suis connaisseur...
(A Bolbaya.)
Nous faire un trait ou deux ?
Dites-le-lui !

BOLBAYA, troublé.
Qui ? moi !
(Il fait signe en tremblant à Zerlina.)

SCOPETTO, qui, pendant ce temps, s'est approché de Zerlina, qu'il fait passer devant lui, lui dit à voix basse :
Tu comprends... je le veux !

ZERLINA, regardant autour d'elle, à part.
En entendant ma voix peut-être il paraîtra !

SCOPETTO, à Zerlina.
Monseigneur vous l'ordonne... avancez, signora !

ZERLINA.
Ah ! je n'ose pas !
Je n'ose pas...
La peur m'empêche, hélas !
Quand je veux tenter
De bien chanter,
Tout vient m'épouvanter.
Non, je n'ose pas !
Non ! non ! je n'ose pas !...

LE DUC et LES CORTREBANDIERS.
Brava ! brava !
(A Scopetto.)
Je dis, sans crainte aucune,
Que c'est une prima donna !

BOLBAYA, à part.
Moi qui partout en cherchais une !

LE DUC et LES CONTREBANDIERS.
Brava ! brava ! brava !

Ensemble.

LE DUC et LES SOLDATS.
Mon âme défiante, etc.

SCOPETTO et LES CONTREBANDIERS.
O fortune inconstante ! etc.

ZERLINA.
Inquiète et tremblante, etc.

BOLBAYA.
De trouble et d'épouvante, etc.

LE DUC, donnant des ordres aux soldats.
La moitié des miens nous suivra
Jusqu'à la villa Pescara !

SCOPETTO, à part.
O complaisance sans égale !

LE DUC, à Bolbaya, à Zerlina et aux contrebandiers.
Dans mon palais ce soir je vous installe...
Je veux qu'il vous soit réservé...
Et quand je reviendrai... demain qu'on se signale !...

SCOPETTO.
Ce sera, monseigneur, un succès enlevé !
(Un grand bruit se fait entendre au dehors.)

SCÈNE XIV.

LES MÊMES; DES CHASSEURS CALABRAIS sortant de la porte au fond, à droite, et amenant SCIPION, qu'ils tiennent au collet.

TROIS CHASSEURS CALABRAIS.
Au haut de ces rochers en vedettes placés,
Nos yeux sur ce luron de loin se sont fixés...
D'un air mystérieux,
Il semblait sortir de ces lieux,
Et cherchait à s'enfuir...
Mais nous venons de le saisir.

SCOPETTO, à part, regardant Scipion.

O contre-temps !

ZERLINA, de même.

Dieu ! que vois-je !

LE DUC, de même.

O surprise !

(Aux soldats.)
Ah ! l'on vous paira cher une pareille prise !
Car c'est lui... le voilà...
Je le reconnais bien... c'est Marco Tempesta !

ZERLINA.

Lui ! Marco Tempesta !

SCIPION, étonné.

Moi ! Marco Tempesta !

TOUS.

Ce bandit qu'on redoute ?

ZERLINA.

Monseigneur se trompe, sans doute !

LE DUC, avec ironie.

Me tromper, moi !...

(Lui donnant un papier.)
Lisez vous-même, mon enfant !
Car j'ai là son signalement !

SCIPION.

Lisez... à lui je m'en rapporte.

ZERLINA, regardant alternativement Scipion et le papier.

O ciel !

TOUS.

Eh bien ?

ZERLINA.

Jamais ressemblance aussi forte...
Les yeux ! les traits !...

(Lisant.)
« Depuis hier matin
« Il porte l'épaulette et l'habit de marin !... »

LE DUC.

Vous voyez !

ZERLINA, continuant à lire.

« Sa démarche est altière et hautaine ;
« Si vous l'interrogez, hardiment il dira
« Qu'il est le capitaine
« De la tartane l'*Etna !* »

SCIPION, hors de lui.

Ruse incompréhensible... et que je rendrai vaine...
Car le vrai Marco Tempesta...

(Regardant Scopetto.)

C'est...

TOUS.

C'est ?...

SCOPETTO, près de lui, et à voix basse.

Et ton serment ? et Zerlina ?

(Scipion s'arrête et garde le silence.)

Ensemble.

SCIPION.

Serment qui m'enchaîne
Et retient ma haine,
Ta loi souveraine
Me lie aujourd'hui.
Oui, mais patience !
Demain ma vengeance
Rompra le silence,
Et malheur à lui !

ZERLINA.

D'horreur incertaine,
Je comprends à peine
La lueur soudaine
Qui m'éclaire ici !
O triste existence !
Cruelle souffrance !
Ah ! plus d'espérance !
C'en est fait de lui !

SCOPETTO, *regardant Scipion.*
L'honneur qui l'enchaîne
Servira ma haine.
Ah ! la bonne aubaine !
Quel sort je bénis !
O douce espérance !
Trésors, opulence,
Vous serez, je pense
Bientôt reconquis !

BOLBAYA.
Mon âme incertaine
De terreur est pleine.
Je comprends à peine
Encore où je suis !
Oui, mais, par prudence,
Gardons le silence !
Craignons la vengeance
De nos ennemis !

LE DUC.
Ma gloire est certaine ;
Ainsi, qu'on le tienne,
Et que l'on enchaîne
Le chef des bandits !
Grâce à ma prudence,
Oui, son existence
Est en ma puissance ;
Enfin il est pris !

LES SOLDATS.
Quelle bonne aubaine !
Capture certaine ;
Amis, qu'on entraîne
Le chef des bandits !
O douce espérance !
Nous aurons, je pense,
Bonne récompense ;
Enfin, il est pris !

LES CONTREBANDIERS.
Quelle bonne aubaine !

Conquête certaine !
Lui-même nous mène
Jusqu'en son logis !
O douce espérance !
Trésors, opulence,
Seront, je le pense,
Bientôt reconquis !

LE DUC, à Scopetto, d'un air de triomphe.

Eh bien ! eh bien !

SCOPETTO.

Devant vous je m'incline !

LE DUC, avec gravité.

Tous les événements, mon cher, je les domine !
Et, grâce à mes combinaisons...
Enfin ! enfin nous le tenons !

(Les soldats emmènent Scipion, que l'on voit passer sur la route supérieure. Bolbaya, toujours accompagné de Pecchione, se met à la tête des contrebandiers, qui le suivent, ainsi que le duc, Scopetto et Zerlina ; et dans l'intérieur de l'auberge, une douzaine de chasseurs calabrais que le duc y a laissés en garnison, s'établissent autour de la table, pendant qu'au-dessus de leur tête le cortége défile à travers la forêt.)

ACTE TROISIÈME

Un riche salon circulaire, dans le palais du duc de Popoli. — Trois portes au fond ouvrant sur un balcon donnant sur la mer. Portes latérales. Au premier plan, à droite, une table sur laquelle se trouvent une mandoline et des papiers de musique. A gauche, un guéridon.

SCÈNE PREMIÈRE.

SCOPETTO, PECCHIONE, BOLBAYA et LES CONTREBANDIERS, vêtus de riches costumes, assis devant une table splendidement servie; puis MATHÉA.

LES CONTREBANDIERS.
Les chagrins arrière!
Arrière l'eau claire!
Versez plein,
Tout plein,
De ce vin
Divin!
O plaisir suprême!
O nectar que j'aime,
Quand il est ancien
Et qu'il ne coûte rien!

SCOPETTO, à Bolbaya.
Pour moi, je vide cette coupe
Au directeur de notre troupe !

PECCHIONE.
Au succès de son opéra !

BOLBAYA, levant les yeux au ciel.
Mon opéra,
Dieu sait comment il finira !

SCOPETTO, riant.
Mais le début m'en plaît déjà !
(Regardant autour de lui.)
Scène première... Le théâtre
Représente un riche palais.
Costumes élégants et frais !
Compagnie aimable et folâtre
Y chante en buvant à longs traits !

LES CONTREBANDIERS.
Les chagrins arrière ! etc.
(A la fin du chœur, Mathéa paraît à la porte du fond.)

BOLBAYA.
Que vois-je là ?

SCOPETTO.
C'est Mathéa.

BOLBAYA.
Qui t'amène en ces lieux, ma chère ?

MATHÉA, présentant une lettre.
Ce mot, que je reçus tantôt au presbytère !...

BOLBAYA, lisant.
« Rendez-vous sur-le-champ au palais Popoli.
« Le pauvre Francesco, qui resta votre ami,
« Voudrait vous embrasser avant un long voyage !... »

MATHÉA.
Quoi ! je le reverrais !

BOLBAYA, continuant de lire.
« De plus, il a juré
« De vous abandonner sa part dans l'héritage
« De son parrain le curé ! »
O mystère que rien n'explique !
Messieurs, que veut dire cela ?

SCOPETTO.

C'est un incident qui complique
L'intrigue de notre opéra !

BOLBAYA, avec colère.

Mais ce Francesco, qu'il paraisse !

SCOPETTO.

Ah ! c'est aller trop vite... et, s'il vous intéresse...
Au dénoûment sans doute il paraîtra...
Quant à nous, buvons jusque-là...

LES CONTREBANDIERS.

Les chagrins arrière ! etc.

SCOPETTO, aux contrebandiers, qui ont emporté la table au fond du théâtre.

Assez de temps au plaisir !... maintenant aux affaires !...
(A Mathéa.) Et puisqu'on t'a donné ici rendez-vous, parcours
à ton aise ces jardins et ce palais, dont nous sommes depuis
hier les propriétaires ! (Mathéa et Bolbaya sortent. — Scopetto prend
à part Pecchione, pendant que les contrebandiers sont au fond du théâtre,
debout autour de la table où ils boivent encore et causent à voix basse.)
Et toi, notre inspecteur, as-tu retrouvé ici ce que nous cherchions ?

PECCHIONE.

Oui, maître... Nos marchandises, nos piastres et nos lingots, tout y est... rien n'y manque !...

SCOPETTO.

Et tu as bien repris tout ce qui nous appartenait ?...

PECCHIONE.

Oh ! pour le moins ! et, entre autres choses, j'ai pris à
tout hasard, dans le secrétaire du duc, ces vieux papiers !...

SCOPETTO, les prenant et y jetant un coup d'œil.

Des lettres du roi Joachim !... C'est bon, nous les lirons...
Occupez-vous maintenant d'enlever notre butin !

PECCHIONE.

Oh ! pour ça, nous avons du temps devant nous... car

monseigneur et toute sa société ne doivent arriver que ce soir!

SCOPETTO.

N'importe! commencez dès ce matin... Vous cacherez tout cela dans les ruines qui sont au bord de la mer... à la Torre Vecchia!

PECCHIONE.

Mais pour nous embarquer, nous et nos richesses?...

SCOPETTO.

N'avons-nous pas la tartane l'*Etna?*

PECCHIONE.

C'est juste! en échange du titre et de la fortune du duc de Popoli... Donnant! donnant!

SCOPETTO.

Et puis, d'autres raisons qui détermineront le jeune capitaine... Mais d'ici là, les soldats qui gardent le prisonnier ne peuvent-ils pas vous gêner dans votre déménagement et dans votre départ?...

PECCHIONE, d'un air mystérieux.

Non! j'y ai mis bon ordre!

SCOPETTO, d'un air de reproche.

Comment!

PECCHIONE.

Rassure-toi... Le gouverneur a fait enfermer celui qu'il croit toujours le terrible Marco Tempesta dans le petit donjon, qui, comme cette terrasse, est baigné par la mer... Il en a donné la clef au sergent Sampietri, en lui ordonnant, à lui et à trois de ses plus braves soldats, de ne pas perdre de vue un instant la porte de sa prison... Aussi, ils n'ont pas même voulu accepter leur part de notre festin... Mais une goutte de rhum ne se refuse pas... J'en avais sur moi... de notre meilleur... tu sais...

SCOPETTO.

De celui que nous offrons...

PECCHIONE.

Aux gabelous !

SCOPETTO.

Dont nous voulons fermer les yeux !...

PECCHIONE.

Aussi leur nuit est commencée... Ils en ont pour toute la journée !

SCOPETTO.

Alerte donc ! et la main à l'œuvre !... Je vais vous donner l'exemple !

(Les contrebandiers qui étaient restés en groupe au fond du théâtre enlèvent la table.)

LES CONTREBANDIERS.

Les chagrins, arrière ! etc.

(Ils sortent tous, excepté Scopetto, avec Pecchione, par la porte du fond.)

SCÈNE II.

SCOPETTO, ZERLINA, sortant de la porte à droite.

ZERLINA, à Scopetto, qui va sortir avec les contrebandiers.

Mon frère ! mon frère !

SCOPETTO.

Qu'est-ce donc ?

ZERLINA.

Comment ! vous partez, quand je viens pour vous demander un conseil !

SCOPETTO.

Je n'ai pas le temps dans ce moment... mais plus tard... Attends-moi toujours dans ce salon, et n'en sors pas, je viendrai te trouver.

(Il sort vivement.)

SCÈNE III.

ZERLINA, seule, puis SCIPION.

ZERLINA.

Ah bien oui ! attendre... je ne peux pas !... Et puisqu'il refuse de me donner un conseil... il faut bien que je le prenne de moi-même... Allons, entrez, monsieur, entrez... (Elle ouvre la porte à droite ; paraît Scipion, dont elle s'éloigne avec frayeur. — A part.) Ah ! mon Dieu ! mon Dieu ! à le voir, qui croirait jamais que c'est un bandit !

SCIPION.

Est-ce que je vous fais peur ?

ZERLINA.

Oui !

SCIPION.

Et pourtant vous venez de me délivrer !

ZERLINA, avec émotion.

Oh ! c'est presque sans le vouloir... Ces soldats, à qui je demandais la permission de vous parler, ne me répondaient pas... ils dormaient... Est-ce étonnant !... Et le sergent avait là, dans son ceinturon, la clef de votre prison... je l'ai prise... et voilà, monsieur, comment je vous ai délivré !

SCIPION.

Ah ! quelle reconnaissance !

DUO.

ZERLINA.

Je fais mal, je le sais, en sauvant un maudit,
Un méchant, qu'à bon droit la justice poursuit...
Mais c'est égal... partez !

SCIPION.

Que je parte, traîtresse !

Afin que vous restiez près d'un autre !... et de qui ?
Car vous ne savez pas près de qui je vous laisse !...

ZERLINA.

Près d'un frère !

SCIPION, à part.

Ah ! grand Dieu !

ZERLINA.

D'un frère, d'un ami !
Qui m'avait défendu d'avouer à personne
Et les soins généreux et l'amour qu'il me donne...
Un honnête homme, lui... qui, vous connaissant bien,
A refusé d'unir votre sort et le mien !

SCIPION.

Comment !

ZERLINA.

Il a raison... Et même il me défend
De vous aimer...

SCIPION.

Et vous ?

ZERLINA.

Ah ! c'est affreux, vraiment !
C'est horrible à dire... et pourtant !

Ensemble.

ZERLINA.

Oui, malgré moi-même,
Déshonneur extrême,
Je t'aime ! je t'aime !
Même en cet instant,
Pour toi d'épouvante
Et d'amour tremblante,
Ma terreur augmente !
Par pitié, va-t'en !
Va-t'en ! va-t'en !
Si tu m'aimes, va-t'en !

SCIPION.

Délice suprême !
C'est bien pour moi-même,
Pour moi qu'elle m'aime !
Trop heureux instant !
D'amour, d'épouvante,
Je la vois tremblante !
Ma tendresse augmente
Avec son tourment !

SCIPION.

Et si j'étais innocent ?

ZERLINA, avec joie.

Ah ! qu'entends-je ?
Et comment ?

SCIPION, s'arrêtant et à part.

Ah ! mon serment ! mon serment !

ZERLINA.

Parlez ! parlez !

SCIPION.

Ah ! par un sort étrange,
Je ne le puis encore... et ce soir seulement !...

ZERLINA, d'un air de reproche.

Moi je vous dirais tout, monsieur, et sur-le-champ !
Adieu donc !

SCIPION, près de partir, revient près de la table, à gauche.

A ton frère un mot auparavant !

(Il se met à la table et écrit. Pendant ce temps, Zerlina reste debout près de lui.)

ZERLINA, pendant qu'il écrit.

Oui, mais à votre tour, ah ! je vous en supplie !
Prenez un autre état... menez une autre vie...
Faites tous vos efforts, désormais, pour changer...
Pour vivre en honnête homme, et pour vous corriger,
Sinon pour vous, du moins pour moi, dont les alarmes...

(Éclatant en sanglots.)

Ah ! je n'y tiens plus !

SCIPION, se levant de table.
Zerlina !
Ma Zerlina ! sèche tes larmes !

ZERLINA.
Je ne puis... car je le sens là...

Ensemble.

ZERLINA.
O délire extrême !
Oui, malgré moi-même,
Je t'aime ! je t'aime
Comme auparavant !
Pour toi d'épouvante
Et d'amour tremblante,
Ma frayeur augmente !
Par pitié, va-t'en !
Va-t'en ! va-t'en !
Si tu m'aimes, va-t'en !

SCIPION.
C'est bien pour moi-même,
Pour moi qu'elle m'aime !
Trop heureux instant !
D'amour, d'épouvante,
Je la vois tremblante.
Ma tendresse augmente
Avec son tourment !
Heureux amant !
Je pars en t'adorant !
(Il sort par la gauche, après avoir remis sa lettre à Zerlina.)

SCÈNE IV.

ZERLINA, SCOPETTO, entrant par le fond.

SCOPETTO.
Tous nos ballots sont faits... Il ne s'agit plus maintenant que du départ... (Apercevant Zerlina.) Ah ! te voilà ?... Je suis à toi... Qu'as-tu à me dire ?

ZERLINA, timidement.

Je voulais vous parler de... de... Je n'ose pas prononcer son nom!

SCOPETTO.

C'est comme si tu le nommais... Eh bien?

ZERLINA.

Eh bien! je conçois à présent pourquoi vous me disiez hier de ne plus y penser... Un mauvais sujet... un contrebandier!

SCOPETTO.

Ah! si ce n'était que cela, on pourrait encore l'excuser!

ZERLINA.

Vous croyez?

SCOPETTO.

Il y a tant de gens qui font la contrebande... faute de mieux!

ZERLINA.

N'est-ce pas?

SCOPETTO.

Et qui rentreraient dans le bon chemin... s'ils le pouvaient.

ZERLINA.

C'est ce que je me dis... Il faut de l'indulgence!

SCOPETTO, avec émotion.

C'est bien! Tu es bonne... tu en seras récompensée... Et quand tu auras un bon mari, de la fortune, un titre, ne parle jamais de ton frère... jamais... mais pense à lui quelquefois!

ZERLINA.

Toujours!... toujours!... (Avec embarras.) Et lui, à qui vous ne pensez plus!

SCOPETTO.

Si, vraiment! Je vais de ce pas à sa prison, pour assurer son bonheur et sa liberté...

ZERLINA.

Vous!... est-il possible?... Mais ce n'est donc pas un crime de faire évader un contrebandier?

SCOPETTO.

Du tout!

ZERLINA.

De lui donner les moyens de fuir?

SCOPETTO.

Au contraire!

ZERLINA, avec joie.

Eh bien! alors, mon frère, mon bon frère!... ne prenez pas cette peine!

SCOPETTO.

Et pourquoi?

ZERLINA.

C'est déjà fait!

SCOPETTO, à part.

O ciel!

ZERLINA.

C'est moi qui viens de lui rendre sa liberté!

SCOPETTO, à part.

Malédiction! (Haut.) Courons!...

ZERLINA, le retenant.

Oh! il est déjà loin!... Mais rassurez-vous... en partant, il m'a bien promis, comme vous disiez tout à l'heure, de devenir un honnête homme, pour être digne de moi et de vous... Et la preuve, c'est que voici une lettre qu'il vous a adressée.

(Elle lui remet la lettre de Scipion.)

SCOPETTO.

Eh! que peut-il me dire?... (A Zerlina, qui s'approche pour écouter.) Non, non, éloigne-toi! (Lisant, à part.) « Je sais que

« Zerlina est votre sœur !... N'importe !... je l'aime, j'en
« suis aimé !... Vous vouliez hier me la donner en mariage,
« je vous la demande aujourd'hui. » (S'arrêtant avec émotion.)
La sœur du contrebandier... capitaine Scipion, c'est bien,
ça !... Et malgré le tort que nous a fait sa fuite, il sera duc
et elle duchesse... si je ne suis pas pendu !... (Continuant
de lire, à part.) « J'ai tenu mon serment, mais aux yeux de
« Zerlina, et aux yeux de tous, il me tarde de me justi-
« fier !... » (A part.) Pauvre jeune homme !... C'est tout
naturel !... (Continuant.) « Je ne veux le faire, cependant, que
« lorsque vous ne risquerez plus rien... Hâtez-vous donc
« de partir, et quand dix heures sonneront, soyez loin du
« château de Popoli !... » (Avec agitation.) M'éloigner ! m'éloigner !... cela lui est facile à dire !... Mais les moyens de
départ qu'il nous a enlevés... sa tartane, sur laquelle je
comptais !

ZERLINA, à Scopetto, avec étonnement.

Mon frère ! mon frère !... à quoi pensez-vous ?

SCOPETTO, préoccupé.

Je pense... je pense que c'est un brave garçon... Non !
un diable incarné, dont je veux faire la fortune... et qui
semble prendre à tâche de renverser la nôtre ! (On entend
parler en dehors à gauche.) Dieu ! quelle voix !... Celle de monseigneur !... (A Zerlina.) Va-t'en ! va-t'en !

ZERLINA.

Du tout ! je ne vous quitte pas !... car vous m'effrayez...
On dirait que vous perdez la tête !

SCOPETTO.

Il n'y a peut-être pas de quoi !... Va-t'en ! te dis-je, ou
je ne te marie pas !

ZERLINA, poussant un cri.

Ah ! je m'en vais !

(Elle sort en courant par le fond.)

SCÈNE V.

SCOPETTO, LE DUC, entrant par la gauche.

SCOPETTO, à part.

Le propriétaire, qui arrive au milieu du déménagement !... Si encore il était achevé !... (Haut.) Vous, monseigneur, que nous n'attendions que ce soir ?

LE DUC.

Des raisons politiques et personnelles m'ont fait hâter mon arrivée de quelques heures... Et dans l'antichambre, la seule pièce que j'aie traversée...

SCOPETTO, à part.

C'est bien heureux !

LE DUC.

Je viens de voir tout sens dessus dessous.

SCOPETTO.

C'est votre faute... Arriver à l'improviste dans une maison où l'on doit jouer le soir la comédie... et au milieu de gens qui s'efforcent de vous surprendre !... C'est d'une indiscrétion...

LE DUC.

C'est juste... Cela sera donc bien...

SCOPETTO.

Peut-être ne le trouverez-vous pas tel !... Mais, enfin, ils se dépêchent pour tâcher d'être en mesure !

LE DUC.

Et le sujet de la pièce qu'ils doivent nous donner ?...

SCOPETTO.

Le sujet de la pièce ?... c'est... *Ali-Baba !*

LE DUC.

Ali-Baba, ou les quarante...

SCOPETTO.

Comme vous dites!

LE DUC.

Cela prendra!

SCOPETTO, avec intention.

Oui... ça doit prendre... nous l'espérons !

LES CONTREBANDIERS, en dehors.

Les chagrins, arrière !
Ah ! la bonne affaire !
Entassons soudain
Ce riche butin !
Mes poches sont pleines,
Mets-en dans les tiennes !
Et vive le bien
Qui ne coûte rien !

LE DUC.

Je les entends... ce sont eux !...

SCOPETTO, à part.

C'en est fait de nous !

LE DUC, avec bonhomie.

C'est une répétition ?

SCOPETTO.

Oui, monseigneur, précisément... une répétition !

LE DUC.

C'est qu'on les entend très bien d'ici !...

SCOPETTO, à part.

Que trop !

LE DUC, ôtant son épée et la posant sur la table, à gauche.

Ce chœur-là me plaît... il y a de la verve... de la chaleur... mais pas d'ensemble !...

SCOPETTO.

Ah ! dame ! chacun fait ce qu'il peut... séparément...

(A ce moment, Pecchione entre par la porte à droite, suivi de plusieurs contrebandiers, chargés de caisses et de ballots, qu'ils emportent par le fond, à droite. — Scopetto, effrayé, montre le duc à Pecchione en lui faisant signe de se retirer. — Pecchione sort vivement et ferme la porte. — Pendant ce jeu de scène, le duc, qui s'est débarrassé de son épée, se retourne brusquement au moment où la porte se referme. — Le chœur cesse et la musique seule continue.)

LE DUC, vivement.

Qu'est-ce donc !

SCOPETTO, avec sang-froid.

Rien ! rien !

LE DUC.

Je vais les voir !...

SCOPETTO, se mettant au devant du duc pour l'empêcher d'aller vers la porte, à droite.

Oh ! pour ça... non, monseigneur !

LE DUC, étonné.

Pourquoi donc ?

SCOPETTO.

Vous les gêneriez, j'en suis sûr !

LE DUC, insistant.

Du tout ! je leur donnerai des conseils ! (Malgré la résistance de Scopetto, il ouvre la porte de droite. Tout a disparu, et la musique cesse.) Plus personne !

SCOPETTO.

C'est fini !

LE DUC, redescendant la scène.

C'est dommage !... ça m'aurait amusé !

SCOPETTO.

Votre arrivée, qu'ils viennent d'apprendre, les aura dérangés, c'est évident... car ils ne s'attendaient pas plus que moi à ce retour précipité qui nous annonce quelque nouvelle combinaison diplomatique !...

LE DUC.

Tu dis vrai !... Quoique arrivé à Naples au milieu de la nuit seulement, la nouvelle de la capture de Marco Tempesta était déjà répandue ce matin dans toute la ville... Le roi m'en a fait complimenter, m'annonçant qu'il enverrait chez moi aujourd'hui un conseiller de justice, commissaire extraordinaire nommé par Sa Majesté pour s'assurer de l'identité et de la personne dudit Marco, avec ordre exprès de le transporter ce soir à Naples... ce qui ne m'arrangerait guère !

SCOPETTO.

Ni lui non plus, peut-être.

LE DUC.

Et j'ai précédé M. le conseiller extraordinaire, pour avoir une entrevue avec notre prisonnier... J'obtiendrai aisément de lui, dans l'espoir d'une grâce...

SCOPETTO, vivement.

En vérité !

LE DUC.

Qu'on ne lui accordera pas, les papiers et les titres dont il me menaçait...

SCOPETTO, froidement.

Il ne vous les rendra pas.

LE DUC.

Qu'en sais-tu ?

SCOPETTO, de même.

Il dit à qui veut l'entendre qu'hier, à la Pietra Nera, vous avez agi de trahison... Il prétend que l'honneur et la loyauté sont des conditions indispensables pour être duc de Popoli.

LE DUC.

L'insolent !

SCOPETTO.

Partant de là, il vous destitue et donne votre titre à un autre !

LE DUC.

Et qui donc, s'il vous plaît ?

SCOPETTO.

Votre neveu, qu'il retrouvera... toujours à ce qu'il dit !

LE DUC.

C'est ce que nous verrons !... car, séance tenante et sans qu'il voie personne, nous le ferons juger et condamner par une cour martiale... Qu'il sorte de là !

SCOPETTO.

Il en sortira !

LE DUC.

Je l'en défie !... et je vais lui parler !

SCÈNE VI.

Les mêmes ; MATHÉA.

MATHÉA, accourant.

Ah ! messieurs, ah ! monseigneur, quelle nouvelle !... Ce Marco Tempesta, qui m'avait promis de me rendre mon cher Francesco...

LE DUC.

Eh bien ! Marco Tempesta ?...

MATHÉA.

Évadé !

SCOPETTO, au duc.

Que vous disais-je ?

MATHÉA.

La porte de sa prison est ouverte !

LE DUC.

Et les soldats qui le gardent ?

MATHÉA.

Ils sont toujours là, à leur poste...

LE DUC.

C'est un rêve !

MATHÉA.

C'est possible !... car ils dorment tous les quatre à qui mieux mieux... Et au même instant, un conseiller extraordinaire, un grand juge envoyé par Sa Majesté, venait d'arriver pour saisir le prisonnier !

LE DUC.

Et qu'a-t-il fait ?

MATHÉA.

Ce qu'il a fait ?... il s'est écrié : « Il y a à l'ancre à l'embouchure de la Pescara, à un quart de lieue d'ici, la tartane l'*Etna*, montée par quinze marins déterminés et commandée par le capitaine Scipion, qui s'est déjà signalé contre les contrebandiers... Courez, a-t-il dit aux deux hommes de justice qui l'accompagnaient, qu'il vienne à l'instant avec tout son équipage ! »

LE DUC.

Il a raison... Marco Tempesta ne peut pas être loin... peut-être même n'est-il pas sorti du château... et, en cernant toutes les issues, on le rattrapera.

MATHÉA.

Lui !... c'est pis qu'un sorcier !... Vous ne croiriez pas, monseigneur, que, quoique prisonnier, il a trouvé moyen de piller une partie du palais !

LE DUC, à Scopetto.

C'est inimaginable !... car enfin, vous étiez là...

SCOPETTO, avec bonhomie.

Nous y étions !

MATHÉA, de même.

Ils y étaient !... et malgré cela, l'on a tout enlevé du haut en bas, sans qu'ils se soient aperçus de rien !

LE DUC, avec inquiétude.

Et mon cabinet, y a-t-on pénétré ?

MATHÉA.

Dans votre cabinet ?... Je crois que lui aussi...

LE DUC.

O ciel !... Mais c'est qu'il y a dans mon secrétaire des lettres importantes... toute une correspondance du roi Joachim !

SCOPETTO, fait un geste de joie, porte la main à la poche où il a mis les papiers, et dit au duc, à demi-voix :

Comment l'aviez-vous conservée?... vous, homme d'État... qui avez tant de prudence !...

LE DUC.

C'est pour cela... On ne savait pas ce qui pouvait arriver... son parti pouvait revenir au pouvoir... c'étaient des titres... Mais je cours m'assurer par moi-même...

(Il sort par la porte à droite.)

MATHÉA.

Oui, courons !

SCOPETTO, la retenant par la main.

Reste, j'ai à te parler.

MATHÉA.

Est-ce de Francesco ?

SCOPETTO.

Oui... ce Francesco que tu voulais revoir...

MATHÉA.

Où est-il? où est-il? Parlez !

SCOPETTO.

Eh bien !... (Apercevant Pecchione qui entre par le fond.) Non! non!... tout à l'heure... Attends-moi un instant !

MATHÉA.

Si j'attendrai... Tant que vous voudrez !

SCÈNE VII.

MATHÉA, au fond du théâtre, SCOPETTO, courant à PECCHIONE.

SCOPETTO, vivement.

Où sont nos compagnons?

PECCHIONE, à voix basse.

Partis avec armes et bagages pour les souterrains de la Torre Vecchia, où ils se tiendront cachés en attendant tes ordres... il ne reste plus ici que toi, moi et Bolbaya.

SCOPETTO, de même.

Très-bien! Va les rejoindre à la Torre Vecchia!

PECCHIONE.

Et le capitaine Scipion?

SCOPETTO.

Disparu, évadé!

PECCHIONE.

Et son vaisseau?

SCOPETTO.

Il ne nous le donnera pas.

PECCHIONE.

Que faire, alors?

SCOPETTO.

Le prendre.

PECCHIONE, vivement.

Ça me va!

SCOPETTO.

Qu'un de vous se tienne aux aguets sur un des rochers qui bordent la mer.

PECCHIONE.

Oui, maître!

SCOPETTO.

Dès qu'il aura vu passer quinze marins... ils sont quinze, vous les compterez!... vous sauterez à bord de la tartane, qui sera abandonnée de son équipage ou gardée par un ou deux mousses seulement... vous y embarquerez nos trésors et mettrez sur-le-champ à la voile!

PECCHIONE.

Mais toi?

SCOPETTO.

Vous m'attendrez en rade... et, à la nage... n'importe comment, je vous rejoindrai.

PECCHIONE.

Mais, seul ici, comment t'échapper?

SCOPETTO.

Cela me regarde... Dès que vous serez en mer et sauvés... avertissez-moi par un coup de canon... ce sera mon signal pour partir.

PECCHIONE.

Et pourquoi pas tout de suite?... Viens avec nous!

SCOPETTO.

Impossible!... J'ai encore ici des affaires de famille à terminer... ma sœur à établir convenablement... et de plus, (Montrant Mathéa.) cette brave femme à qui je dois assurer un sort... (A Pecchione.) Va-t'en! va-t'en!

MATHÉA, s'approchant, pendant que Pecchione s'éloigne par la gauche.

A moi... un sort!... Peu m'importe!... tout ce que je demande, c'est de revoir et d'embrasser encore une fois mon pauvre Francesco.

SCOPETTO.

Tu seras satisfaite... mais à lui ça ne suffit pas...

(Il s'est assis depuis la sortie de Pecchione à la table à gauche et se met à écrire.)

MATHÉA, étonnée.

Qu'est-ce qu'il fait donc là? (Se retournant et apercevant Bolbaya qui entre par la droite.) Ah! le signor Bolbaya!...

SCÈNE VIII.

SCOPETTO, à gauche, écrivant, MATHÉA, qui est devant lui et qui le cache aux yeux de BOLBAYA.

MATHÉA, regardant Bolbaya.

Comme il est pâle !

BOLBAYA.

C'est de joie !... Partis ! tous partis !... je suis libre... je respire... je peux parler... Apprends donc que celui qui était là, ce matin... ce Scopetto...

MATHÉA.

Eh bien ?

BOLBAYA.

Ce Scopetto était... (Apercevant Scopetto à la table et balbutiant d'effroi.) était un honnête homme... un parfait honnête homme... à qui je suis dévoué...

SCOPETTO, se levant, et s'approchant de Bolbaya.

Quelle heure est-il ?

BOLBAYA, tremblant.

Je ne sais pas au juste !

MATHÉA.

Pas encore dix heures, je crois... (Allant regarder au fond, à droite, et revenant.) Non, pas encore !

SCOPETTO, à Bolbaya, à demi-voix.

Pas encore !... Et ton serment ?

BOLBAYA, vivement.

Je n'ai rien dit ?

SCOPETTO, à voix basse.

Tu allais parler... et malheur à toi... car, ici comme à Naples, tu es entouré de nos stylets... et tu cesseras de vivre le jour même où je serai pendu !

15

BOLBAYA, de même.

Vous ne le serez pas!... vous ne le serez jamais! Dieu m'en fera la grâce!...

SCOPETTO, à voix haute.

En attendant, voici un acte au bas duquel j'ai déjà mis mon nom... tu vas y mettre le tien.

BOLBAYA, étonné.

Un acte !

SCOPETTO.

Qui assure à Mathéa tout l'héritage du curé.

MATHÉA, avec émotion.

Eh! qui donc êtes-vous?

BOLBAYA, lisant le nom au bas de l'acte.

Francesco !

MATHÉA, se jetant dans les bras de Scopetto.

Ah!... (Détachant le portrait qu'elle a au cou.) Tiens... tiens... ce portrait! ton parrain te le donne avec son pardon!

BOLBAYA, avec étonnement.

Comment?

SCOPETTO, tirant de sa poche un pistolet.

Écris! écris!

BOLBAYA.

Avec plaisir!...

(Il se met à la table et écrit.)

SCÈNE IX.

BOLBAYA, à la table à gauche, LE DUC, entrant par le fond, SCOPETTO, à gauche, MATHÉA, à droite.

LE DUC, avec colère.

Lettres et papiers, ils ont tout emporté!... Et si je rencontre ce Marco Tempesta... s'il est encore ici...

SCOPETTO, vivement.

Il y est! (A Bolbaya, qui retourne la tête en ce moment, et le tenant en joue avec son pistolet.) Écris!

LE DUC, regardant Bolbaya.

Quoi? définitivement... ce serait?

SCOPETTO.

Eh! oui... ce n'était pas l'autre! Un faux signalement nous avait tous abusés!

LE DUC.

Pas moi... car du premier coup d'œil, hier, je te l'ai dit.. cet homme m'est suspect... je te l'ai dit!

BOLBAYA, se levant de table et tenant le papier à la main.

Tenez!

(Il se rencontre nez à nez avec le duc qui vient de passer à sa gauche.)

LE DUC, lui présentant un pistolet.

Halte-là!

BOLBAYA, stupéfait.

Et lui aussi!

LE DUC.

Nous vous tenons enfin, Marco Tempesta!

BOLBAYA, se récriant.

Moi!

MATHÉA, étonnée.

Lui!

SCOPETTO, menaçant de l'autre côté Bolbaya, et lui prenant le papier qu'il tient à la main.

Ose dire le contraire!

BOLBAYA, entre deux pistolets.

Non! oui! non!... c'est moi!

MATHÉA.

Il en convient!

LE DUC, à Bolbaya.

Il faut donc me remettre à l'instant ces papiers dont tu m'as menacé... et dès que nous aurons du monde...

SCÈNE X.

LES MÊMES; ZERLINA, puis SCIPION et plus tard LE GRAND-JUGE et deux GREFFIERS; puis successivement quinze SOLDATS.

ZERLINA, accourant.

Quel bonheur ! ce sont eux !

LE DUC.

Eh ! qui donc ?

ZERLINA.

Les marins de la tartane l'*Etna*... avec leur commandant... Et, j'en étais bien sûre... il est innocent... car ils le reconnaissent tous pour le capitaine Scipion !

LE DUC.

Eh ! parbleu ! nous le savons de reste !

SCOPETTO, voyant entrer Scipion, et regardant sa montre, à part.

Dix heures ! c'est juste !

LE DUC, à Scipion.

Venez donc, capitaine Scipion, nous vous attendions avec impatience !

SCIPION.

Me voici, monseigneur, moi et mes soldats !... (Apercevant Scopetto et demeurant interdit.) O ciel, encore ici... moi qui venais pour...

SCOPETTO, le poussant vers Zerlina.

Pour embrasser votre femme... Elle est à vous... je vous la donne !

SCIPION, troublé.

A moi ! à moi !... au moment où je viens...

SCOPETTO.

C'est ce que nous verrons plus tard !... En attendant, capitaine Scipion... (Montrant le duc.) embrassez votre oncle !

TOUS, avec étonnement.

Son oncle !

SCOPETTO.

Son oncle... qui ne représente plus la branche aînée des Popoli... car l'héritier direct, c'est vous...

TOUS.

Lui !...

SCOPETTO, fouillant dans sa poche.

Ainsi que le prouvent ces titres, cet acte de mariage !

LE DUC.

Toi, Scopetto, me trahir !

SCOPETTO.

La vérité avant tout, monseigneur !... (A Scipion.) Et c'est pour remettre ces papiers à vous-même... à vous seul, que Marco Tempesta, au risque de ses jours, a retardé son départ !

SCIPION, serrant la main de Scopetto.

Ah ! nous lui devons tout !

LE DUC, regardant Bolbaya.

Et pour sa peine, il sera pendu... Je m'en charge !

BOLBAYA, effrayé.

Ah ! mon Dieu !

SCOPETTO, au duc.

Eh bien ! monseigneur, je ne vous le conseille pas

BOLBAYA.

A la bonne heure !

SCOPETTO, au duc.

Il s'est emparé chez vous de la correspondance du roi Joachim... Il me l'a dit !

BOLBAYA, vivement.

Oui ! oui !

SCOPETTO.

Et si vous le faites arrêter, si vous ne nous aidez pas à le faire évader... il dira où elle est !

BOLBAYA, de même.

Oui ! oui !

LE DUC.

Qu'il parte ! qu'il s'en aille !

BOLBAYA.

Je ne demande pas mieux !

SCOPETTO.

Je vais le conduire !... (Il embrasse Zerlina, et va pour sortir avec Bolbaya.) Ah ! partons ! partons !

SCIPION, qui a remonté la scène, redescend vivement au bord du théâtre.

Impossible !

TOUS, avec étonnement.

Comment ?

SCIPION.

Le grand-juge a fait cerner toutes les issues de ce pavillon, où j'ai moi-même l'ordre de l'attendre...

SCOPETTO.

Diable ! ceci devient grave !

LE DUC, à la porte à gauche.

Il y a des soldats de ce côté !

MATHÉA, à celle de droite.

Il y en a de celui-ci !

BOLBAYA, au fond, sur la terrasse.

Le reste dans le canot amarré au pied de la terrasse.

SCOPETTO, à part, réfléchissant.

Un canot !

LE DUC.

Et tant qu'ils seront là, pas moyen de sortir !

MATHÉA.

Aucun moyen !

SCOPETTO.

Voyons ! voyons, du calme ! (A Scipion.) Il n'est pas arrivé d'autres troupes que vos soldats de marine ?

SCIPION.

Non !

SCOPETTO.

En tout quinze hommes ?

SCIPION.

Oui, quinze !

SCOPETTO.

Pas davantage ! Eh bien ?...

(Tout ce qui suit se dit, en parlant, sur la ritournelle du morceau qui se joue en sourdine.)

LE DUC, regardant à droite.

Silence ! c'est le grand-juge !

(Effroi général.)

TOUS.

Grand Dieu !

LE DUC.

Il vient ici !

TOUS, excepté Scopetto.

Tout est perdu !

SCOPETTO, allant à la table à droite.

Peut-être !

(En ce moment paraît le grand-juge, le duc va au devant de lui et le salue. Un laquais, portant un candélabre, va le poser sur la table à gauche.)

LE GRAND-JUGE, parlant au fond du théâtre.

Que personne ne puisse sortir du château sans avoir été amené devant moi, et qu'on fasse feu sur quiconque tenterait de fuir !

SCOPETTO, qui est allé prendre la mandoline et des papiers de musique sur la table à droite, dit à voix basse à Zerlina :

Tu vas chanter !

ZERLINA, troublée.

Moi !...

SCIPION, de même, à voix basse.

Mais oui ! chantez, puisqu'il vous le dit !

ZERLINA, stupéfaite.

Mais, mon frère !...

SCOPETTO, lui remettant un papier de musique.

Chante, il le faut ! (A haute voix.) Chantez, duchesse.

(Pendant cette scène, un des greffiers est entré par la terrasse à droite, et l'autre par la porte à gauche. Sur un signe du grand-juge, ils vont s'asseoir à la table à gauche.)

SCOPETTO, au grand-juge.

C'est pour le concert de ce soir, des morceaux que nous répétons !

LE GRAND-JUGE.

Que je ne dérange personne !... (Aux deux greffiers.) Achevez, messieurs, d'écrire mes ordres !.. (S'asseyant, et faisant signe à Scipion d'approcher). Monsieur le capitaine !

(Zerlina, sur un geste de son frère, s'avance au bord du théâtre, et chante pendant que Scopetto, près d'elle, l'accompagne sur la mandoline. — Mathéa est debout, près de Scipion. — A droite du spectateur, le duc et Bolbaya sont assis, tandis qu'à gauche, les deux greffiers, le grand-juge et Scipion sont autour de la table.)

FINALE.

ZERLINA, son papier de musique à la main.

Voyez-vous là-bas,
Parmi les frimas,
Fuir au sein des bois

Le léger chamois ?
Il craint le chasseur,
Qui, rempli d'ardeur,
Le suit et sourit en vainqueur.
Suivant sa trace
Sur la glace,
Son ennemi déjà
Se lasse !
Un peu d'adresse, un peu d'audace,
A leurs coups il échappera !
Ah ! ah ! ah ! ah !

MATHÉA, regardant du côté de la porte à droite, voit paraître deux soldats qui s'avancent pour écouter, et elle dit à demi-voix à Scopetto :

Ah !... voici deux soldats !...

SCOPETTO, à part, avec joie.

La voix de la Sirène,
Au piége déjà les entraîne !

ZERLINA, continuant son air.

Voyez-vous là-bas,
Parmi les frimas,
Fuir au sein des bois
Le léger chamois ?

MATHÉA, voyant un troisième soldat qui s'avance de la porte à gauche.

Ah !... trois soldats !

SCOPETTO.

Trois !

ZERLINA, continuant son air.

Soudain le chasseur,
Grâce à son ardeur,
S'égare et maudit son erreur !

MATHÉA, voyant un quatrième soldat qui suit son camarade, dit bas à Scopetto, qui joue toujours de la mandoline :

Quatre !...

ZERLINA, continuant.

Plein d'espérance,

Léger chamois
Fuit et s'élance
Au sein des bois !

MATHÉA, voyant entrer à pas de loup un cinquième soldat.
Un de plus !

SCOPETTO, avec joie.
Cinq !

ZERLINA, continuant à chanter en faisant des traits brillants.
Ah ! ah ! ah ! ah ! ah ! ah !

MATHÉA, comptant successivement les soldats que l'on voit monter au balcon circulaire qui est au fond du théâtre.
Six ! sept ! et huit... et dix !...

SCOPETTO.
Oui, les voilà !...

LES SOLDATS, au fond, entre eux à demi-voix.
C'est charmant !... c'est divin !

MATHÉA, voyant deux autres soldats monter au balcon.
Onze et douze !...

SCOPETTO.
Brava !

LES SOLDATS, quittant les croisées et faisant quelques pas dans le salon.
C'est divin ! c'est charmant !

LE DUC, bas à Scopetto, lui montrant Bolbaya.
Peut-il enfin partir ?

SCOPETTO, regardant les soldats.
Non pas vraiment !
Il nous en manque encor !

MATHÉA, regardant trois autres soldats qui montent au balcon, dit à Scopetto, à voix basse :
Quinze !... Les voyez-vous ?

SCOPETTO.
Quinze !... Oui, les voilà tous !

ZERLINA, continuant à chanter.
Ah ! ah ! ah ! ah ! ah ! ah ! ah !

(Pendant ce temps, Scopetto se retourne brusquement, et les soldats qui s'étaient avancés veulent se retirer ; mais Scopetto et Mathéa les retiennent, leur font signe qu'ils peuvent entrer sans crainte et écouter la cantatrice. Ils avancent donc pas à pas et sans faire de bruit, et Scopetto, qui a passé derrière eux, escalade le balcon qui donne sur la mer, descend et disparaît, sur les dernières roulades de l'air de Zerlina, que le grand-juge et les soldats applaudissent.)

LE CHOEUR.

Brava !... brava !... signora !...

LE DUC, s'approchant de Bolbaya, lui dit à demi-voix, en lui montrant les soldats qui ne font plus attention à lui :

Partez donc, puisqu'il faut que Marco Tempesta
Soit par nous sauvé !...

BOLBAYA, entendant en mer un coup de canon.

Mais... voyez, il l'est déjà...

(Sur un geste du grand-juge, tous les soldats courent au balcon du fond, et font feu sur un canot qui s'éloigne. — Mathéa, Zerlina et Scipion poussent un cri d'effroi. — Moment de silence ; puis, dans le lointain, on entend la voix de Scopetto.)

O dieu des flibustiers,
Dieu de la contrebande,
Que ta main nous défende
De nos tyrans altiers !

SCIPION, ZERLINA et MATHÉA.

De leurs coups il est préservé !
Dieu tout-puissant, tu l'as sauvé !

LA BARCAROLLE

ou

L'AMOUR ET LA MUSIQUE

OPÉRA-COMIQUE EN TROIS ACTES

MUSIQUE DE D.-F.-E. AUBER.

Théatre de l'Opéra-Comique. — 22 Avril 1845.

PERSONNAGES.	ACTEURS.
LE MARQUIS DE FELINO, premier ministre. MM.	Chaix.
CAFARINI, organiste	Hermann-Léon.
FABIO, musicien	Roger.
LE COMTE DE FIESQUE	Gassier.
UN DOMESTIQUE	—
UN SOLDAT	—
CLÉLIA, fille du marquis de Felino . . . . . Mmes	Révilly.
GINA, nièce de Cafarini, couturière	Delille.

Domestiques du marquis. — Soldats. — Seigneurs et Dames de la cour. — Musiciens et Choristes.

A Parme.

LA BARCAROLLE
ou
L'AMOUR ET LA MUSIQUE

ACTE PREMIER

Une mansarde dans la maison de Cafarini. — Portes, à droite et à gauche. Une porte au fond et une croisée. A droite, au premier plan, un clavecin ouvert, et sur le pupitre un livre de musique. A gauche, une table.

SCÈNE PREMIÈRE.

LE COMTE, entrant par la porte à droite; puis GINA.

LE COMTE.

Vivent les ménages d'artistes!... Un peu haut... six étages a monter... Mais que d'avantages!... pas de domestiques curieux et bavards!... On prend la clef chez le portier, on s'annonce soi-même, et l'on ne fait pas antichambre... car je crois que mon pauvre Fabio n'a pas d'autres pièces que celle-ci... En bon air, du reste, une vue superbe... toute la

ville de Parme dans ses sommités !... Rien que des toits !...
Je pourrais même, je crois, apercevoir d'ici celui de mon
palais... Pauvre garçon ! (S'asseyant devant le clavecin.) C'est ici,
c'est à ce clavecin, qu'il travaille nuit et jour, sans relâche,
sans distractions, sans un instant de plaisir !... (Il voit la porte
du fond s'ouvrir et Gina s'avancer mystérieusement.) Du tout !... je me
trompais... Le plaisir habite aussi les mansardes, il y vient
même de bonne heure, et sur la pointe du pied... (Caché par
le livre de musique ouvert sur le clavecin.) Une jeune ouvrière...
(Gina entr'ouvre la porte à gauche, pour s'assurer que personne ne peut
la surprendre.) Et moi qui calomniais l'appartement !... Allons,
allons, il y a une seconde pièce que je ne connaissais pas...
(Souriant.) mais que d'autres connaissent...
(Sur la ritournelle de l'air suivant, Gina s'est approchée de la table à
gauche, et y dépose un petit paquet sur lequel elle écrit deux mots.)

GINA.

Personne ne m'aura vue,
Partons !
(Elle va pour sortir, et aperçoit le comte qui a quitté le clavecin, et qui
est debout devant la porte du fond.)
Grand Dieu ! je suis perdue !

AIR.

Ne dites rien, ne dites rien !
Ah ! c'est le secret de ma vie
Qu'ici, monsieur, je vous confie ;
C'est mon honneur, c'est mon seul bien !
Ne dites rien ! ne dites rien !

N'en parlez jamais à personne,
A personne... pas même à lui !
Et que jamais il ne soupçonne
Que vous m'avez trouvée ici !
(Le comte fait signe qu'il se taira.)
Vous le jurez !... ça me rassure ;
Vous le jurez !... songez-y bien...
Rien qu'à votre air, j'en étais sûre,
Vous êtes un homme de bien !

Aussi, ma franchise est entière :
Je suis Gina, la couturière,
Et mon logis est près du sien.
Je vous dis tout, vous voyez bien...

Mais vous... mais vous...

Ne dites rien !... ne dites rien !
Ah ! c'est le secret de ma vie,
Qu'ici, monsieur, je vous confie...
Ne dites rien ! ne dites rien !

UNE VOIX, en dehors.

Gina ! Gina !

GINA, avec effroi.

C'est mon oncle !

(Au comte, à mi-voix.)
Ne dites rien ! ne dites rien !
Rien ! rien !

(Elle sort par la porte du fond.)

SCÈNE II.

LE COMTE, seul.

Pauvre enfant ! Oui, je garderai son secret, je l'ai juré, et quoique j'en veuille à Fabio de me faire attendre, je protégerai leurs amours, pour que le ciel protége les miennes, qui en ont grand besoin... Quelle folie !... aimer la plus belle personne de la cour et la fille de mon ennemi mortel... du ministre qui a juré ma perte... Qu'importe ! s'il me permettait d'aimer sa fille et de le lui dire... Mais ne la voir que de loin... à la cour... Heureux lorsque je peux lui serrer la main dans un bal, ou lui adresser, dans un concert, quelque romance ou quelque ariette, dont elle seule peut deviner le sens !... Aussi, poëte et musicien amateur, je me surprends à composer partout où je suis... Et si la mansarde de Fabio, et surtout son génie, pouvaient m'inspirer la fin de cette barcarolle... (Il tire un papier de sa poche. — On entend une ritournelle vive et animée.) Hein ? qui vient là ?... Fabio !...

SCÈNE III.

LE COMTE, au clavecin, FABIO, entrant par le fond.

DUO.

FABIO.
Vive la musique !
Vivent les amours !
Leur pouvoir magique
Embellit nos jours !
Soin mélancolique,
Fuyez pour toujours
Avec la musique !
Avec les amours !

LE COMTE, allant à Fabio.
Bravo ! toujours de bonne humeur !

FABIO.
Lorsque je vous vois, monseigneur !

LE COMTE, d'un air fâché.
Monseigneur !... un tel nom entre nous !

FABIO.
Ah ! je n'ose
Prononcer l'autre.

LE COMTE.
Et pourtant, je suppose,
Tu n'as pas oublié ce que je t'ai dit ?

FABIO.
Non !
(Montrant son cœur.)
C'est là... Moi, Fabio, moi bâtard et sans nom,
Dont chacun se détourne, et que Dieu seul regarde,
Je vois entrer hier, dans mon humble mansarde...

LE COMTE.
Que j'ai longtemps cherchée...

FABIO.

     Un seigneur en crédit...
Le beau comte de Fiesque!... Il s'avance et me dit...

LE COMTE.

Nous sommes fils tous deux du même père ;
Un vain orgueil avait flétri tes jours...
Depuis un an, je te cherche, mon frère,
Et nous voici réunis pour toujours !
  Mon frère ! mon frère !
  Réunis pour toujours !

FABIO.

En t'écoutant, se mouillait ma paupière ;
Un rayon pur embellissait mes jours !
Et, pour ce mot, pour ce mot seul de frère,
A toi ma vie et mon cœur pour toujours !
  Mon frère ! mon frère !
  Réunis pour toujours !

LE COMTE et FABIO.

Nous sommes fils tous deux du même père,
Que l'amitié vienne embellir nos jours !
Plus de distance, et désormais, mon frère,
Unis tous deux, unis, et pour toujours !
 (Tous deux se donnent la main.)
Ta main, ton cœur, et frères pour toujours !

LE COMTE.

Maintenant, que veux-tu ? de l'or ?

FABIO, tâtant son gousset.

       Je n'en ai guère !

LE COMTE.

Et moi, j'en ai beaucoup !

FABIO.

    Mais je sais m'en passer,
Cela revient au même !

LE COMTE.

    Aimerais-tu mieux, frère,

Une place, un emploi ?
FABIO.
Ça doit embarrasser !
LE COMTE.
Un grade, une épaulette ?...
FABIO.
Oh ! non !
LE COMTE.
Fais-moi connaître,
Pour être heureux, ce que tu voudrais être...
FABIO.
Ce que je suis... artiste ! et, du soir au matin,
Répéter mes chansons et mon joyeux refrain :

Vive la musique !
Vivent les amours ! etc.

LE COMTE.
Vive la musique !
Vivent les amours ! etc.

FABIO.
Mon bonheur, monseigneur... je veux dire mon frère,
N'est pas, hélas ! en ton pouvoir...
Car je suis amoureux !...
LE COMTE.
Amoureux ?
FABIO.
Sans espoir !
Celle que j'aime est noble, illustre et fière !
LE COMTE, à part avec chagrin.
Et la pauvre Gina, Gina la couturière ?...
Ça se complique...
FABIO.
Un nom ?... Fabio, le bâtard,
N'en peut jamais avoir... même par ta puissance ;
Mais le compositeur Fabio peut, je pense,

Se faire un nom lui-même, en dépit du hasard.
Voilà pourquoi je dis...

Vive la musique !
Vivent les amours ! etc.

LE COMTE.

Vive la musique !
Vivent les amours ! etc.

LE COMTE.

Explique-moi donc ça... Amoureux d'une dame de haut parage... Et quelle est-elle ?

FABIO.

Pardon, frère... Je peux tout te dire... excepté son nom... parce qu'une indiscrétion... une trahison pareille... plutôt mourir !... Tu ris ?

LE COMTE, souriant.

Non, non... c'est d'un honnête homme et d'un amoureux... deux spécialités bien rares qu'il faut encourager... Achève je t'écoute.

FABIO.

Eh bien ! l'été dernier, par un soleil superbe, imagine-toi une belle voiture, entraînée par des chevaux fougueux... Les stores étaient baissés, vu la chaleur... mais des cris d'effroi, des cris de femme se faisaient entendre...

LE COMTE.

Tu as arrêté les chevaux ?

FABIO.

Impossible !... Mais je les avais détournés du précipice où ils couraient... et ils avaient continué leur route, me laissant renversé, évanoui... Qu'importe ! elle était sauvée !

LE COMTE.

Et c'est d'elle que tu es amoureux ?

FABIO.

Oui, depuis ce jour-là...

16.

LE COMTE.
Sans l'avoir vue ? sans la connaître ?...

FABIO.
Ah ! tu ne sais pas ce que c'est qu'une imagination d'artiste !... Brune ou blonde, je ne pensais qu'à elle... je la retrouvais, je me faisais aimer... et mille châteaux en Espagne...

LE COMTE.
Rêves d'amoureux !

FABIO.
Rêves de bonheur... qui bientôt allaient se réaliser...

LE COMTE.
En vérité ?

FABIO.
Un soir, jour de grande représentation à l'Opéra... deux cents équipages étaient rangés devant le théâtre... et j'aperçois ma voiture... c'est-à-dire la sienne, ses gens, sa livrée... Je demandai en tremblant son nom... Et tu te doutes bien qu'à la fin du spectacle j'étais là, à l'attendre, à la voir... Et elle, enveloppée dans sa mante...

LE COMTE.
T'avait-elle reconnu ?

FABIO.
Tu vas en juger !... Je sentais bien que j'avais quelque talent, que j'étais né pour la musique, mais je sentais en même temps que je n'étais qu'un ignorant... qu'il me fallait apprendre la composition, le contre-point... que sais-je ?... Et je m'étais adressé au maestro Cafarini, organiste de la cathédrale, pour lui demander, non le génie, il n'en vendait pas... mais la science, qui, souvent, en tient lieu.

LE COMTE.
Eh bien ?

FABIO.

Eh bien! il la vendait si cher, qu'après avoir longtemps marchandé, je me retirais désolé et décidé à me jeter à l'eau, lorsqu'en sortant de chez lui je fouille dans ma poche... Qu'est-ce que j'y trouve?... Un petit paquet, sur lequel étaient écrits ces mots : « Courage! Travail et dis-« crétion! on se fera connaître quand vous en serez di-« gne!... » Le papier renfermait vingt ducats en or.

LE COMTE.

Est-il possible!

FABIO.

Et qui pouvait me venir en aide?... Car alors, frère, je ne te connaissais pas... Il y avait donc au monde quelqu'un qui veillait sur moi, qui me criait : courage!... et qui, en même temps, me disait : Sois discret!... Ah! c'était une femme!... c'était elle!... l'objet de mes rêves et de mes pensées!... Aussi, fidèle à ses ordres, je ne courus pas à son palais pour la remercier, pour la compromettre, peut-être... mais je courus chez le maestro... Cette mansarde était vacante dans sa maison... Je m'y établis, et, pendant six mois, je travaillai jour et nuit avec tant d'ardeur que j'en eus une fièvre cérébrale... Ils me crurent fou d'amour et de musique... ils le croient encore... car je leur parlais sans cesse d'une femme voilée qui apparaissait, matin et soir, au chevet de mon lit... Oh! je l'ai vue, j'en suis sûr!... c'était elle!... toujours elle!... Aussi, à peine rétabli, je me remis à l'ouvrage... et, si bien, que, maintenant, j'en sais autant que le maestro, qui me déteste, moi, son élève!

LE COMTE.

Quelle indignité!

FABIO.

Ne te fâche pas... c'est bon signe. Il n'a jamais pu faire que de la musique d'église... et moi, j'ai fait un opéra... l'*Ange gardien!*

LE COMTE.

Toi ?...

FABIO.

Il est là... Tu l'entendras !... Par ton amitié, par ton crédit, tu le feras jouer... Voilà tout ce que je te demande... Et si je réussis !...

LE COMTE.

Tu réussiras !... tu arriveras à la gloire, à la fortune, à celle que tu aimes !... (A part.) Quoique ça me fasse de la peine pour la pauvre Gina, la couturière !

FABIO.

Que dis-tu ?

LE COMTE.

Je dis... je dis que je parlerai de toi à notre souveraine, à toutes les beautés de la cour... et déjà j'ai commencé, sans leur dire les raisons que j'ai de t'aimer, ce qui aurait rendu mon admiration suspecte... et toutes ces dames veulent te connaître...

FABIO.

Moi? pauvre artiste sans réputation !

LE COMTE.

Nous t'en ferons une... On t'invitera dans les premiers salons... on t'applaudira, et, malgré les cabales et les ennemis... car tu en auras, il faut l'espérer... tu as assez de mérite pour cela... moi, grand-maître du palais... je serai là pour te soutenir et te protéger !

FABIO.

Ah ! tu es le plus généreux, le meilleur des frères... Et si jamais le pauvre musicien peut se faire tuer pour toi... Mais je ne suis pas assez heureux pour ça... Je n'aurai jamais la chance de t'être utile !...

LE COMTE.

Qu'en sais-tu ?... qui te dit que je n'ai pas un service à te demander ?

FABIO.

Vraiment?... Parle vite !

LE COMTE.

Notre cour est la plus musicale de l'Italie... Elle retentit toute la journée du bruit des guitares ou des mandolines... Pour plaire à nos grandes dames, il faut qu'une déclaration emprunte la forme d'une romance ou d'un boléro !... et j'ai là une barcarolle bien médiocre... composée pour une personne...

FABIO, vivement.

Dont tu es amoureux.

LE COMTE, souriant.

C'est possible !... Écoute donc... il n'y a pas que toi...

FABIO, avec joie.

Bravo! bravo! Et tu es aimé, adoré... Qui est-ce qui ne t'aimerait pas !...

LE COMTE.

Tu comprends alors pourquoi j'ai besoin de tes conseils...

FABIO.

Quel bonheur! Je t'écoute !

LE COMTE.

Paroles et musique de grand seigneur... c'est tout dire ! (Lui montrant un papier.) Les paroles, les voici !...

FABIO.

Et la musique ?

LE COMTE, se frappant le front.

La musique est encore là !...

COUPLETS.

Premier couplet.

« O toi, dont l'œil rayonne
« De mille traits vainqueurs,
« Sans sceptre ni couronne,

« Tu règnes sur les cœurs !
« Oui, je t'aime sans le dire...
« Mais écoute autour de toi,
 « Et si quelqu'un soupire,
  « C'est moi ! c'est moi ! »

FABIO.

Bravo ! mon frère et monseigneur !
C'est très-bien pour un amateur !

LE COMTE.

Deuxième couplet.

 « Dans la foule légère
 « Qui cherche à te charmer,
 « Tant d'autres savent plaire,
 « Moi, je ne sais qu'aimer !
« Oui, je t'aime sans le dire...
« Oui, cruelle, et près de toi,
 « D'amour si l'on expire,
  « C'est moi ! c'est moi ! »

FABIO.

Très-bien !

LE COMTE.

Vraiment ?

FABIO.

Quelques fautes peut-être...
Une phrase incorrecte et facile à changer !

LE COMTE.

C'est pour la corriger que je m'adresse au maître.
Et puis l'orchestre à faire...

FABIO.

Heureux de m'en charger !

LE COMTE.

Je vais te copier la musique...

FABIO.

Inutile !

J'ai retenu cet air, sans être bien habile.
(Il chante.)
Tra, la, la, la, la, la.

LE COMTE, gaîment.

C'est cela!

FABIO.

Tout sera terminé dès ce soir!

LE COMTE.

Dès ce soir?

FABIO.

Je réponds du succès !

LE COMTE.

Et si j'en puis avoir,
Je vais dire à mon tour...

Vive la musique,
Vivent les amours !
Leur pouvoir magique
Embellit nos jours!

LE COMTE et FABIO, se tenant la main.

Vive la musique! etc.

(Le comte sort par la porte du fond.)

SCÈNE IV.

FABIO, seul, et le regardant sortir.

Adieu, adieu, frère... Ce nom que tu ne rougis pas de me donner, restera là... (Montrant son cœur.) Entre nous... je ne veux pas qu'une telle parenté fasse tort au noble comte de Fiesque!... Car voilà un seigneur! en voilà un... De l'esprit, du cœur et du talent... (Montrant le papier qu'il tient.) Jamais mon professeur de contre-point, le signor Cafarini, n'en ferait autant... Malgré sa modestie, ces paroles-là ne sont pas plus mauvaises que d'autres... et son motif est très-bien... pour un grand seigneur! surtout quand je lui aurai fait un accompagnement à orchestre, pour qu'à son prochain concert nous exécutions cela en présence de cette belle dame, sa passion... Car, par une sympathie que j'admire, il est comme moi... il est amoureux... L'amour et la musique, il n'y a que cela de bon au monde!... (Vivement.) Et mon opéra à moi que ça me fait oublier... Allons, au travail... et pour que personne ne vienne me déranger...

(Il va fermer la porte du fond, puis il place devant le pupitre la feuille de papier où sont écrites les paroles.)

Vite à l'ouvrage! et du courage!
A moi trombone, à moi clairon!
Avec du bruit et du tapage,
On peut, dit-on, se faire un nom!
Ici je mets des clarinettes
Que je soutiens par le basson.
  Pon! pon! pon! pon!
Et puis l'appel de la trompette,
  Tron! tron! tron! tron!
C'est magnifique! Allons, courage!
Ah! quel orchestre! ah! quel tapage!
Ah! la belle partition!
  Pon! pon! pon! pon!

SCÈNE V.

FABIO, assis devant e piano, CAFARINI, frappant au dehors, à la porte du fond.

CAFARINI, frappant.
Monsieur! monsieur! pan! pan! pan! pan! pan! pan!

FABIO, toujours travaillant.
Eh! qui donc frappe de la sorte?

CAFARINI, en dehors.
Pan! pan! pan! pan! pan! pan!
Ouvrez, ou j'enfonce la porte!

FABIO, se levant avec impatience.

Ah! c'est à briser le tympan!

(Ouvrant la porte à Cafarini qui paraît, tenant à la main une plume et un papier de musique.)

Quoi! ne pas frapper en mesure,
Signor Cafarini, mon savant professeur!

CAFARINI.

Je ne puis plus tenir aux tourments que j'endure.
C'est indigne! c'est une horreur!

FABIO, froidement.

Qu'avez-vous donc?

CAFARINI, avec colère.

Je commençais avec courage
Un vrai chef-d'œuvre, mon Stabat.
Comment finir un tel ouvrage,
Au milieu d'un pareil sabbat!
J'entends au-dessus de ma tête
La clarinette et le basson.
  Pon! pon! pon! pon!
Et puis l'appel de la trompette,
  Tron! tron! tron! tron!
C'est à vous ôter le courage!
Comment, avec un tel tapage,
Finir cette partition?
Je ne le puis! non! non! non! non!

FABIO.

C'est vous qui blâmez le tapage?
Quand vous m'en prescrivez l'usage...

CAFARINI.

Qui? moi!

FABIO.

Vous, dans chaque leçon!

CAFARINI.

Mais non pas avec le clairon!
Fi donc! fi donc!

Pour accompagner le plain-chant,
Parlez-moi du grave serpent.
(Imitant le serpent.)
Pon! pon! pon! pon! pon!

FABIO.
Fi donc! fi donc!

Ensemble.

CAFARINI.
Vive le serpent!
Pon! pon! pon!
Pon! pon! pon!

FABIO.
Vive le clairon!
Tron! tron! tron!
Tron! tron! tron!

CAFARINI, le faisant taire.
Assez! car en dépit du travail le plus rude...
(Montrant son papier de musique.)
Rien ne me vient, pas un chant, un motif...
Je n'ai rien pu trouver...

FABIO, à part.
Selon son habitude.

CAFARINI.
Aussi, monsieur, j'ai pris un parti décisif...

FABIO.
Lequel?

CAFARINI.
Vous me devez un terme,
Non... vous m'en devez deux!

FABIO.
C'est juste!

CAFARINI, à part.
En parlant ferme,
Il va payer, se taire, ou s'en aller!

FABIO, à part.

Et mon bon frère à qui j'oubliai d'en parler!

Ensemble.

CAFARINI.

Heureuse menace
Qui d'ici le chasse,
Et me débarrasse
D'un voisin gênant,
Qu'au diable je donne
Et que j'abandonne,
Car je le soupçonne
D'avoir du talent!

FABIO, souriant.

Terrible menace
Qui d'ici me chasse!
Viens à moi, de grâce,
Mon ange charmant,
Ma belle patronne,
Dont l'âme si bonne
Jamais n'abandonne
L'artiste indigent!

CAFARINI.

Allons, signor, il faut ou sortir, ou payer.

FABIO, tâtant son gousset.

Pas d'argent! s'il en veut sur-le-champ, comment faire?

CAFARINI, à part, avec joie.

Pas d'argent!

FABIO, qui s'est approché de la table à gauche pour chercher.

Dieu! que vois-je écrit sur ce papier!

(Lisant.)

« Loyer de Fabio. »

(Ouvrant le petit paquet cacheté sur la table.)

Doux et nouveau mystère!

Encore elle!...

(A Cafarini, lui remettant l'or que contient le papier.)

Tenez, prenez... soyez content !

CAFARINI.

O ciel ! de l'or !

FABIO.

De l'or !

CAFARINI, à part.

Lui qui n'a pas d'argent

Ensemble.

FABIO, riant.

Avide et rapace,
En vain il menace.
Ah ! je te rends grâce,
Mon ange charmant,
Ma belle patronne,
Dont la main si bonne,
Jamais n'abandonne
L'artiste indigent !

CAFARINI.

Fatale disgrâce !
En vain je menace
Ce monsieur tenace,
Ce voisin gênant
Qu'au diable je donne
Et que j'abandonne,
Car je le soupçonne
D'avoir du talent !

SCÈNE VI.

LES MÊMES ; UN DOMESTIQUE en grande livrée, paraissant à la porte du fond.

FABIO, à part, avec surprise.

Dieu ! ses gens... sa livrée... ici, chez moi !

CAFARINI.

La livrée du ministre ! (Au domestique qui tient une lettre.) C'est pour moi, sans doute ?

LE DOMESTIQUE.

Au seigneur Fabio !

FABIO, prenant vivement la lettre.

Donnez ! donnez !

LE DOMESTIQUE.

De la part de ma maîtresse... Mademoiselle de Felino.

CAFARINI, à part.

La fille du ministre !

FABIO, lisant, à part.

« Prie M. Fabio de vouloir bien, dans l'après-midi, passer
« à son hôtel. » (A part, avec joie.) Enfin, elle me juge digne
de sa présence... elle, la noble dame... (Au domestique.) C'est
bien ! c'est bien... (Tâtant son gousset.) Et rien... Quel dommage
d'avoir payé mon terme !... je lui aurais tout donné...

(Le domestique sort.)

CAFARINI, s'approchant de Fabio.

Pourrais-je savoir, mon locataire et mon élève, comment
vous recevez de pareils messages, et ce que vous veut la
jeune marquise ?

FABIO, cherchant à cacher son trouble.

Moi... j'ignore... je ne sais... le hasard peut-être. (A part.)
Elle va m'attendre cet après-midi... et nous sommes encore
au matin... Encore deux ou trois heures... Dieu ! que c'est
long... Non, c'est juste ce qu'il faut pour ma toilette...

CAFARINI, le regardant avec étonnement.

Qu'a-t-il donc ?

FABIO, à part.

Car je ne peux pas me présenter ainsi chez elle !... Il me
faut un habit... un habit de cour... (Faisant un pas pour sortir.)
Je vais en acheter un tout fait et superbe... (S'arrêtant.) Oui,
mais comment ?... (Vivement.) Eh ! parbleu ! à crédit... Mon
frère le paiera, ça lui fera plaisir, j'en suis sûr... et à moi
aussi... Un bel habit vous relève un artiste et lui donne un

air de grand seigneur... Si je pouvais me rappeler comment était mon frère tout à l'heure, ses manières, sa tournure... (A Cafarini.) Pardon, maestro, je vous quitte... Quelques emplettes à faire... un habit brodé...

CAFARINI.

A vous ! et pourquoi ?

FABIO, avec enthousiasme.

Pourquoi ? pourquoi ?... (S'arrêtant.) Vous ne le saurez pas !... (A part.) Moi, Fabio, un rendez-vous, le premier de ma vie !... et avec une grande dame encore... (Se frappant le front.) Ah ! mon Dieu ! et les manchettes, et le jabot, et l'épée !... Ah ! mon pauvre frère, je te plains !... Ça va nous coûter cher !... (Haut, à Cafarini.) Adieu ! adieu ! maestro, je vous laisse... Faites comme chez vous...

(Il sort.)

SCÈNE VII.

CAFARINI, seul.

Comme chez moi, dit-il... J'y suis parbleu bien... Mais, pour lui, la raison... (Montrant sa tête.) absente du logis !... Décidément, il est timbré... et il y aurait du danger à le garder ici plus longtemps... J'aurais déjà dû, il y a six mois, dès son premier accès de folie, le mettre à la porte de chez moi... C'est Gina, ma nièce, qui m'en a empêché... et cela m'est suspect... Pourquoi préfère-t-elle l'état de couturière au sort brillant que je lui propose ?... la main de son oncle et tuteur, la main du signor Cafarini, organiste, compositeur religieux et moral... Et me refuser sous prétexte qu'elle ne m'aime pas !... Ce n'est pas naturel... Il y a quelque chose entre elle et ce Fabio... mon élève, cet ingrat qui me doit tout... ce serpent que j'ai réchauffé dans mon sein, à deux piastres le cachet... Je le saurai... Qu'est-ce qu'il fait là ?... (S'approchant du clavecin.) De la musique profane, sans doute, au lieu de composer, comme moi, quelque bon *Requiem* ou quelque *Dies iræ*...

(Prenant le papier qui est sur le clavecin et le lisant.)

« O toi, dont l'œil rayonne
« De mille traits vainqueurs,
« Sans sceptre ni couronne
« Tu règnes sur les cœurs!... »

(Achevant à voix basse.) Des vers, une déclaration... (Remettant le papier sur le pupitre.) Des déclarations dans une mansarde... Et pour qui? je vous le demande... A moins que ce ne soit pour...

SCÈNE VIII.

CAFARINI, GINA.

GINA, accourant par la porte du fond.

Mon oncle! mon oncle!

CAFARINI, à part.

Encore elle!... (Haut.) Qu'est-ce que tu viens faire ici?...

GINA.

Vous chercher... Il y a quelqu'un chez vous qui vous demande et qui attend!

CAFARINI.

Il attendra... J'ai à vous parler!...

GINA.

Je ne peux pas... Un des gens de la marquise sort de la maison.

CAFARINI.

Je le sais!

GINA.

Elle m'attend chez elle!

CAFARINI.

Tu n'iras pas!

GINA.

La fille du ministre !...

CAFARINI.

Eh! qu'importe !... Tu ne peux pas aller ainsi à l'autre bout de la ville, seule et à pied !

GINA, étourdiment.

Ah! la signora voulait m'envoyer encore sa voiture comme autrefois... mais j'ai refusé...

CAFARINI.

Et pourquoi?

GINA.

Dame! ses chevaux sont si fougueux!

CAFARINI.

Allons donc!

GINA.

Ils n'auraient qu'à s'emporter !...

CAFARINI.

Impossible!

GINA, à part, secouant la tête.

Oui, impossible!... Si je lui avais dit... Mais je n'ai eu garde...

CAFARINI.

C'est moi qui te conduirai chez elle!...

GINA.

Puisqu'on vous attend en bas !...

CAFARINI.

Qu'on aille à tous les diables!

GINA.

Parler ainsi !... vous, mon oncle... vous qui êtes un saint homme!

CAFARINI.

En musique !... mais non pas en paroles... Et je t'ai dit

que j'avais des comptes à te demander, comme ton tuteur!...

GINA.

Il me semble, dans ce cas-là, que ce serait plutôt à moi...

CAFARINI.

Du tout!... Qu'est-ce que tu fais de ton argent?... Tu n'en as jamais... et tu travailles jour et nuit pour les plus riches dames de la cour...

GINA.

Justement! ce sont celles-là qui ne paient pas...

CAFARINI.

C'est faux!... le dernier mémoire de la marquise Clélia se montait à vingt-cinq ducats, qu'elle t'a payés il y a un an... Tu lui as demandé avant-hier de t'avancer, sur son nouveau mémoire, soixante piastres... je le sais... Qu'en as-tu fait?

GINA.

Je me suis acheté une robe!

CAFARINI, se récriant.

Soixante piastres!...

GINA.

Et la façon?... Les couturières sont si chères!...

CAFARINI, de même.

Soixante piastres!... Il t'en reste... il me les faut... j les veux!

GINA.

Ça suffit! (Voyant Cafarini prendre sur le clavecin l'or que lui donné Fabio.) C'est comme si vous les aviez... Ah! ce monsieur que j'oubliais... ce monsieur qui attend toujours e qui a l'air de quelqu'un comme il faut!

CAFARINI.

Qu'il soit ce qu'il voudra... qu'est-ce que cela me fait, à moi... artiste indépendant et libre par caractère!...

SCÈNE IX.

Les mêmes ; LE MARQUIS.

LE MARQUIS, à la porte du fond.

Eh bien! caro maestro?

CAFARINI, s'inclinant.

Dieu! le premier ministre!... Monseigneur le marquis de Felino!

GINA, le regardant et à part.

Quoi! c'est là le ministre!...

LE MARQUIS, à Cafarini.

A qui tu fais faire antichambre!

GINA, à part.

Et qui le rendra à bien d'autres!

LE MARQUIS.

Laissez-nous, jeune fille.

CAFARINI.

Oui, laisse-nous... Mais ne pars pas sans moi, je te le défends bien!

GINA.

Oui, mon oncle.

(Elle sort par le fond.)

SCÈNE X.

CAFARINI, LE MARQUIS.

CAFARINI.

Je ne me pardonnerai jamais d'avoir forcé Votre Excellence à monter jusqu'ici.

LE MARQUIS, d'un air profond.

Je ne déteste pas monter... Ce qui me plairait moins...

CAFARINI.

Ce serait le contraire!... Mais Votre Excellence a trop de talent et de génie pour que jamais... Je lui proposerai cependant de descendre chez moi...

LE MARQUIS.

Où sommes-nous ici?...

CAFARINI.

Dans une mansarde que je sous-loue à un de mes élèves qui vient de sortir.

LE MARQUIS.

De sorte que nous sommes encore chez toi sans y être!... J'aime mieux cela!... Il est inutile que l'on connaisse ma visite, et tu défendras même à ta nièce...

CAFARINI.

Oui, Excellence... Elle, moi, toute ma famille, nous vous sommes dévoués.

LE MARQUIS.

Et tu fais bien!... C'est par là que tu as obtenu cette place d'organiste qui me répond de ton zèle et de ta fidélité.

CAFARINI.

Monseigneur a raison... Une place est une garantie... Et si Votre Excellence se défie de moi et veut augmenter encore ses garanties...

LE MARQUIS.

Celle-là me suffit... quant à présent... Car au moindre mécontentement...

CAFARINI, souriant.

J'entends... j'entends... et reconnais l'adroite et profonde politique du premier homme d'État de l'Italie!

LE MARQUIS.

Que veux-tu?... Appelé à porter le fardeau le plus pesant, à gouverner à la fois Parme, Plaisance, Guastalla et Bussetto... soixante lieues de territoire, sous un souverain qui, par son caractère indécis, sauvage et jaloux, me rappelait le roi de France Louis XIII... je me suis dit : Il faut être Richelieu... C'est le programme que je me suis tracé... et je ne crois pas m'en être écarté !...

CAFARINI.

Au contraire... vous avez été plus loin !

LE MARQUIS.

En certains points, je ne dis pas !... Le cardinal gouvernait son maître... le mien ne pense que par moi ou plutôt il ne pense pas... Le cardinal s'était fait détester de toute la cour... je crois y avoir réussi... Le cardinal faisait des vers... et je m'en tire assez bien !

CAFARINI.

Des vers délicieux !

LE MARQUIS.

J'ai de plus, ce qu'il n'avait pas... quelque goût pour la musique...

CAFARINI.

Dites une vocation décidée... une facilité et une imagination... Vous auriez fait des chefs d'œuvre...

LE MARQUIS.

Certainement !... Mais je n'ai jamais le temps... accablé comme je le suis par les affaires d'État... Et voilà, mon cher, pourquoi je viens te trouver... Il y a demain, au palais du grand-duc, un concert, où toutes nos beautés et nos jeunes seigneurs comptent se distinguer... Toute la guitarerie de la cour est déjà en émoi... Et pour leur montrer que je suis leur maître à tous, j'ai esquissé ce matin les paroles et la musique d'un morceau vigoureusement travaillé et instrumenté... qui exciterait, je crois, quelque enthousiasme, si j'avais le loisir de l'achever... Mais, pas un instant à moi !... dans ce moment encore on m'attend au conseil... et j'ai voulu auparavant, et sous le sceau du secret, te donner cela à terminer...

CAFARINI.

Comment donc, monseigneur!... trop heureux d'une pareille confiance... Donnez-moi... donnez vite...

LE MARQUIS.

Je n'ai encore rien d'écrit... mais je vais te l'expliquer si clairement que tu comprendras tout de suite... D'abord, quant aux paroles, c'est un projet... un projet de canevas... pour une espèce de... de...

CAFARINI.

De romance!

LE MARQUIS.

Juste!... Ce mot-là te traduit toute ma pensée... Ce sont d'abord, comme dans toutes les romances, des plaintes, des soupirs, du langoureux... Tu entends?

CAFARINI.

Oui, monseigneur!

LE MARQUIS.

Une espèce de déclaration... déclaration élevée... comme pour une... grande dame... Ça te dit tout...

CAFARINI.

Oui... si je sais le nom de la dame.

LE MARQUIS.

Au contraire!... c'est du mystère qu'il nous faut... L'amour et le mystère... le mystère et l'amour... du gracieux, et en même temps du trait, du brillant, du scintillant... Que diable! c'est tout fait... Je te donne les idées... Arrange cela maintenant... je reviendrai.

CAFARINI.

Mais un instant, monseigneur... Je voulais vous demander...

LE MARQUIS.

Que veux-tu de plus?... A moins que je ne fasse tout moi-même!...

CAFARINI.

Ça n'en vaudrait que mieux... Et si vous vouliez seulement m'aider un peu...

LE MARQUIS.

Au fait, j'ai encore un quart d'heure d'ici au conseil... soit! Nous allons composer cela à nous deux!...

DUO.

Ensemble.

LE MARQUIS.

Viens, que par toi nos muses soient guidées,
   Dieu des beaux-arts...

(Regardant Cafarini.)
Dis-lui tout bas
Par quel moyen on trouve des idées,
   Quand par hasard on n'en a pas!

CAFARINI.

Viens, que par toi nos muses soient guidées,
   Dieu des beaux-arts. Dis-nous tout bas
Par quel moyen on trouve des idées,
   Quand par hasard on n'en a pas!

LE MARQUIS, allant s'asseoir à la table à gauche et se frottant la tête en cherchant.

Voyons! voyons! « O toi!... » Hum! hum! « O toi!... »

CAFARINI, cherchant de même, à droite, près du clavecin.

« O toi!... »

(A part, et regardant le papier qu'il a remis sur le clavecin.)
Dieu! qu'est-ce que je vois!
Ah! pour nous l'idée en est bonne!

(Lisant deux vers, et s'avançant vers le marquis qui est toujours assis.)

« O toi, dont l'œil rayonne
« De mille traits vainqueurs... »

LE MARQUIS, écrivant.

C'est ce que je disais... du trait, du scintillant...
   Du brillant... « Rayonne!... rayonne! »

(Regardant ce qu'il vient d'écrire.)

De rayonne... je suis content,
Ce vers me semble heureux.

CAFARINI, feignant de composer en se promenant, et lisant deux autres vers sur le papier qu'il tient à la main.

« Sans sceptre ni couronne
« Tu règnes sur les cœurs! »

LE MARQUIS, vivement.

Du tout! du tout!... Voyez, si je n'étais pas là
Pour lui corriger tout cela!

Écrivant à part, et répétant à voix basse.)

« Même sans ta couronne,
« Tu règnes sur les cœurs! »
Tu règnes sur les cœurs...

(Se frottant le front et cherchant.)
Hum! hum! oui, sur les cœurs!

CAFARINI, même jeu, revenant près du marquis.

« Je t'aime sans le dire! »

LE MARQUIS, vivement.

Juste le vers que je dictais,
Quand à l'instant je te disais :
De l'amour! du mystère...

CAFARINI.

Oui, vraiment, c'est parfait.

LE MARQUIS.

L'amour et le mystère... c'est
« Je t'aime sans le dire ! »

CAFARINI, au marquis, pendant qu'il écrit.

« Écoute... écoute, autour de toi,
« Et si quelqu'un soupire... »

LE MARQUIS, d'un air d'inspiration.

Attends ! attends... je changerais...

CAFARINI.

Pourquoi?

LE MARQUIS, brusquement.

J'en suis bien le maître!...

CAFARINI.
          Oh! vous l'êtes !
Car ces vers, c'est vous qui les faites...

LE MARQUIS.
     Et je les tiens... je croi !
     (Écrivant, à voix basse.)
« Princesse ! écoute autour de toi,
          (Haut.)
« Et si quelqu'un soupire... »

CAFARINI, même jeu, et répétant.
     « Et si quelqu'un soupire...
          « C'est moi ! c'est moi ! »

LE MARQUIS, vivement.
C'est moi !... J'allais le dire !
C'est moi ! Je l'écrivais...
     (Lui montrant le papier.)
     Vois plutôt... car jamais
Je n'eus d'autre pensée.
          (Relisant son papier.)
          Oui, l'amour y circule.
     (Corrigeant avec sa plume.)
Et si quelqu'un soupire... virgule !
C'est moi !

CAFARINI.
     Quel vers charmant !

LE MARQUIS.
                    Avec un point,
Point d'admiration !

CAFARINI.
     Qu'il mérite en tout point !

Ensemble.

CAFARINI, à voix haute.
L'idée est excellente,
La romance est charmante,
     (A part.)
Monseigneur, je m'en vante,

Trouve des vers parfaits.
(Haut.)
Ah! quelle grâce exquise!
Et surtout à sa guise,
Comme il les improvise...
(A part.)
Quand ils sont déjà faits.

LE MARQUIS.

L'idée est excellente,
La romance est charmante
Et la fin, je m'en vante,
Produira quelque effet !
Je ris de la surprise
Et je veux que l'on dise :
C'est une grâce exquise,
C'est divin ! c'est parfait!

(Le marquis se lève et plie le papier sur lequel il vient d'écrire.)

CAFARINI.

Monseigneur en fait-il encore un?

LE MARQUIS.

     Non, vraiment!
Ce couplet me suffit... il dit tout... A présent,
Composons la musique...

CAFARINI, à part.

    Ah ! c'est embarrassant.

LE MARQUIS et CAFARINI.

Viens, que par toi nos muses soient guidées ! etc.

LE MARQUIS, avec inspiration.

Écoute bien!

CAFARINI, s'approchant vivement.

J'écoute !

LE MARQUIS.

    Il me faudrait d'abord
Comme un son prolongé de hautbois ou de cor...
Quelque chose de doux, de tendre, de suave!...
Tu comprends?...

CAFARINI.
A merveille... et je voudrais pourtant...
LE MARQUIS.
Écoute bien !
CAFARINI.
J'écoute !
LE MARQUIS.
Il me faudrait un chant
A la fois distingué... mystérieux et grave,
Tu me comprends ?...
CAFARINI.
Parfaitement !

LE MARQUIS, *lui remettant la feuille de papier.*
Voilà le thème... et tu peux maintenant
L'arranger à ton gré...
CAFARINI.
Permettez, Excellence !
LE MARQUIS.
Mais surtout ne va pas, ce système est le tien,
Me gâter, par trop de science,
Le motif que j'ai dit, et qui me paraît bien..
CAFARINI.
Très-bien !
LE MARQUIS.
N'est-il pas vrai ?
CAFARINI.
Très-bien ! très-bien !

Ensemble.

CAFARINI.
L'idée en est chantante,
La musique excellente,
Et monseigneur n'invente
Que des motifs parfaits !
(A part.)

Ah ! maudite entreprise,
Que Satan l'exorcise !
Les airs qu'il improvise
Ne sont pas encor faits !...

LE MARQUIS.

L'idée en est chantante,
Ma romance est charmante,
Le motif, je m'en vante,
Produira quelque effet !...
Je ris de leur surprise !...
Et je veux que l'on dise :
C'est une grâce exquise,
C'est divin ! c'est parfait !

SCÈNE XI.

Les mêmes ; FABIO, portant un paquet.

FABIO, entrant vivement par la porte du fond.

Maintenant... à ma toilette !... (Apercevant Cafarini.) Encore ici, maestro !... C'est bien ! c'est bien !... que je ne vous gêne pas, ainsi que monsieur... (A part.) Quelque organiste de sa connaissance et de sa force... (Haut.) Pardon !... je suis pressé !

(Il entre dans la chambre à gauche.)

LE MARQUIS, à Cafarini.

N'est-ce pas là l'élève dont tu me parlais ?... Je l'ai deviné tout de suite... (Prêt à partir.) Adieu !... adieu !... Ne perds pas de temps... il me faut cela pour ce soir.

CAFARINI, qui a regardé le papier de musique que lui a remis le marquis.

Mais, un instant, monseigneur... un instant... je crains que, dans la chaleur de la composition, Votre Excellence ne se soit trompée !

LE MARQUIS.

Qu'est-ce que c'est ?

CAFARINI.

Je vois là... (Lisant.)
« Même sans ta couronne,
« Tu règnes sur les cœurs! »

LE MARQUIS.

Silence!

CAFARINI, continuant.

« Je t'aime sans le dire,
« Princesse... »

LE MARQUIS.

Silence, te dis-je!... C'est parce que je compte sur ton dévoûment, que tu ne dois rien voir et rien entendre... c'est ce qu'il faut pour le confident d'un ministre... aveugle et sourd...

CAFARINI.

Oui, mais pour un compositeur...

LE MARQUIS, à demi-voix.

Eh bien! donc, si tu ne l'as pas deviné... notre souverain ne voit que par mes yeux... mais la grande-duchesse, sa femme, est mon ennemie et, ne pouvant la vaincre, il faut la gagner... Elle a été autrefois jolie et coquette... Et la coquetterie, c'est comme l'ambition... des qualités durables qui ne vous quittent pas... Et puis, le cardinal de Richelieu aimait Anne d'Autriche... C'est ce qui m'a décidé...

CAFARINI.

C'est juste... cela vous revient de droit...

LE MARQUIS, à demi-voix.

On recevra cette déclaration... sans savoir d'abord de qui elle vient... Et, d'après l'effet, que j'étudierai, nous continuerons notre correspondance musicale chaque jour... Ce qui nous sera aisé, vu notre facilité!...

CAFARINI, à part.

O ciel!...

LE MARQUIS.

Par là, j'éveille son imagination, sa curiosité... peut-être même d'autres idées... Enfin, chaque jour nous demandons une réponse... Et si on nous en envoie une... ne fût-ce qu'en musique... je tiens à mon tour notre souveraine... Elle craint son mari qui est jaloux... jaloux de tout le monde...

CAFARINI.

En vérité?...

LE MARQUIS.

Je ne lui laisse que cela à faire... Je forcerai bien alors notre grande-duchesse à renvoyer tous ceux qui ont voulu me renverser... Primo, ce comte de Fiesque... d'autant plus mon ennemi mortel, qu'il a une place superbe... grand-maître du palais... Je le destitue... je l'exile... peut-être mieux... Je ferai ce que je pourrai!

CAFARINI.

C'est trop juste!... (D'un air câlin.) Et comme vous pouvez me donner la place de maître de chapelle de la cour...

LE MARQUIS.

C'est ce que nous verrons... si tu me sers avec zèle, intelligence et surtout discrétion... Sinon, à l'instant même à la Bastille! (Se reprenant.) Qu'est-ce que je dis?... la citadelle de Parme!...

CAFARINI, s'inclinant en riant.

Monseigneur est toujours dans son rôle!...

LE MARQUIS.

Et toi, n'oublie pas le tien!... Il faut que, ce soir, cette romance soit mise au net, paroles et musique... le tout, recopié de ta main... Entends-tu bien?

CAFARINI.

Oui, monseigneur.

LE MARQUIS.

Et tu conserveras précieusement mon premier jet... mon brouillon, l'original... que tu me remettras...

CAFARINI.

Oui, monseigneur.

LE MARQUIS.

Et, maintenant, je vais au conseil... Adieu ! adieu !

(Il sort par la porte du fond.)

CAFARINI, après avoir reconduit le marquis, revient sur le devant du théâtre.

Ah ! ma fortune est faite, et j'en rends grâce à Dieu !
Moi, nouveau confident d'un nouveau Richelieu !

(Montrant le papier où est écrite la romance.)

Je tiens là, dans mes mains, habile politique,
Le secret de l'État, que je mets en musique !...

CAVATINE.

Douce espérance !
Honneurs ! crédit ! puissance !
Je les vois tous
A mes genoux !
Courtisans complaisants
Et charmants !
Je les vois tous me supplier,
Et s'écrier :
Votre excellence !
Votre éminence !
Votre insolence !
Ah ! d'avance,
Quand j'y pense,
Quel beau métier !
Quel agrément !
Ah ! c'est charmant,
D'être puissant,
D'être insolent,
Ah ! c'est charmant !

Mais !... le temps presse... il faut se dépêcher !

Où trouver du nouveau ?... Je vais aller chercher
Dans mes vieux *Requiem*... J'en avais de fort drôles !
(Il fait quelques pas pour sortir.)
Mais ces airs-là jamais n'iront sur ces paroles...
C'est très-embarrassant !
(Entendant, dans la chambre à gauche, Fabio qui chante.)
Ah ! c'est lui ! toujours lui !
(Regardant par le trou de la serrure.)
Il s'habille en chantant... je l'aperçois d'ici !
Et comme il se fait beau !

DUO.

FABIO, en dehors, chantant à pleine voix.

Tra, la, la, la, la, la !
« O toi, dont l'œil rayonne
« De mille traits vainqueurs !... »

CAFARINI, écoutant.

Qu'entends-je ?... ô hasard qui m'étonne !
Eh ! oui, vraiment... c'est bien cela !
(Il prend vivement un papier rayé et écrit, près de la porte, sur la table à gauche.)

FABIO, en dehors.

« O toi, dont l'œil rayonne... »

CAFARINI, répétant en chantant, et écrivant.

« O toi, dont l'œil rayonne... »

FABIO, de même.

« De mille traits vainqueurs !... »

CAFARINI, de même.

« De mille traits vainqueurs !... »

FABIO, de même.

Tra, la, la, la, la, la !

CAFARINI, de même, répétant la phrase musicale.

Tra, la, la, la, la, la !

FABIO, de même.

Tra, la, la, la, la, la, la !

CAFARINI, de même.
Tra, la, la, la, la, la !

FABIO, en dehors.
« Oui, je t'aime sans le dire !... »

CAFARINI, de même.
« Oui, je t'aime sans le dire !... »

FABIO.
Tra, la, la, la, la, la !
« Et si quelqu'un soupire... »

CAFARINI.
« Et si quelqu'un soupire... »

FABIO.
« C'est moi ! »

CAFARINI.
« C'est moi ! »

FABIO et CAFARINI.
« C'est moi ! c'est moi ! »

CAFARINI, seul.
Oui, le voilà, je tiens mon air !
Oui, je le tiens, et j'en suis fier !

GINA, en dehors, appelant.
Mais, mon oncle ! mon oncle !

CAFARINI.
A l'autre, maintenant !

GINA, en dehors.
C'est l'heure de partir !

CAFARINI, à la porte du fond, qui est restée ouverte.
Je descends à l'instant !

(Fabio sort de la chambre à gauche, à moitié habillé et coiffé, et n'ayant pas encore son habit ; il entre sans voir Cafarini, qui est au fond du théâtre, sur le seuil de la porte. Il prend une petite glace qui est sur la table, et se regarde.)

Ensemble.

FABIO, devant la glace.

Oui, vraiment, d'un tel air,
On pourrait être fier !
Pas mal, pas mal, oui-da !
Ah ! ah ! ah ! ah ! ah ! ah !

CAFARINI, au fond du théâtre.

Moi, j'ai trouvé mon air,
Je le tiens !... j'en suis fier
Pas mal, pas mal, oui-da !
Ah ! ah ! ah ! ah ! ah ! ah !

(Cafarini sort par la porte du fond, qu'il referme, pendant que Fabio debout devant la glace, continue sa toilette en chantant.

ACTE DEUXIÈME

Un boudoir dans le palais du ministre. — Porte au fond, deux portes latérales. A gauche, une table sur laquelle est une guitare. A droite, un canapé et une console, où se trouvent une pendule et des vases de fleurs.

SCÈNE PREMIÈRE

GINA, entrant par la porte du fond, et ayant l'air de parler à un domestique.

AIR.

La signora, dit-on, près de moi va se rendre.
Rien ne presse... à loisir ici je puis attendre...
Je rêve à Fabio... Fabio mon ami !
Et le temps est moins long, lorsque je pense à lui !

  Je sais bien qu'il m'adore,
  Pourtant il n'ose encore
  Du feu qui le dévore
  Me faire enfin l'aveu ;
   Il veut se taire,
   Il a beau faire,
   Tout me dit là
   Qu'il parlera...
  J'approuve son silence,
  Et je le conçois bien :
  Mon oncle a l'opulence,
  Et Fabio n'a rien !...

Mais
  Je sais bien qu'il m'adore, etc.

Puis, enfin, on est pauvre à présent... mais n'importe !
Quand on a du talent... et je sais qu'il en a...
La fortune un beau jour arrive à votre porte !
  Et Fabio parviendra...
  Son opéra réussira !

    O rêve doux et tendre,
    Dont mon cœur est ravi !
    Ah ! quel plaisir d'entendre
    Applaudir son mari !
    Et, l'ivresse dans l'âme,
    Pendant qu'on dit : Bravo !
    De dire : Je suis femme
    De ce grand maestro !
    C'est moi qui suis la femme
    De ce grand maestro !

Ces cavatines qu'il compose,
Sa femme avec lui les dira :
  Ah ! ah ! ah ! ah ! ah ! ah !
Oui, sa femme les chantera,
Car c'est elle, je le suppose,
  Qui les inspirera !...

  O rêve doux et tendre, etc.

Quel bruit a retenti soudain ?...
C'est l'ouvrier, soir et matin,
Fredonnant un joyeux refrain...
Il chante, en revenant chez lui,
Il chante un air de mon mari :
  Tra, la, la, la, tra, la, la !

Voyez ce bal si gracieux,
Et dont l'éclat charme les yeux...
L'orchestre, aux sons harmonieux,
Redit les airs de mon mari,
Pendant que je danse avec lui...
Et quand je sors, m'appuyant sur son bras,
C'est son nom qu'en passant on murmure tout bas.

Peut-être il n'entend pas ;
Mais moi... quel bonheur !...

O rêve doux et tendre, etc.

(Regardant vers le fond.)

C'est mon oncle et le ministre !...

SCÈNE II.

GINA, LE MARQUIS, CAFARINI.

LE MARQUIS, d'un air joyeux.

Oui, mon cher, j'ai à te parler... (Apercevant Gina.) Laissez-nous, ma chère enfant... Ma fille, qui, en sa qualité de première demoiselle d'honneur, est en ce moment près de sa souveraine, ne peut tarder à rentrer...

(Sur un geste du marquis, Gina entre dans la chambre à droite.)

CAFARINI, d'un air de triomphe.

Eh bien! monseigneur, êtes-vous content de votre ouvrage?

LE MARQUIS.

Là, toi-même, sans me flatter... qu'en dis-tu?

CAFARINI.

C'est délicieux !... paroles et musique!

LE MARQUIS.

Cela me semble, en effet, pas mal... D'abord, ce qui est bon signe... tu l'as vu... ça n'est pas cherché, tourmenté.. ça m'est venu tout seul...

CAFARINI.

Et sans peine!

LE MARQUIS.

Et puis, c'est tout uniment ce que je voulais... une bluette sans conséquence, que répéteront demain tous les clavecins et toutes les guitares... Quant à toi, Cafarini... il faut te rendre justice... tu as bien arrangé cela!...

CAFARINI, s'inclinant.

Monseigneur!...

LE MARQUIS.

Tu as saisi mes intentions avec goût, avec adresse... C'était une romance... et tu en as fait une barcarolle charmante!...

CAFARINI, de même.

Ah! monseigneur!... Et puis, vous avez vu comme c'est écrit... comme c'est moulé, gravé, recopié en entier, par moi, sur un petit carré de papier grand comme la main.

LE MARQUIS.

Ce qui m'a été fort utile... car, sans que personne m'ait vu, j'ai pénétré dans le boudoir de la princesse, qui se promenait alors dans ses jardins... j'ai glissé notre déclaration dans sa corbeille à ouvrage... Et, comme elle brode en ce moment des armes, une couronne, pour le grand-duc, son époux... il est impossible que notre missive n'arrive pas promptement à son adresse.

CAFARINI.

Faire servir une galante intrigue à vos desseins politiques... c'est admirable!

LE MARQUIS, avec modestie.

C'est du Richelieu!...

CAFARINI.

Tout pur!... Aussi, rien qu'à vous regarder, on prendrait du génie!

LE MARQUIS.

Prends, mon cher, prends... je ne t'en empêche pas... Tâche de te former... et je pourrai faire de toi...

CAFARINI, avec humilité.

Le nouveau père Joseph du grand-cardinal?...

18.

LE MARQUIS.

C'est une idée qui compléterait l'ensemble... Et, au fait, plus je te regarde... tu en as un peu l'air... et les paroles... Silence! c'est ma fille...

CAFARINI.

Et ma nièce...

SCÈNE III.

Les mêmes ; CLÉLIA, GINA, sortant toutes deux de la porte à droite.

CLÉLIA.

Que je te demande pardon, ma pauvre Gina... voilà deux heures que je te fais attendre... (Apercevant le marquis.) Vous ici, monseigneur, dans mon appartement ?...

LE MARQUIS.

Oui, ma fille, je venais vous voir.

CLÉLIA.

Et vous faites bien... On ne se voit plus... on n'a plus de famille, quand on a un père ministre et qu'on est première demoiselle d'honneur au palais.

LE MARQUIS.

C'est à moi que vous devez ce brillant avantage...

CLÉLIA.

Et cet ennui.

LE MARQUIS, avec sévérité.

Ma fille, l'homme d'État et tous les siens doivent savoir s'ennuyer... c'est une science...

CLÉLIA.

Que j'ai possédée tout de suite, et qu'il n'y a pas besoin de me faire étudier tous les jours... Ce matin au palais, près de la grande-duchesse... y retourner tout à l'heure pour la réception... et ce soir encore... Pas un moment pour les occupations utiles ou les affaires sérieuses... (A Gina.) Cette robe de bal dont nous devons parler... et pour laquelle je t'ai fait demander...

LE MARQUIS, avec gravité.

C'est important cependant.

CLÉLIA.

Aussi, Gina me reste... (A Cafarini.) Vous ne me l'emmenez pas, maestro... je la garde ici deux ou trois jours... (Montrant la chambre à droite.) Sa chambre est là, près de la mienne.

CAFARINI.

Permettez, signora....

CLÉLIA.

Il s'agit d'un bal masqué, d'un costume vénitien, dont nous étudierons ensemble le dessin, et qu'elle exécutera sous mes yeux...

LE MARQUIS.

Ma fille a raison... il le faut !

CAFARINI.

J'obéis, monseigneur.

LE MARQUIS.

Car ce bal... qui a l'air d'un bal... est d'une importance dont personne ne se doute... personne au monde.

CLÉLIA.

Excepté moi, mon père... et je me hâte de vous prévenir que ce bal ne sera qu'un bal... et que le marquis de Bussetto, qui doit s'y trouver en doge de Venise, perdra son costume et ses pas...

LE MARQUIS.

Et pourquoi, s'il vous plaît ?

CLÉLIA.

Pour des raisons... (Regardant Cafarini et Gina qui se retirent de quelques pas en arrière.) que vous auriez dû deviner. Mais, tout entier aux affaires de l'État, vous savez ce qui se fait à l'étranger... et ignorez ce qui se passe dans votre maison ou dans le cœur de votre fille.

LE MARQUIS.

Je le connaîtrai, signora.

CLÉLIA.

Bien aisément... car je vais vous le dire... Ne me contraignez pas d'épouser le marquis de Bussetto... et, soumise à vos volontés, je ne penserai, si je le puis, à aucun autre... quoiqu'il y ait quelqu'un qui par son rang, sa fortune, et surtout son amour...

LE MARQUIS.

Quelqu'un qui vous aime?

CLÉLIA.

Pourquoi pas?... Il y a bien quelques personnes qui n'aiment pas les ministres... mais cela ne s'étend pas jusqu'à leurs filles... au contraire... On devrait même, par esprit de justice et d'indemnité...

LE MARQUIS.

Ma fille!

CLÉLIA, baissant les yeux.

Et c'est peut-être pour cela que cette personne m'aime éperdument...

LE MARQUIS, sévèrement.

Clélia, voulez-vous me fâcher?

CLÉLIA.

M'en préserve le ciel!... (A Gina.) Tu trouveras ce dessin dont nous parlions tout à l'heure... (Lui montrant la porte à droite.) là... dans la pièce à côté. (Se retournant, au marquis, pendant que Gina sort.) Pour dissiper ce léger nuage... et vous rendre votre belle humeur... je veux vous raconter ce qui vient d'arriver tout à l'heure dans le boudoir de la princesse... où j'étais avec elle...

LE MARQUIS, vivement.

Qu'est-ce que c'est?

CLÉLIA.

Un grand secret... (A Cafarini qui veut s'éloigner.) qui, ce soir, sera connu de toute la cour... Ainsi, il n'y a pas de danger... Je lisais des vers de l'Arioste à Son Altesse, qui venait de reprendre son éternelle broderie, et se disposait à travailler... quand tout à coup...

LE MARQUIS, bas, à Cafarini.

Bravo!

CLÉLIA.

Paraît le grand-duc, son mari!

CAFARINI, bas, au marquis.

O ciel!

LE MARQUIS, lui serrant la main.

Du sang-froid!

CLÉLIA.

Il entre d'un air préoccupé... comme quelqu'un qu'ipenserait... Il calculait de tête le nombre de girandoles nécessaires pour la salle du bal... « Un crayon, me dit-il, un crayon, signora... » Et comme je n'en avais pas, il s'élance vers la corbeille à ouvrage de la princesse... et, en la bouleversant, il trouve une petite feuille de musique d'une superbe écriture...

LE MARQUIS, bas, à Cafarini.

La tienne!

CLÉLIA.

Une barcarolle charmante, contenant une déclaration d'amour.

CAFARINI, bas, au marquis.

La vôtre!

CLÉLIA.

« Je vous aime, princesse, et n'ose vous le dire... » Fureur du grand-duc !... étonnement de sa femme, plus curieuse encore qu'irritée, car ces vers mêmes attestaient son innocence... Et me voyez-vous, obligée par le prince, qui voulait tout connaître, de lui jouer et de lui chanter cet air, pendant que, pâle de colère, il répétait : « C'est un crime de haute trahison... Je saurai qui a écrit cette déclaration !... »

CAFARINI, à part.

Ah ! mon Dieu !

CLÉLIA, continuant.

« Qui a tramé ce complot musical contre notre honneur !... »

LE MARQUIS, à part.

C'est fait de moi !

CLÉLIA, de même.

« Et quel qu'il soit, je le fais pendre à l'instant... à huis-clos... et sans bruit !... » Tout cela en m'accompagnant de la main, et en battant la mesure à faux sur le clavecin... c'était admirable... Eh ! vraiment ! il me semble que vous n'en riez pas assez !

LE MARQUIS, s'efforçant de rire.

Si, ma fille... si... j'en meurs d'envie !

CAFARINI, de même.

Et moi aussi, j'en meurs... (A part.) de peur !

LE MARQUIS.

Mais tu comprends l'importance de l'anecdote... et si on nous voyait... si on nous entendait rire...

CLÉLIA.

Encore un autre ennui de notre position... On ne peut plus rire maintenant... Ah ! ah ! ah ! (Rencontrant un regard du marquis.) Je me tais, mon père... je me tais... (Voyant Gina qui sort de la porte à droite, un dessin à la main.) Je vais m'occuper avec Gina de notre bal... (Prenant le papier des mains de Gina.) Voici donc le dessin du costume ?

CAFARINI, qui est à gauche du théâtre avec le marquis, lui dit à demi-voix.

Eh bien ! Excellence, qu'en dites-vous ?

LE MARQUIS, de même et avec impatience.

Je dis... je dis que ça ne me regarde pas... Je te donne au hasard... une idée... une première idée...

CAFARINI, de même.

C'est tout !... c'est la vôtre !

LE MARQUIS.

Non pas... Tu as arrangé mes vers à ta manière... Une romance, dont tu me fais une barcarolle... et tu as tellement chargé ça d'accompagnement... que je ne reconnais plus le motif... ce n'est pas le mien !

CAFARINI.

C'est bien de vous !

LE MARQUIS.

C'est de toi... et si cela se découvre... je te plains... parce qu'après tout... les preuves sont là... entièrement écrites de ta main...

CAFARINI.

Oui... mais j'ai conservé le brouillon, l'original écrit de la vôtre... Je l'ai là, je vous l'apportais...

LE MARQUIS, s'échauffant.

Et tu vas me le rendre !

CAFARINI, de même.

Permettez, monseigneur !...

CLÉLIA, se retournant au bruit.

Qu'y a-t-il donc ?

LE MARQUIS, regardant vers la porte du fond.

Quelqu'un qui arrive !... Qu'est-ce ?

SCÈNE IV.

Les mêmes; un Domestique, puis FABIO.

LE DOMESTIQUE, annonçant.

Le signor Fabio, qui se dit musicien...

GINA, à part.

C'est lui !

LE DOMESTIQUE.

Il prétend qu'il est attendu par madame la marquise.

CLÉLIA.

C'est vrai ! c'est vrai !... Qu'il entre !

(Le domestique sort en faisant signe à Fabio d'entrer.)

QUINTETTE.

FABIO, à part.

Comme le cœur me bat... à peine je respire !

CLÉLIA.

Approchez, Fabio !

GINA, regardant Fabio qui est habillé avec élégance.

Comme il est bien ainsi !

FABIO, levant les yeux, après avoir salué, à part.

Dieux ! elle n'est pas seule... et que faire, et que dire ?

CLÉLIA, au marquis.

Mon père !

FABIO, à part, avec crainte.

C'est son père !

CLÉLIA.

On m'avait aujourd'hui
Recommandé monsieur !

LE MARQUIS.

Eh ! qui donc ?

CLÉLIA, avec un peu d'hésitation.

Une amie
Que j'estime beaucoup !

FABIO, à part.
C'est adroit !

CLÉLIA.

On nous prie
D'aider, de protéger ses essais...

CAFARINI, à part, avec humeur.

Pourquoi donc ?
CLÉLIA.
C'est un maître déjà fort habile, dit-on !

CAFARINI, bas, au marquis.
C'est faux ! c'est mon élève !

CLÉLIA, s'adressant à Fabio.

Et monsieur, je l'espère,
Daignera consentir à me donner leçon,
Chaque jour ?...

FABIO, à part.
O destin énivrant et prospère !
(Haut, avec trouble.)
Toujours... Quand vous voudrez !

CLÉLIA, souriant.

Eh bien ! donc, à l'instant !

FABIO.
A l'instant !

GINA, à part, avec joie.
On va voir comme il a du talent !
(Elle va chercher sur la table, à gauche, une guitare, qu'elle présente à Fabio.)

CAFARINI, à part.
Maudit élève !

(Bas au marquis, à gauche du théâtre.)
Je vous jure...

Vous ne me croirez pas... que lui seul est l'auteur
Et des vers et du chant qu'à nous deux, monseigneur,
Nous avons composés...

LE MARQUIS, levant les épaules.

Allons ! quelle imposture !

CAFARINI, de même.

Je le lui ferai dire à lui-même...

LE MARQUIS.

A lui !

CAFARINI.

Lui !

FABIO, à part, regardant Clélia.

O bonheur inouï !

GINA, à part, regardant Fabio.

O bonheur inouï !

Ensemble.

CLÉLIA, à Fabio.

De vous l'on dit merveille,
D'après un connaisseur ;
Ainsi, je vous conseille
De chanter sans frayeur !

LE MARQUIS, à Cafarini.

Je ne sais si je veille...
Pour ces vers enchanteurs,
Surprise sans pareille,
Nous sommes trois auteurs...

FABIO, à part.

Surprise sans pareille,
A moi tant de bonheur !
Je ne sais si je veille,
Je redoute une erreur.

GINA, regardant Fabio.

Ivresse sans pareille !
Mais d'où vient sa frayeur ?

LA BARCAROLLE

Sur lui mon amour veille
Et rêve son bonheur !

CAFARINI, au marquis.

Oui, je vous le conseille,
N'ayez plus de terreur.
Je le sais à merveille,
Lui seul en est l'auteur !

CLÉLIA, à Fabio.

Qu'allez-vous nous chanter ?

FABIO, tirant de sa poche un rouleau de musique.

Voulez-vous un morceau
Que l'on vient d'orchestrer ?

CLÉLIA.

C'est inédit ?

FABIO.

Sans doute !
Et nul ne le connaît !

CLÉLIA.

Très-volontiers... J'écoute !

FABIO.

Son mérite du moins sera d'être nouveau !

(Chantant en s'accompagnant sur la guitare.)

« O toi, dont l'œil rayonne
« De mille traits vainqueurs,
« Sans sceptre ni couronne,
« Tu règnes sur les cœurs !
« Oui, je t'aime sans le dire...
« Mais écoute autour de toi,
« Et si quelqu'un soupire,
« C'est moi ! c'est moi ! »

Ensemble.

CLÉLIA, étonnée.

Qu'entends-je !... Sous ses doigts résonne
Cet air que j'entendis ailleurs !

GINA.

De lui déjà chacun s'étonne.
Ils seront tous ses protecteurs !

LE MARQUIS, surpris.

En effet, sous ses doigts résonne
L'air dont nous sommes les auteurs !

CAFARINI.

C'est bien de lui... Mieux que personne
J'en suis certain... Plus de frayeurs !

FABIO, d'un air content.

Que dites-vous de cet air-là ?

CLÉLIA, LE MARQUIS et CAFARINI.

Je reconnais bien cet air-là !

GINA.

Ah ! j'aime beaucoup cet air-là !

CLÉLIA, à Fabio.

Certes, monsieur, vous êtes très-habile...
Mais je suis curieuse, et veux savoir ici
Qui composa cet air...

CAFARINI.

Vous le dire est facile !...
Paroles et musique à coup sûr sont de lui !

FABIO, vivement.

Non, non... je ne veux pas me parer d'un mérite
Qui ne m'appartient pas... car c'est d'un grand seigneur !

LE MARQUIS, avec effroi, à part.

O ciel !

FABIO.

Homme d'esprit !

LE MARQUIS, de même.

D'effroi mon cœur palpite...

FABIO, avec chaleur.

Élevé par son rang, et surtout par son cœur !
Et pour vous le prouver en un mot, c'est...

LE MARQUIS, l'empêchant de continuer.

Jeune homme!

FABIO.

Le comte de Fiesque!

TOUS, poussant un cri dans un sentiment différent.

Ah!

FABIO.

C'est ainsi qu'on le nomme!
Et vous le connaissez!...

CLÉLIA, avec colère, LE MARQUIS, avec joie.

Ah! c'est de lui!

FABIO.

De lui..

Je vous l'atteste ici!

Ensemble.

CLÉLIA, à part.

O rage! ô colère!
Soudaine lumière
Qui brille et m'éclaire
D'un funeste jour!
Pour sa souveraine,
Quand l'amour l'enchaîne,
Qu'en mon cœur la haine
Succède à l'amour!

LE MARQUIS.

Hasard tutélaire
Qui soudain m'éclaire,
Et dont la lumière
M'embrouille à mon tour!
Mais, quoi qu'il advienne,
Au gré de ma haine
Je pourrai sans peine
Le perdre à la cour!

CAFARINI.

Hasard tutélaire

Qui soudain m'éclaire,
Et dont la lumière
M'embrouille à mon tour !
Mais, quoi qu'il advienne,
Au gré de sa haine
Il pourra sans peine
Le perdre à la cour !

FABIO, à part.

Ah ! je dois leur taire
Ce doux nom de frère ;
Un pareil mystère
Doit fuir le grand jour !
Mais, quoi qu'il advienne,
L'amitié m'enchaîne,
Ma vie est la sienne...
A lui mon amour !

GINA, à part.

De lui je suis fière,
Mais je dois le taire,
Un pareil mystère
Doit fuir le grand jour !
Mais, quoi qu'il advienne,
A lui tout m'enchaîne,
Ma vie est la sienne,
A lui mon amour !

CLÉLIA, à part, avec colère.

Le comte !... le perfide... il aime la princesse...
(Avec mépris.)
Et par ambition !

LE MARQUIS, bas à Cafarini.

Conçois-tu mon ivresse ?...

CAFARINI, de même.

Je n'y conçois plus rien !

LE MARQUIS, de même.

Qu'importe !... un sort heureux
Me sauve de l'abîme... et par un trait d'audace

J'y pousse un ennemi... je le perds à ma place!...
J'y cours... et Richelieu, je crois, n'eût pas fait mieux!

Ensemble.

CLÉLIA.
O rage! ô colère! etc.

LE MARQUIS et CAFARINI.
Hasard tutélaire, etc.

FABIO.
Ah! je dois leur taire, etc.

GINA.
De lui je suis fière, etc.

(Le marquis, après avoir rappelé à Clélia l'heure de la réception, sort par la gauche avec Cafarini.)

CLÉLIA, à part, regardant la pendule.

Oui, oui, voici l'heure... (A Gina.) Mes gants, mon mantelet...

(Gina entre dans la chambre à droite.)

SCÈNE V.

FABIO, CLÉLIA.

FABIO, à part.

Enfin, nous voilà seuls... j'avais tant de choses à lui dire... et je tremble, car elle me regarde...

CLÉLIA, assise sur le canapé, réfléchissant à part, et regardant de temps en temps Fabio.

Cette déclaration adressée à la princesse... cet air qu'il chantait tout à l'heure, est du comte de Fiesque!... du comte qui m'avait recommandé si vivement ce jeune homme!... Ils sont donc liés ensemble... intimement peut-être...

FABIO, à part, regardant Clélia.

Oh! comme elle est émue!

CLÉLIA.

Et je saurai par lui... (Haut, d'un air gracieux.) Approchez, Fabio !

FABIO, à part.

O bonheur !

CLÉLIA.

J'ai, avant tout, une question à vous adresser... et je réclame votre franchise...

FABIO.

Parlez... disposez de moi... Trop heureux, au prix de ma vie, de vous prouver ma reconnaissance...

CLÉLIA, avec émotion.

Eh bien ! si vous dites vrai... si vous m'êtes dévoué... (Se retournant vivement.) Qu'est-ce ?

SCÈNE VI.

LES MÊMES ; GINA, rentrant avec les gants et le mantelet de Clélia.

FABIO, à part.

C'est Gina... quel contre-temps !

CLÉLIA, à Gina.

Que voulez-vous ?

GINA.

J'apportais ce que m'a demandé la signora... et je venais la remercier de ma chambre qui est charmante... et puis, si elle le permet, prendre mesure pour cette robe de bal que je dois commencer.

CLÉLIA, vivement.

Pas dans ce moment... dans un autre !

GINA, lui montrant la pendule.

Mais il se fait tard... voyez plutôt !...

CLÉLIA.

O ciel! c'est vrai!... l'heure de la réception... à peine quelques minutes... et il faut que je sois là... sinon... (A part.) On penserait que la douleur ou le dépit... Non, non, j'irai... (A demi-voix.) Fabio!...

FABIO, s'approchant.

Madame!...

CLÉLIA, à demi-voix, pendant que Gina est assise un instant sur le canapé à droite, pour arranger ses mesures.

J'avais à vous parler... mais, vous le voyez... pas un moment à moi... il faut que je parte... c'est mon devoir... mais après le cercle de la princesse, à neuf heures... je serai seule...

FABIO, à part.

O ciel!

CLÉLIA.

Venez.

FABIO, à demi-voix et avec expression.

A moins que je ne sois mort!

CLÉLIA, vivement en lui serrant la main.

C'est bien... Ici... à ce soir!

(Fabio porte à ses lèvres son gant, que Clélia vient de toucher, puis voyant Gina qui se retourne, il salue respectueusement la marquise, et sort par la porte du fond.)

SCÈNE VII.

CLÉLIA, GINA.

GINA, de loin.

Adieu, monsieur Fabio!

CLÉLIA, tout en prenant son mantelet et ses gants.

Vous connaissez M. Fabio?

19.

GINA.

Beaucoup!... c'est-à-dire, à peine... Il demeure dans la maison de mon oncle... (Lui montrant la mesure de papier qu'elle tient.) Si la signora voulait me laisser lui prendre mesure... ce ne serait qu'un instant... Pendant qu'elle met ses gants et son mantelet... je lui jure qu'elle aura le temps !

CLÉLIA.

Dépêche-toi... (Pendant que Gina lui prend mesure.) Et c'est un honnête jeune homme ?

GINA.

Je le crois bien... et si laborieux, qu'il a manqué mourir de travail ou en devenir fou !

CLÉLIA.

Tu m'effraies !

GINA, prenant toujours mesure.

Oh ! il est guéri... quoique ça lui reprenne encore de temps en temps... quand il parle de musique... Si la signora voulait lever le bras... Du reste, un homme de mérite... et un cœur...

CLÉLIA.

Auquel on peut se fier !

GINA, se baissant pour mesurer la jupe.

Moi, d'abord, j'aurais toute confiance en lui...

CLÉLIA, souriant.

C'est ce que je vois !

GINA.

La jupe pas trop longue, n'est-ce pas ?... Et si vous daignez le protéger... (Passant sa mesure autour de la taille de Clélia.) C'est si bien... si délicat... si distingué...

CLÉLIA, secouant la tête.

Vraiment !...

GINA, se reprenant avec embarras.

Je veux parler de la taille de la signora... Impossible avec cela de manquer une robe...

CLÉLIA, avec un soupir.

J'entends... tu aimes Fabio ?

GINA.

Moi ! signora !

CLÉLIA, de même.

Et... tu en es aimée ?

GINA.

Il ne me l'a jamais dit... mais ça viendra peut-être !... (Entendant du bruit à la porte du fond qui est restée ouverte.) Qui va là ?

SCÈNE VIII.

Les mêmes ; LE COMTE, entrant vivement par la porte du fond.

GINA, à part.

Ah ! le monsieur de ce matin, chez Fabio !

CLÉLIA, apercevant le comte, à part.

C'est lui... (Haut.) Votre visite à pareille heure, monsieur le comte !...

GINA, à part.

Un comte !

LE COMTE.

Je reçois à l'instant, sans pouvoir les comprendre,
Ces mots que l'amitié vient pour moi de dicter :
    « De loin vous pourrez vous défendre,
« Mais partez à l'instant... On doit vous arrêter ! »

CLÉLIA.

De qui vient cet avis ?

LE COMTE.
        La nouvelle est certaine..
(A voix basse.)
J'ai reconnu la main de notre souveraine...

CLÉLIA, à part.

Perfide!... plus de doute!
(Haut, avec ironie.)
Eh bien! il faut partir!
A votre souveraine il vous faut obéir!

LE COMTE.

Le puis-je, sans vous voir... sans vous dire ma peine?

CLÉLIA, avec ironie.

Impossible à présent... on m'attend au palais...
(Faisant une révérence au comte qui veut la retenir.)
Vous savez, comme moi, ce qu'à sa souveraine
On doit de dévoûment...
(Avec colère.)
Adieu donc pour jamais!

(Elle sort vivement par la porte à gauche, en défendant au comte de la suivre.)

SCÈNE IX.

LE COMTE, assis sur un fauteuil, près de la table à gauche, GINA, à droite.

GINA, regardant le comte avec intérêt.

Oh! comme il a l'air malheureux!

LE COMTE, à lui-même, avec agitation.

Clélia m'abandonner... quand la fortune m'abandonne... Non! non!... ce n'est pas possible... On m'aura accusé, calomnié auprès d'elle... et obligé de fuir à l'instant même... comment me justifier... et que faire, mon Dieu!

GINA, s'approchant du comte.

Monsieur!...

LE COMTE, se levant.

Qu'est-ce?

GINA.

Vous ne me reconnaissez pas! C'est moi, Gina, la couturière!

LE COMTE.

Cette jeune fille de ce matin !

GINA.

Pour qui vous avez été si indulgent et si bon... et qui, dans ce moment, demeure ici, près de madame la marquise !

LE COMTE.

Ah ! c'est le ciel qui t'envoie !

GINA.

Eh ! mais ça se peut bien !... Parlez !...

LE COMTE.

Je suis banni, proscrit... En restant ici, je risque d'être arrêté !

GINA, vivement.

Aussi, vous partez !...

LE COMTE.

Non... je reste... Il faut que je voie ta maîtresse... que je lui parle encore... dussé-je en mourir... Car, s'il faut te l'avouer... je l'aime !

GINA, avec sentiment.

Allez !... je connais ça !

LE COMTE.

Je ne le dis qu'à toi... à toi seule...

GINA.

Soyez tranquille... vous avez gardé mon secret... je garderai le vôtre, je vous le jure... Mais la signora est au cercle de la cour...

LE COMTE.

Et n'en reviendra que dans une heure... D'ici là, tout le monde en ce palais peut me voir et me reconnaître... Où l'attendre... où me cacher ?...

GINA, vivement.

Ah ! dans ma chambre... j'en ai une ici !

LE COMTE, avec joie.

Est-il possible ?

GINA.

Venez !... (Hésitant.) Mais vous êtes un honnête homme au moins !

LE COMTE, avec loyauté.

Le comte de Fiesque !

GINA.

Oui, oui... Fabio dit toujours ce nom-là avec admiration et respect... Ainsi, c'est convenu, vous vous tiendrez bien caché... là, de ce côté...

LE COMTE.

Et dès que Clélia sera rentrée !...

GINA.

Dès qu'elle sera seule...

LE COMTE.

Comment le saurai-je ?

GINA.

Eh ! mais je jouerai sur cette guitare... un air... le vôtre !

LE COMTE, étonné.

Comment ! qui te l'a appris ?

GINA.

Fabio, qui nous l'a chanté deux fois !

LE COMTE.

C'est juste... tout ce que sait Fabio, tu dois le savoir...

GINA.

Mais lui... mais personne au monde ne saura vos secrets... je vous le jure !

LE COMTE.

Ah ! tu es charmante !

GINA, prenant un flambeau qui est sur la console à droite.

Venez... suivez-moi...

(Elle sort avec le comte par la porte à droite. — Le théâtre est dans l'obscurité.)

SCÈNE X.

FABIO, entrant par la porte du fond.

CAVATINE.

Asile où règne le silence,
Sombre et mystérieux réduit,
En tremblant vers toi je m'avance,
Et de mes pas je crains le bruit.
O nuit, des amants protectrice,
O nuit, viens rassurer mon cœur;
Viens!... et de ton ombre propice
Cache mon trouble et mon bonheur!

  Heure charmante
  Du rendez-vous,
  Moment d'attente
  Cruel et doux,
  Tu fais d'avance
  Battre mon cœur
  D'impatience
  Et de bonheur!

  Toi que j'attends,
  Toi que j'appelle,
  Viens donc! viens donc!
Ah! je l'entends... c'est elle!...
   Non! non!...

Heure charmante, etc.

SCÈNE XI

FABIO, à gauche du théâtre, GINA, sortant de la porte à droite.

DUO.

GINA, regardant du côté de la porte à droite.

Par moi caché dans cette humble retraite,

Il attend mon signal pour revoir ses amours.
Pauvre jeune homme! hélas! pour lui je m'inquiète;
S'il était découvert... il y va de ses jours!

Ensemble.

GINA.

Veillons sur leur bonheur!
Pour eux, mon Dieu! j'ai peur!
Je sens battre mon cœur
D'espoir et de frayeur!
Pour eux, hélas!
Prions tout bas.
Fais venir promptement
La beauté qu'il attend,
Amour, toi qui m'entends,
Tu dois veiller sur des amants!...

FABIO.

C'est elle... ah! quel bonheur!
D'où vient qu'ainsi j'ai peur?
Je sens battre mon cœur
D'amour, d'espoir et de frayeur!
Je n'ose, hélas!
Faire un seul pas.
Allons, voici l'instant,
Disons-lui mon tourment.
Amour, toi qui m'entends,
Tu dois veiller sur des amants!...

GINA.

Mais quelle obscurité profonde!
Et je n'ose appeler du monde.

(Entendant Fabio s'approcher.)

Qui va là?

FABIO.

C'est moi... me voici...
Moi, Fabio!...

GINA, à part.

C'est lui!

Ensemble.

FABIO.

Ah! mon âme éperdue
De surprise a frémi.
Quelle ivresse inconnue
Et quel trouble inouï!
O volupté céleste,
Enfin donc la voilà!
Que m'importe le reste?
Tout mon bonheur est là!

GINA.

O rencontre imprévue!
Mon cœur en a frémi.
Tremblante et l'âme émue,
Je suis seule avec lui.
Ah! j'aurais, je l'atteste,
Dû m'éloigner déjà,
Et cependant je reste,
Et je suis encor là!

FABIO.

O vous, dont la main généreuse
A depuis si longtemps daigné me secourir...

GINA, à part.

Il sait tout!

FABIO.

Ma voix respectueuse
Bénissait vos bienfaits et n'osait les trahir.

GINA, de même.

Il sait tout!

FABIO.

Oui, je vous ai devinée,
Ange gardien de mes jours,
Et ma vie est enchaînée
A vous seule et pour toujours!
Oui, c'est vous, c'est vous que j'aime,
Et dussiez-vous me punir...

Ah! de cet amour extrême
Rien ne saurait me guérir :
Plutôt mourir que guérir!

(Retenant par la main Gina qui veut s'éloigner.)
Ah! n'espérez pas me fuir!

Ensemble.

GINA.

D'une ivresse inconnue
Tout mon cœur a frémi!
Tremblante et l'âme émue,
Je suis seule avec lui.
Hélas! j'aurais, sans doute,
Dû m'éloigner déjà;
Et cependant j'écoute,
Et je suis encor là!

FABIO.

Quelle ivresse inconnue!
Quel bonheur inouï!
Oui, son âme est émue
Et sa main a frémi.
Ah! pour moi plus de doute,
Près de moi la voilà,
Et son cœur qui m'écoute
Me pardonne déjà!

(Fabio est aux genoux de Gina, et presse sa main avec transport. — La porte à gauche s'ouvre. — Paraît Clélia tenant un flambeau. — Le théâtre redevient éclairé. — Tous trois poussent un cri.)

SCÈNE XII.

CLÉLIA, GINA, FABIO.

CLÉLIA, souriant.

Qu'ai-je vu?

FABIO, à Clélia, vivement.

O ciel! ne croyez pas, madame... j'étais là, persuadé que...

CLÉLIA.

Quoi donc?

FABIO, s'arrêtant et à part, en regardant Gina.

Qu'allais-je faire?... la compromettre aux yeux de cette jeune fille...

CLÉLIA, souriant.

Vous étiez là, aux genoux de Gina... que vous aimez... n'est-il pas vrai?...

FABIO, à part.

Ah! sauvons-la!... (Haut et balbutiant.) Oui... oui, signora... c'est la vérité... et mon trouble...

CLÉLIA, montrant Gina.

Egale le sien... c'est tout naturel... Je suis charmée, Fabio, que vous aimiez ma gentille couturière... c'est une bonne idée que vous avez là...

FABIO, se remettant.

N'est-ce pas?... Et si madame m'approuve... et si elle est contente...

CLÉLIA.

Sans doute!... (Avec bonté, en lui faisant signe de s'éloigner un instant.) C'est bien... c'est bien... je suis à vous... (A Gina, à demi-voix, pendant que Fabio se tient à l'écart au fond du théâtre.) Tu ne t'attendais pas à trouver ici Fabio?...

GINA.

Non, sans doute.

CLÉLIA.

C'est moi qui l'ai fait venir... j'avais à lui parler, à l'interroger sur quelqu'un...

GINA, bas, à Clélia.

Sur monsieur le comte de Fiesque...

CLÉLIA, vivement, et à demi-voix.

Tu le sais?

GINA, de même.

Je sais tout... il me l'a dit.

CLÉLIA, de même.

Eh bien! dans sa réponse à notre souveraine... et elle vient de me la montrer... il ne lui parle que de son amour pour moi et de notre mariage... qu'il la supplie de protéger.

GINA, de même.

J'en étais sûre!

CLÉLIA, de même.

Et tout cependant se réunit pour l'accuser... la princesse n'ose le défendre de peur de le compromettre encore plus... et moi, qui l'ai repoussé, je donnerais ma vie pour le revoir, ne fût-ce qu'une minute... Mais il n'est plus temps!

GINA, à demi-voix.

Si, madame.

CLÉLIA, de même.

Que dis-tu?

GINA, de même.

Il n'est pas parti.

CLÉLIA, de même.

Est-il possible?

GINA, de même.

Il est là... caché dans ma chambre.

CLÉLIA.

O Gina! Gina! comment te remercier?

GINA.

En l'aimant bien, signora... et en protégeant Fabio...

CLÉLIA.

Mais c'est mon père qui le poursuit... et s'il était vu, s'il était reconnu... c'en est fait de sa liberté... de ses jours peut-être.

GINA.

Mais on ne le verra pas... D'abord, vous renverrez tout le monde.

CLÉLIA.

A commencer par Fabio.

GINA.

Soyez tranquille... je m'en charge.

(Pendant toute la scène précédente, qui s'est dite vivement et à demi-voix, sur le bord de la scène à gauche, Fabio s'est tenu au fond du théâtre, à droite. — Dans ce moment seulement, Gina lui fait signe d'approcher et va à lui, pendant que Clélia s'assied à gauche, près de la table.)

FINALE.

GINA, à Fabio.

Beau Fabio, votre fortune est faite !...
La signora vous aime et vous protége !

FABIO.

Moi !

GINA, gaîment.

Mais je viens de sa part, en discrète soubrette,
Vous dire : Allez-vous-en au plus vite...

FABIO, étonné.

Pourquoi ?

GINA, souriant.

Vous qui parlez si bien de votre amour extrême...
Vous comprendrez cela...
(A demi-voix.)
Madame attend ici...
Motus au moins... un beau seigneur qu'elle aime !

FABIO, tressaillant, à part.

O ciel !
(Cherchant à se contenir.)
Il va venir !

GINA.

Un proscrit... un banni !
Que poursuit le ministre, et qu'il voudrait bien prendre !

FABIO, avec jalousie.

Il va venir !

GINA.

Quand vous serez parti !

FABIO, à part.

C'est ce que nous verrons !

GINA, gaîment.

Je n'ai qu'à faire entendre
L'air que vous chantiez ce matin,
L'amoureux paraîtra soudain.
Partez donc !

FABIO, avec fureur.

Moi, partir !...

Ensemble.

FABIO.

Je sens gronder l'orage
Et croître ma fureur ;
Le désespoir, la rage,
S'emparent de mon cœur.
Moi, déjà l'on m'oublie,
Pauvre, obscur et sans nom ;
Et tant de perfidie
Égare ma raison.

CLÉLIA et GINA, le regardant avec étonnement.

D'où vient de son visage
Le trouble et la pâleur ?
Il semble que l'orage
Gronde au fond de son cœur !
Ah ! quelle frénésie !
On dirait, voyez donc,
Qu'un accès de folie
Égare sa raison !

FABIO, cherchant à se contenir, et allant à Clélia.

Est-il vrai, signora ?... de vous je veux l'apprendre,
Que quelqu'un qui vous aime... en ce lieu va se rendre ?

CLÉLIA, avec fierté.

Monsieur !

GINA, à Fabio, le faisant taire.

Que dites-vous ?

FABIO, cherchant toujours à se contenir.

Je dis... Vous savez bien
Que ça ne se peut pas !

GINA, se jetant entre lui et Clélia.

Ah ! je n'y conçois rien...
C'est quelque accès nouveau qui vient de le reprendre...
Et sa raison s'égare !

FABIO, avec colère.

A moi ?

GINA, à Clélia.

Grâce pour lui... mais je tremble d'effroi !

(Clélia effrayée, prend la sonnette qui est sur la table et sonne avec force.)

SCÈNE XIII.

Les mêmes ; LE MARQUIS, CAFARINI, et tous les GENS DE LA MAISON, accourant au bruit.

Ensemble.

FABIO.

Je sens gronder l'orage,
Et croître ma fureur ;
Le désespoir, la rage,
S'emparent de mon cœur.
Oui, déjà l'on m'oublie,
Pauvre, obscur et sans nom !
De tant de perfidie
S'égare ma raison !

GINA et CLÉLIA.

Voyez de son visage
Le trouble et la pâleur ;

Quelque terrible orage
Gronde au fond de son cœur.
Calmez-le, je vous prie,
Car j'en ai le frisson.
Un accès de folie
Égare sa raison !

LE MARQUIS, CAFARINI et LE CHOEUR.

D'où vient donc ce tapage?
Pourquoi cette rumeur?
J'entends ici l'orage
Qui gronde avec fureur.
Un accès de folie?
Qu'on l'emmène en prison !
Qu'à l'instant on le lie,
Car il perd la raison.

LE MARQUIS.

Qu'on l'emmène à l'instant, je l'ordonne !

FABIO, qu'on entraîne, à part et avec rage.

Partir!
Et, pendant mon absence, un rival va venir!...
La mort est préférable aux tourments que j'éprouve.

(S'échappant des mains de ceux qui l'entraînent.)

Laissez-moi!

LE MARQUIS, CAFARINI et LE CHOEUR.

C'est un fou !

FABIO, à demi-voix, au marquis, et avec colère.

Si cependant je prouve
Que je ne le suis pas!... Et, si vous en doutez...
Vous cherchez un coupable... et moi, je le retrouve...
Je le montre à vos yeux !

LE MARQUIS, étonné.

Que dit-il?

FABIO, saisissant la guitare qui est sur la table.

Écoutez!

(Après avoir pris la guitare sur la table, il joue sans paroles et sans chanter l'air qu'on a déjà entendu au premier et au deuxième actes.)

TOUS, avec étonnement et le regardant comme un fou.
Que veut-il faire, grands dieux!
(Au bout de quelques mesures et au milieu du silence profond qui s'est établi, la porte à droite s'ouvre, et paraît le comte de Fiesque qui entre vivement; à sa vue, Clélia pousse un cri d'effroi.)

TOUS, avec un sentiment différent.
C'est le comte en ces lieux!

FABIO, stupéfait et poussant un cri.
Mon frère!

Ensemble.

FABIO.
Qu'ai-je fait, lâche et perfide!
Mon frère! je t'ai trahi,
Et ma main fratricide,
Te livre à ton ennemi!

CLÉLIA, GINA et LE CHOEUR, regardant Fabio.
Plus insensé que perfide
Il le trahit malgré lui;
Le délire qui le guide
Vient servir un ennemi!

LE COMTE, qui est près de Fabio.
Contre moi le sort décide,
Et peu m'importe, aujourd'hui...
(Serrant la main de Fabio.)
Si la fortune perfide
Me laisse encore un ami!

LE MARQUIS.
Pour moi le sort se décide,
Nous l'emportons aujourd'hui...
La fortune qui nous guide
Me livre mon ennemi!

CAFARINI.
Pour lui le sort se décide,
Nous l'emportons aujourd'hui...
La fortune qui nous guide
Lui livre son ennemi.

Ensemble.

LE MARQUIS.

Bon! bon! bon! bon! tout va bien... et j'estime
Que mon rival est perdu pour jamais!
Oui, du pouvoir je veux toucher la cime
Et, s'il se peut, monter encore après!

CAFARINI.

Bravo! bravo! tout va bien, et j'estime
Que ma fortune est faite pour jamais!
Et du pouvoir s'il touche enfin la cime,
Derrière lui je veux grimper après!

CLÉLIA, regardant le comte.

D'un sort fatal, dont il est la victime,
Je suis la cause... Amour, vois mes regrets!
Amour, rends-moi son cœur et son estime,
Qu'il me pardonne, et que je meure après!

FABIO.

Allons! du cœur!... Regagnons leur estime,
Et réparons tous les maux que j'ai faits!
Sainte amitié, viens réparer mon crime!

(Regardant son frère.)

Qu'il soit heureux... et que je meure après!

LE COMTE.

Allons, courage! et si je suis victime
D'un sort fatal, dont je brave les traits,

(Regardant Clélia.)

Amour, rends-moi son cœur et son estime,
Fais qu'elle m'aime... et que je meure après!

GINA, regardant Fabio.

D'un sort fatal quand il est la victime,

(A Clélia.)

Pardonnez-lui tous les maux qu'il a faits!
Pauvre insensé! sa folie est son crime,
Plaignons d'abord... et fâchons-nous après!

LE CHŒUR, regardant le comte.

Il est perdu... mais quel est donc son crime?

Son nom, son rang... voilà tous ses forfaits!
De leurs complots il sera la victime,
Et son rival l'emporte pour jamais!

LE MARQUIS, à des soldats qui viennent d'entrer, leur montrant le comte.

Emparez-vous de lui!

CLÉLIA, d'un geste suppliant, au marquis.

Mon père!

FABIO, la regardant.

Elle a raison...
    (Montrant le comte.)
C'est lui qu'elle préfère.
(A part.)
Fatal amour! je t'oublirai.
(Bas, au comte.)
Et toi, mon seul ami, mon frère!
Par moi tu seras délivré,
Je te le jure... ou je mourrai!

Ensemble.

LE MARQUIS.

Bon! bon! bon! bon! tout va bien! et j'estime, etc.

CAFARINI.

Bravo! bravo! tout va bien, et j'estime, etc.

CLÉLIA.

D'un sort fatal, dont il est la victime, etc.

FABIO.

Allons! du cœur!... Regagnons leur estime, etc.

LE COMTE.

Allons, courage! et si je suis victime, etc.

GINA.

D'un sort fatal quand il est la victime... etc.

LE CHOEUR.

Il est perdu... mais quel est donc son crime? etc.

(Des soldats emmènent le comte de Fiesque. — Clélia tombe dans un fauteuil à gauche. — Le marquis et Cafarini se frottent les mains et Fabio étend la sienne vers son frère comme pour lui dire : — Je te sauverai!)

ACTE TROISIÈME

Les jardins du palais ducal. — A gauche, un escalier de marbre conduisant au palais, dont la terrasse occupe tout le fond. A droite, des bosquets.

SCÈNE PREMIÈRE.

FABIO, entrant par la droite avec précaution, comme s'il craignait d'être aperçu.

Leurs sentinelles avaient beau me défendre les portes du palais... je suis entré... La marquise a refusé de me voir et de m'entendre... Je le conçois... elle me regarde comme un traître qui a dénoncé celui qu'elle aime... Mais ici, dans la demeure de notre souverain... il y a, dit-on, une fête, un concert... Elle y viendra... je lui parlerai... à elle, au ministre... à tout le monde... Il faut que je sauve mon frère... il le faut... car ils disent tous qu'il est condamné, dépouillé de ses biens... jeté dans un cachot... Et pour quel crime ?... Comment le savoir... à moins de le demander au prince lui-même ?... (Écoutant.) On vient de ce côté... et si l'on m'aperçoit, on me chassera de ce palais où je n'ai pas le droit de pénétrer... Tué... battu même !... ce ne serait rien... mais ne pas voir mon frère... mais ne pas le sauver !... Mais en attendant, où me cacher !... Ah ! là...
(Il se cache à gauche, au premier plan, sur l'escalier qui conduit à la terrasse, de manière cependant à être vu du public.)

SCÈNE II.

FABIO, caché, CAFARINI, GINA, entrant par les bosquets de droite.

CAFARINI, entrant et causant avec Gina.

Oui, signorina... c'est par moi, par mon crédit que vous entrez au palais ducal... et que vous vous promenez dans ces beaux jardins... Mais, il n'est pas encore l'heure et nous pouvons nous asseoir... (Ils s'asseoient tous deux sur un banc à gauche, au-dessous de l'escalier où est Fabio.) Sans moi, vous n'auriez pas ce billet qui vous permet d'assister à la fête et au concert...

GINA.

Ça m'est bien égal!...

CAFARINI.

Ah! d'entendre ma musique... ça vous est égal... Tout le monde ne dirait pas cela!...

GINA.

Ne vous fâchez pas, mon oncle... Je veux dire seulement que je n'y suis guère disposée... Avoir vu arrêter ce pauvre jeune homme... ce comte de Fiesque... ça m'a fait une peine...

FABIO, à part, se montrant un instant, sans être vu de Cafarini ni de Gina.

Ah! c'est une brave fille!...

GINA, à Cafarini.

Et qu'est-ce qu'il a fait?... le savez-vous?...

CAFARINI.

Oui!

FABIO, de même.

Je vais donc l'apprendre!

CAFARINI, mystérieusement.

Imagine-toi... (s'arrêtant.) Je ne peux pas te le dire... c'est un secret d'État!

GINA.

Mais, au moins, on ne le condamnera pas sans l'entendre!

CAFARINI, de même.

Au contraire!... C'est là l'avantage d'un secret d'État... L'affaire ne sera jamais discutée et il ne sera question de rien... Le prince le veut ainsi... pour des raisons à lui connues... et qui ne te regardent pas... Ce qui nous regarde, c'est que demain, aujourd'hui peut-être, je serai nommé maître de chapelle de la cour... avec le ruban de Saint-Michel, le ruban noir... etc., etc.

GINA, avec étonnement.

Vous!...

CAFARINI.

Moi!... Tout ce que je demanderai, je suis sûr de l'obtenir... Et ces honneurs, cette richesse... sais-tu à qui je les offre?

GINA.

Non!

CAFARINI.

A toi!

GINA.

A moi!... C'est comme la musique... ça m'est bien égal!...

CAFARINI.

Et pourquoi, s'il vous plaît?

GINA.

Dame! j'aurais préféré vous le cacher toujours ainsi qu'à moi-même... mais puisque vous m'y forcez, il faut bien vous avouer qu'il y a quelqu'un que j'aime!

CAFARINI, avec colère.

Comment?

GINA, avec résolution.

Eh bien! oui... Un jour, dans la voiture de la marquise, j'allais être tuée, sans un brave jeune homme qui m'a sauvé la vie et qui, depuis, est venu demeurer près de nous...

CAFARINI, vivement et se levant.

Fabio!

GINA, se levant aussi.

Eh bien! oui, mon oncle!

FABIO, à part.

O ciel!

TRIO.

GINA.

Le matin j'y rêve,
J'y rêve le soir!
Jamais ne s'élève
Plus loin mon espoir!
Cet aveu sincère
Est mal, je le voi...
Hélas! j'ai beau faire,
C'est plus fort que moi!
Mais toujours de même
Pour lui mon cœur bat;
C'est lui seul que j'aime
Dût-il être ingrat!

FABIO, à part, toujours sur l'escalier.

N'est-ce pas un rêve
Qui vient m'émouvoir?
En mon cœur s'élève
Sombre désespoir!
Quel remords extrême
M'accable et m'abat!
J'accuse, et, moi-même,
Je suis un ingrat!

CAFARINI.

C'est un mauvais rêve!
Je crains de trop voir...

Faut-il donc qu'il m'enlève
Ce cœur, mon seul espoir!
Quoi! c'est lui qu'on aime!
Et, dans mon état,
J'élevai moi-même
Ce rival ingrat!

GINA.

Oui, sur lui je veille
Et préviens ses vœux.
Pendant qu'il sommeille,
Travaillant pour deux,
J'amasse en silence;
O sort fortuné!
Pour lui je dépense
L'or que j'ai gagné,
A lui je le donne,
A lui, mon ami;
Si j'avais un trône
Il l'aurait aussi!
Grisette ou duchesse,
Pour lui mon cœur bat...
A lui ma tendresse,
Dût-il être ingrat!

Ensemble.

GINA.

Le matin j'y rêve, etc.

CAFARINI.

C'est un mauvais rêve, etc.

FABIO.

N'est-ce pas un rêve! etc.

CAFARINI.

Moi, j'ai de la noblesse!

GINA.

Pour d'autres gardez-la!

CAFARINI.

De l'or, de la richesse!

GINA.
On est heureux sans ça!

CAFARINI.
Mais lui n'a rien encore!

GINA.
J'aime sans intérêt.

CAFARINI.
Sa naissance, on l'ignore!

GINA.
Tel qu'il est il me plait!

CAFARINI.
Sa raison déménage,
Il est fou furieux!

GINA, avec sentiment.
Je l'aime davantage
Puisqu'il est malheureux!

Ensemble.

FABIO.
Remords qui m'oppresse
J'ai trahi sans cesse
Si noble tendresse,
Si doux sentiments!
Pour une inhumaine
Qui, fière et hautaine,
Se rit de ma peine
Et de mes tourments!

CAFARINI.
C'est trop de faiblesse!
Fureur vengeresse,
Viens guider sans cesse
Mes ressentiments!
Redoute ma haine,
Toi, belle inhumaine,

Qui ris de ma peine
Et de mes tourments!

GINA.

A lui ma jeunesse!
A lui ma tendresse!
Oui, j'aurai sans cesse
Mêmes sentiments!
Acceptant vos chaînes
D'autres, plus humaines,
Calmeront vos peines
Et tous vos tourments!

CAFARINI, hors de lui.

Si je me fâche en ma fureur jalouse!

GINA.

N'en faites rien, je l'aimerais encor!

CAFARINI.

Et si pourtant, enfin, je vous épouse?

GINA.

Je l'aimerais encore!

CAFARINI.

Ah! c'est trop fort!

Ensemble.

FABIO.

Remords qui m'oppresse, etc.

CAFARINI.

C'est trop de faiblesse, etc.

GINA.

A lui ma jeunesse, etc.

CAFARINI, à part.

C'est bon à savoir! et désormais je les surveillerai!... (Apercevant le marquis descendant l'escalier de la terrasse.) Dieu! le ministre! (A Gina, lui montrant la droite.) Allez m'attendre au bout de cette allée... et ne vous éloignez pas!

(Gina sort.)

FABIO, à part, sur l'escalier.

Et ne pouvoir sortir!... ne pouvoir la rejoindre!...

SCÈNE III.

FABIO, toujours caché, sur l'escalier, LE MARQUIS, CAFARINI.

LE MARQUIS, descendant en rêvant.

Tout va bien! tout va très-bien!

CAFARINI, à part.

Pour lui... mais pour moi!

LE MARQUIS, l'apercevant.

Ah! c'est toi, Cafarini?... Quelles nouvelles?

CAFARINI.

C'est à Votre Excellence que j'en demanderai... Le comte de Fiesque?...

LE MARQUIS, avec joie.

Perdu, mon cher, perdu!...

FABIO, à part.

O ciel!

LE MARQUIS.

Le prince ne veut plus entendre parler de lui... ni surtout d'un crime qui a fait trembler la couronne ducale sur son front!

FABIO, à part.

Qu'est-ce que ça peut être?...

LE MARQUIS.

Le coupable est remis à ma discrétion... et enfermé ici même dans une salle basse du palais!

CAFARINI.

Et qu'en voulez-vous faire?

LE MARQUIS.

La marche est toute tracée... Tu ne te rappelles pas Richelieu, mon modèle, et le favori Cinq-Mars?...

CAFARINI.

O ciel! la parodie... (Se reprenant.) l'imitation irait jusque là!...

LE MARQUIS.

C'est de la haute politique... politique transcendante... qui tranche toutes les explications et toutes les questions... Je ne pourrai jamais faire de toi un élève qui comprenne le rouage politique!

CAFARINI.

Si, monseigneur... et j'aurais aussi une question à trancher!

LE MARQUIS.

A la bonne heure!

CAFARINI.

Il y a quelqu'un qui gêne les rouages de mon administration... C'est Fabio, mon élève!

LE MARQUIS.

Celui qui nous a rendu le service de faire arrêter le comte?

FABIO, avec indignation.

Damnation!

LE MARQUIS.

Il lui faut une récompense?

CAFARINI.

Au contraire!... C'est lui que vous avez vu hier matin dans ma maison... au moment... où...

LE MARQUIS.

Silence! Est-ce que tu crois qu'il se doute de quelque chose?

CAFARINI, vivement.

Oui, oui, je le parierais !

LE MARQUIS.

Oh ! si je le savais !

CAFARINI.

J'en suis certain !

LE MARQUIS.

Alors, on peut l'envoyer pour le reste de ses jours à la citadelle de Parme... c'est prudent !

CAFARINI.

C'est bien !

LE MARQUIS.

Quitte à faire mieux, s'il le faut !... Je vais en parler au prince...

(Il va pour sortir.)

FABIO, à part.

Impossible d'y rien comprendre... si ce n'est que mon frère et moi...

CAFARINI, qui a retenu le marquis.

Permettez, monseigneur !... ce n'est pas la seule chose que j'aie à demander à Votre Excellence !...

LE MARQUIS.

En ce cas, dépêche-toi... car je suis pressé !

DUO.

CAFARINI.

Cette place...

LE MARQUIS.

Laquelle ?

CAFARINI.

De maître de chapelle,
Qui, pour bonne raison,
Me fut promise...

LE MARQUIS.
Non !

CAFARINI, étonné.
Non !

LE MARQUIS.
Non !

CAFARINI.
Non !
Et pourquoi... pourquoi donc ?

LE MARQUIS.
Parce que j'ai dit : Non !

CAFARINI.
Non !

LE MARQUIS.
Non !

CAFARINI.
Et la faveur...

LE MARQUIS.
Laquelle ?

CAFARINI.
Cette faveur si belle...
L'honorable cordon
De Saint-Michel ?...

LE MARQUIS.
Non !

CAFARINI.
Non !

LE MARQUIS.
Non !

CAFARINI.
Non !
Et pourquoi... pourquoi donc ?

LE MARQUIS.
Parce que j'ai dit : Non !

CAFARINI.

Non !

LE MARQUIS, avec impatience.

Non ! non ! non ! non ! non !

Ensemble.

CAFARINI, à part.

Servez-donc,
Flattez-donc,
Les gens de bonne maison !
Monseigneur,
Quel honneur,
D'être votre serviteur !
Morbleu ! l'on doit se pendre
Après de semblables traits !
C'est vraiment à vous rendre
Philosophe pour jamais !

LE MARQUIS, à part.

Servez donc,
Placez donc,
Tous ces quêteurs de cordon !
Et leur cœur,
Plein d'ardeur,
Se moque de monseigneur !
Non, ils doivent dépendre
De nous seuls à tout jamais,
Seul moyen de les rendre,
Soumis à tous nos projets.

CAFARINI.

Quel motif ?

LE MARQUIS.

Motif politique,
Qui d'un mot aisément s'explique...
Te combler ainsi de mes dons,
C'est faire naître des soupçons !
Il vaut bien mieux, mon cher, attendre en homme habile...

CAFARINI, à part.

Pour me trouver toujours et soumis et docile !

LE MARQUIS.

Sur tous les autres points je t'accorde raison.
Fabio, dès ce soir sera mis en prison !

CAFARINI, s'inclinant.

Quoi vraiment ?

LE MARQUIS.

Oui, vraiment !

CAFARINI, de même.

Ah ! vous êtes trop bon !

Ensemble.

LE MARQUIS, à part.
Servez donc,
Placez donc, etc.

CAFARINI, avec fureur.
Servez donc,
Flattez donc, etc.

LE MARQUIS, prêt à partir, revenant sur ses pas, à demi-voix.
A propos, tu devais me rendre
Un papier précieux...

CAFARINI.

Quoi donc ?

LE MARQUIS.

Mon original... mon brouillon !
Tu sais ?...

CAFARINI.

Oui, je crois vous comprendre...
Je l'ai là... mais, sur mon honneur...

LE MARQUIS, vivement.

Donne !

CAFARINI.

Impossible, monseigneur !

LE MARQUIS, étonné.
Quel motif ?

CAFARINI.
Motif politique,
Qui d'un mot aisément s'explique !
Perdre une telle caution...
Ce serait perdre la raison !
Il vaut mieux le garder... pour que Votre Excellence,
En y songeant parfois, songe à ma récompense !

LE MARQUIS, à demi-voix, se contenant.
Rusé musicien !

CAFARINI.
L'élève, monseigneur,
Au ministre, son maître, a voulu faire honneur.
(D'un air calme.)
Ainsi cette place ?

LE MARQUIS, d'un air distrait.
Laquelle ?...

CAFARINI.
Cette place si belle
De maître de chapelle,
Qui, par un noble ami,
Me fut promise...

LE MARQUIS, avec impatience.
Eh ! oui !

CAFARINI, d'un air goguenard.
Oui !

LE MARQUIS, de même.
Oui !

CAFARINI, de même.
Oui !
Je l'obtiendrai de lui ?

LE MARQUIS, de même.
Puisque je t'ai dit : Oui !

CAFARINI.

Oui !

LE MARQUIS.

Oui !

CAFARINI.

Et la faveur?...

LE MARQUIS.

Laquelle ?

CAFARINI.

Cette faveur si belle,
Le cordon si joli
De Saint-Michel...

LE MARQUIS.

Oui !

CAFARINI, gaiment.

Oui !

LE MARQUIS.

Oui !

CAFARINI.

Oui !...
Je l'obtiens donc aussi ?

LE MARQUIS.

Puisque je t'ai dit : Oui !

CAFARINI.

Oui !

LE MARQUIS, avec impatience.

Oui ! oui ! oui ! oui ! oui !

Ensemble.

CAFARINI, à part, gaiment.

Fin politique,
Dont la tactique
Use et trafique
De tous les biens !

J'ai sans esclandre
De quoi te prendre
Et me défendre ;
Tu m'appartiens,
Et je te tiens.
Ah ! je te tiens ! oui, je te tiens !

LE MARQUIS, à part.

Fin politique,
J'ai ma tactique,
Tout se complique...
Ne disons rien !
Oui, sans esclandre,
Sachons attendre
Et le surprendre
Par un moyen
Pareil au sien.
Oui, cherchons bien quelque moyen !

LE MARQUIS, à demi-voix, à Cafarini.

Mais que cet air, cause de l'anecdote,
Cet air maudit, objet de mon effroi,
Ne soit jamais répété devant moi !

CAFARINI.

Jamais ! jamais ! pas une seule note !

LE MARQUIS, tendant la main.

C'est bien !... et ce papier ?...

CAFARINI, d'un air goguenard.

Sans lui, sans son secours,
Monseigneur oubliait jusqu'à ma récompense,
Je lui dois vos bontés... et, par reconnaissance,
Sur mon cœur j'ai juré de le garder toujours !

(Le marquis fait un geste de colère qu'il réprime aussitôt.)

LE MARQUIS, souriant.

Se défier encor de moi... c'est sans raison !...
A ce soir ton brevet !...

CAFARINI, de même.

A ce soir le brouillon !

Ensemble.

CAFARINI.

Fin politique,
Dont la tactique, etc.

LE MARQUIS.

Fin politique,
J'ai ma tactique, etc.

(Le marquis sort avec Cafarini par les jardins, à droite.)

SCÈNE IV.

FABIO, descendant avec précaution les marches de l'escalier à gauche, où il était caché.

Depuis une heure, j'écoute sans perdre une syllabe... J'ai tout entendu et n'ai pu rien comprendre... Est-ce qu'ils ont raison?... est-ce que je deviendrais fou?... Mon frère condamné à mort... et moi à la prison... Pourquoi?... Et ce ministre, d'abord si hautain, qui se trouve en ce moment dans la dépendance du maestro Cafarini... Pourquoi? quel est ce papier... ce brouillon, qui fait trembler Son Excellence... et qu'à tout prix il voudrait avoir?... Oh! c'est à perdre la tête... Et cependant, il faut sauver mon frère... car une fois plongé dans le cachot qui m'attend... et ça ne peut pas me manquer si on m'aperçoit... On vient!... Ah! pour mon bonheur... pour mon malheur, peut-être... c'est elle... c'est Clélia!

SCÈNE V.

FABIO, CLÉLIA, entrant par la droite.

CLÉLIA, apercevant Fabio et faisant un geste d'effroi.

Vous ici, monsieur!

FABIO.

Ah! ne me fuyez pas, de grâce... et n'ayez pas peur de

21.

moi... j'ai toute ma raison... je ne l'ai jamais perdue... je vous le jure !

CLÉLIA.

Ah ! c'était là votre seule excuse... Dénoncer votre ami, votre bienfaiteur !

FABIO, à part.

Elle dit vrai !

CLÉLIA.

Car c'est parce qu'il m'avait priée de vous protéger... que je vous avais fait venir chez moi !

FABIO, à part.

Oui, oui, c'est cela... je comprends maintenant... (Haut, avec chaleur.) Et moi aussi, je l'aime... car il m'avait appelé son frère... je le suis... Nous sommes nés du même sang !

CLÉLIA, étonnée.

Vous ?...

FABIO.

Moi qui donnerais ma vie pour lui !

CLÉLIA, de même.

Et comment, alors ?...

FABIO.

Ah ! ce n'est pas facile à vous expliquer... je savais qu'il vous aimait, qu'il était aimé de vous... Et ce cavalier, ce seigneur que vous attendiez, et dont j'ignorais le nom... j'ai cru que c'était un rival... (S'oubliant.) J'étais furieux... j'étais jaloux... (Se reprenant.) pour mon frère, pour lui, signora... que j'aimais... que j'aime... plus que vous peut-être... C'était mon devoir... ce devoir, je le remplirai désormais... Et, fût-ce au prix de mes jours... je le sauverai !

CLÉLIA, lui prenant les mains.

Bien, Fabio, bien !... Ce mot seul vous rend mon estime et mon amitié !

FABIO, dégageant ses mains de celles de Clélia.

Merci, madame... merci !... (Essuyant une larme.) Je suis bien heureux... Et maintenant, s'il se peut... je tâcherai de ne plus faire de sottises... Pour cela, il faut nous concerter... car tout à l'heure, j'ai entendu ici un indigne, un infâme... (A part.) Oh! qu'ai-je dit!... c'est son père !

CLÉLIA, l'interrogeant du geste.

Eh bien?...

FABIO, cherchant à se remettre.

Eh bien ! il s'agit de sauver le comte... mais comment ?

CLÉLIA, regardant autour d'elle.

La princesse vient de me confier cette maudite barcarolle... Tenez... regardez... est-ce bien de lui ?...

FABIO, regardant le papier de musique que lui remet Clélia.

Eh ! oui, vraiment... l'air qu'il a composé pour vous...

CLÉLIA, avec joie et surprise.

Pour moi !... En êtes-vous bien sûr ?

FABIO, indiquant sa poche.

Il me l'a donné... Je l'ai là... orchestré de ma main... Mais les paroles ne sont pas tout à fait les mêmes... et cette écriture, surtout, n'est pas la sienne !

CLÉLIA.

Eh ! qu'importe ?

FABIO.

Il importe... que, tout à l'heure, ce que j'ai entendu... si c'était... si ça avait rapport...

CLÉLIA.

Avec quoi ?

FABIO.

Avec des phrases que je ne comprends pas encore...

CLÉLIA.

Eh bien ! dites-les donc !

FABIO.

Impossible !... à cause du coquin qui les a prononcées...

CLÉLIA.

Et qu'il faut démasquer !

FABIO, avec effroi.

Devant vous !... Non ! non !

CLÉLIA.

Et pourquoi ? (On entend en dehors un prélude d'orchestre.) C'est la fête qui commence... Leurs Altesses ont déjà pris place... et la mienne est auprès d'elles... (Voyant le marquis sortir des bosquets à droite, suivi de plusieurs seigneurs et dames qui se rendent au concert.) Et voici mon père qui vient me le rappeler. (Vivement, à Fabio qui se cache derrière un grand vase, sur le premier plan droite.) Adieu !... à tantôt !... (Lui montrant le papier qu'elle vient de lui remettre.) Et ce papier ?...

FABIO.

Laissez-le-moi... je vous le rendrai !

(Le marquis donne la main à Clélia, et, suivis des seigneurs et des dames, ils montent l'escalier de marbre conduisant au palais, et disparaissent.)

SCÈNE VI.

FABIO, seul, avec agitation.

(Deux sentinelles sont en faction sur le haut de la terrasse.)

Ce papier !... Eh ! parbleu ! c'est l'écriture du maestro afarini, mon professeur... Je la connais trop bien pour m'y méprendre... Cômment cet air se trouve-t-il copié de sa main ?... Je l'ignore... mais il y a là-dessous un complot ou une erreur... Et, sans y rien comprendre encore... ce que j'ai entendu tout à l'heure doit y avoir rapport... Cet air, cause de l'anecdote... cet air, qui inspire tant d'effroi au ministre, qu'il ne veut plus en entendre une seule note ?... Pourquoi ?... Ça ne me regarde pas... Mais il est sûr que ce papier, auquel il attachait tant de prix... ce papier qu'il désirait, et que Cafarini lui refusait... c'est celui-ci... Et, en le lui montrant, je ferai comme le maestro... j'aurai ce que je voudrai... non pas des places ou des cordons... mais la grâce de mon frère !... C'est ça !... je cours me jeter à ses pieds...

(Il monte vivement l'escalier.)

UN FACTIONNAIRE, l'arrêtant au haut des marches.

On ne passe pas !

FABIO.

Il faut que je parle au ministre !

LE FACTIONNAIRE.

On ne lui parle pas !

FABIO.

Que je le voie, ou moins !

LE FACTIONNAIRE.

On ne le voit pas !

FABIO.

Mais il est là, à cette fête !

LE FACTIONNAIRE.

Raison de plus !... on ne doit pas le déranger !

FABIO, insistant.

Mais, cependant...

LE FACTIONNAIRE, présentant la baïonnette.

Arrière ! ou sinon !...

FABIO, redescendant.

On se ferait tuer... qu'on ne lui parlerait pas !... et cependant le temps presse... Impossible de pénétrer jusqu'au ministre qui est là... dans ce pavillon ! et comment l'en faire sortir... à moins d'y mettre le feu ?... C'est une idée !... (Se retournant vers la droite.) Hein ! que vois-je à travers le feuillage ?... Des gens armés... qui, déjà, viennent m'arrêter!... non! des flûtes et des clarinettes... troupe inoffensive que je connais !

SCÈNE VII.

FABIO, Musiciens et Choristes, Hommes et Dames.

LE CHŒUR.

Le maestro Cafarini
Est, dit-on, notre chef... et nous venons à lui...
De ces bosquets nous devons faire entendre
Des chants dont les accords parviendront jusqu'ici...
Et nous voulons savoir quel air il a choisi.

FABIO, à part.

O ciel!

(Haut.)

Vous demandez quel air il vous faut prendre?...
Le maestro Cafarini,
Dont je suis l'élève et l'ami,
M'a remis pour vous celui-ci...

(Tirant de sa poche un rouleau de musique.)

Tenez donc...

(Il leur distribue des parties, en les divisant en trois groupes, qui se dispersent dans les jardins. — A lui-même.)

Il a dit qu'il ne pouvait l'entendre...
Air charmant, par la peur que tu sais inspirer,
Puisses-tu, malgré lui, dans ces lieux l'attirer!

(On entend, de loin, l'air que l'on joue en harmonie dans les bosquets à droite.)

Bien! bien! très-bien! courage!

(Il les encourage de loin et du geste, en leur battant la mesure.)

SCÈNE VIII.

FABIO, à l'entrée d'un bosquet à droite, LE MARQUIS, sortant du palais et redescendant l'escalier de marbre.

LE MARQUIS, hors de lui.
Ah! juste ciel! qu'entends-je!
(Criant à tue-tête.)
Taisez-vous! taisez-vous... C'est incroyable... étrange!
Rien qu'aux premiers accords de cet air infernal,
La duchesse se trouve mal...
Ma fille aussi... le prince est pâle de colère...
Et chacun en désordre, interdit et tremblant...
(Criant au fond, à droite, où l'air se fait entendre.)
Taisez-vous! taisez-vous!... l'on vous dit de vous taire!
(On entend l'air, au premier plan à gauche.)
Allons, à d'autres maintenant!
Cernés de tous côtés!...
(A des domestiques qui sont derrière lui, et à qui il fait signe de descendre.)
Courez donc à l'instant!
(Les domestiques sortent de différents côtés.)

Ensemble.

(Sur le motif de l'air qu'on entend en harmonie au dehors, et qui diminue peu à peu.)

LE MARQUIS, sans voir Fabio.
Sur eux tous anathème!
Ah! c'est pour en mourir!
Ah! je me sens moi-même
Prêt à m'évanouir!
Je ne sais si je veille...
Comme un son sépulcral,
Toujours à mon oreille
J'entends cet air fatal!
Mais je respire à l'aise...
Je renais... je revien...

Enfin le bruit s'apaise
Et je n'entends plus rien,
Rien! rien!

FABIO, à part, près de l'escalier.

Grâce à mon stratagème,
Qui vient de réussir,
Je l'ai forcé lui-même,
Oui, lui-même à venir!
Ah! par quelle merveille
Cet air original,
A-t-il sur son oreille
Un pouvoir si fatal?...
Mais il respire à l'aise!...
Quel bonheur est le sien!
Enfin le bruit s'apaise
Et l'on n'entend plus rien,
Rien! rien!

LE MARQUIS, hors de lui.

Qui diable! aussi, a pu leur dire de jouer cet air révolutionnaire?... cet air de lèse-majesté!...

FABIO, s'avançant.

Moi, monseigneur!

LE MARQUIS, étonné.

Vous, monsieur!... Qu'est-ce que cela signifie?

FABIO, à part.

C'est ce que j'allais lui demander!... car plus je vais... moins je comprends... Mais, à tout prix, je saurai ce qui en est!

LE MARQUIS, avec colère.

Me répondrez-vous, monsieur?... Qui vous a rendu aussi hardi?

FABIO.

Le temps qui nous presse... car, ce soir, vous devez me faire arrêter et jeter dans la citadelle de Parme... Je le sais... je sais tout... et la preuve... (Montrant le papier que lui a remis Clélia.) Connaissez-vous ce papier?...

LE MARQUIS, à part.

O ciel! celui que j'ai glissé dans la corbeille à ouvrage de la princesse... (Haut.) Eh bien! monsieur, parlez... expliquez-vous!

FABIO.

Il n'y a pas d'explications!... Je vous répéterai seulement... et je ne sors pas de là... que je sais tout!

LE MARQUIS, à part.

Cafarini m'avait bien dit qu'il se doutait de... (Haut.) Je comprends, monsieur... je comprends!...

FABIO, à part.

Il est bien heureux!...

LE MARQUIS.

Vous avez entendu hier?

FABIO, avec fermeté.

Oui, tout entendu!

LE MARQUIS, avec effroi.

Silence!... silence!... Nous pouvons alors, et cela vaudra mieux... nous entendre... sans bruit et sans éclat...

FABIO.

Oui, monseigneur... entendons-nous!

LE MARQUIS.

Entendons-nous!... D'abord, je n'ai encore rien dit au prince... ni rien fait signer... Ainsi, vous ne serez pas arrêté.

FABIO.

C'est toujours ça!... Ensuite?

LE MARQUIS.

Ensuite... vous faut-il de l'or?... des titres?... des places?...

FABIO, à part, en cherchant.

Qu'est-ce que ça peut-être ?

LE MARQUIS.

Vous faut-il celle de Cafarini... agent subalterne qu'on peut éloigner?...

FABIO.

Non... je ne veux rien de tout cela... Je n'en ai pas besoin !

LE MARQUIS, effrayé, à part.

Diable ! c'est un intrigant... en grand... quelque ambitieux... (Haut.) Eh bien ! monsieur... que voulez-vous ?...

FABIO.

Je veux... la grâce pleine et entière du comte de Fiesque.

LE MARQUIS.

O ciel !

FABIO, vivement.

Qui est innocent... complètement innocent !

LE MARQUIS.

Eh ! parbleu ! je le sais de reste... je le sais aussi bien que vous !

FABIO.

Il faut alors qu'il soit libre à l'instant même...

LE MARQUIS.

Je ne demanderais pas mieux... Mais vous, qui savez ce qui en est... vous savez comme moi qu'il faut un coupable !

FABIO, à part.

Qu'est-ce que ça peut-être ?

LE MARQUIS.

Si nous le déclarons innocent... il en faut un autre...

FABIO.

Certainement !

LE MARQUIS.

Un autre qui prenne sa place... Car, pour satisfaire le prince, il faut que quelqu'un soit puni... Il faut, en un mot, une réparation... un châtiment... une tête qui tombe... Où la trouver?

FABIO.

N'est-ce que cela?... Voici la mienne!

LE MARQUIS.

Allons donc! vous voulez rire?

FABIO.

Nullement!... Ça me convient... ça me plaît... C'est tout ce que je demande!

LE MARQUIS.

Permettez donc... S'il en est ainsi... cela peut s'arranger... C'est donc vous... vous qui êtes le seul coupable?

FABIO.

Oui!

LE MARQUIS.

Vous en convenez?

FABIO.

Oui!

LE MARQUIS.

Et vous le direz... vous le soutiendrez devant le prince?...

FABIO.

Devant tout le monde... si le comte est libre à l'instant!...

LE MARQUIS.

Il va l'être!

FABIO.

A l'instant même!

LE MARQUIS.

Soyez tranquille!... (Parlant bas à un officier qui vient de descendre de l'escalier à gauche, et qui sort ensuite par la droite. — A Fabio.)

Et quant à vous, mon cher ami, croyez que, du reste, et d'ici là... tout ce que je pourrai faire pour adoucir et pour atténuer les choses... Mais vous tiendrez nos conventions... vous me le jurez?

FABIO.

Devant Dieu! et sur l'honneur!

LE MARQUIS, à part.

Il est fou!... Mais si on n'employait en politique que des gens raisonnables... on deviendrait soi-même... absurde!... (Haut.) Adieu, adieu, mon cher!... C'est dit... Ce ne sera pas long!...

(Il sort par la gauche.)

SCÈNE IX.

FABIO, avec exaltation.

Dieu soit loué!... Ma faute est réparée... ma tâche est remplie! mon frère est sauvé!... Et moi?... Eh bien! moi, je mourrai à sa place... je l'ai promis... Et Gina, ma seule bienfaitrice et mon ange gardien... Gina, qui m'aimait... et que j'aime... Oui, oui... je l'aime!... Et mourir... quand j'aurais pu l'épouser... quand le bonheur était là... Ah! je n'en étais pas digne...

SCÈNE X.

FABIO, CLÉLIA, LE COMTE, GINA, entrant par la droite, puis CAFARINI et DES SOLDATS.

CLÉLIA et GINA.

Sauvé! sauvé!...

CLÉLIA, au comte.

Votre innocence est reconnue... On vous rend à la liberté!

LE COMTE, se jetant dans les bras de Fabio.

Fabio! mon frère!...

(Ils s'embrassent.)

GINA, avec étonnement.

Son frère!

CLÉLIA.

Eh oui!... je le savais!

FABIO, à Clélia.

Tenez, signora, je vous rends ce papier que vous m'aviez confié... Le comte est libre!

CLÉLIA.

Et plus que jamais en faveur... On lui rend son pouvoir et ses titres...

GINA.

Et comment un tel changement est-il arrivé?...

CAFARINI, qui vient d'entrer avec des soldats.

On connait enfin le vrai coupable!...

CLÉLIA, GINA et LE COMTE.

Et quel est-il?

CAFARINI, montrant Fabio.

Il a tout avoué... tout déclaré lui-même!

TOUS, avec surprise.

Lui!...

FABIO, vivement.

C'est la vérité!

CAFARINI.

Vous l'entendez!

FABIO, à l'officier des gardes.

Monsieur, je suis à vos ordres!

LE COMTE, aux soldats, les arrêtant du geste.

Un instant... (A Cafarini.) Et qu'a-t-il fait?... Je veux le savoir!

CAFARINI.

Ce qu'il a fait!... C'est lui qui a composé et remis à notre souveraine, cette barcarolle, cette déclaration!

CLÉLIA, GINA, et LE COMTE.

Lui!... Ce n'est pas possible!

FABIO, vivement.

Si vraiment!... c'est moi!

CLÉLIA, regardant le papier de musique que lui a rendu Fabio.

Et ceci est de votre écriture?...

FABIO, de même.

Oui, oui... je l'atteste... c'est de moi!

GINA, qui a jeté les yeux sur le papier.

Ce n'est pas vrai!... C'est l'écriture de mon oncle...

CAFARINI, voulant faire emmener Fabio par les soldats et sortir avec eux.

Allons-nous-en!...

LE COMTE, aux soldats, leur montrant Cafarini.

Soldats... arrêtez monsieur!

CAFARINI, avec aplomb.

Et de quel droit?

LE COMTE.

Je n'en dois compte à personne qu'au prince... car mon grade m'est rendu... et je commande seul en ce palais... Cette barcarolle, qui est de moi...

FABIO, vivement et l'arrêtant.

Frère!

LE COMTE, continuant, avec force.

De moi!... et dont on a changé le sens, a été remise à notre souveraine... (A Cafarini.) écrite de votre main!...

CAFARINI, effrayé.

Ce n'est qu'une copie... je vous l'atteste!

LE COMTE.

Et moi, j'atteste qu'aucun pouvoir ne vous sauvera...

CAFARINI.

Mais le ministre...

LE COMTE.

Pas même lui!... Et si l'original de cet écrit ne m'est pas remis à l'instant même... vous serez pendu!

(Il fait signe à l'officier de s'éloigner avec ses soldats, ils sortent par la droite.)

FINALE.

CAFARINI.

O ciel!

(Après avoir hésité.)

Tenez!...

(Il donne le papier au comte, qui le lit.)

CLÉLIA, le regardant.

Grand Dieu! c'est de mon père!

(Au comte.)

D'un sort fatal daignez le préserver!

LE COMTE.

Je ferai mon devoir...

(A Fabio.)

Frère...

C'est à moi, maintenant... à moi de te sauver!...

(Le comte sort par la gauche.)

SCÈNE XI.

CLÉLIA, FABIO, GINA, CAFARINI.

Ensemble.

CLÉLIA.

Quel est le dessein qu'il médite?
De crainte, hélas! mon cœur hésite;

Me faut-il trembler en ce jour
Pour mon père ou pour mon amour ?...

CAFARINI.

Quel est le dessein qu'il médite ?
Pour ma tête j'en crains la suite !
Et mon premier jour à la cour
Doit-il être mon dernier jour ?

GINA.

Quel est le dessein qu'il médite ?
Hélas ! quelle en sera la suite ?
Il me faut trembler en ce jour
(Regardant Cafarini et Fabio.)
Pour ma famille ou mon amour

FABIO.

Quel est le dessein qu'il médite ?
Je dois mourir... je le mérite !
Mon seul regret est, dans ce jour,
De renoncer à tant d'amour !

SCÈNE XII.

LES MÊMES ; LE MARQUIS et LE COMTE, sortant du palais, et descendant gravement l'escalier de marbre ; PLUSIEURS SEIGNEURS et DAMES DE LA COUR les suivent. — Un grand silence s'établit.

LE MARQUIS.

Écoutez tous !
(D'un ton solennel, s'adressant à sa fille et lui montrant le comte de Flesque.)
Voici l'époux que je vous donne !

CLÉLIA, poussant un cri de joie.

O ciel !

LE MARQUIS, sévèrement.

Qu'on veuille ou non... je le veux ! je l'ordonne !
Telle est ma loi !

CLÉLIA, s'inclinant, avec joie.
Je m'y soumets !

LE MARQUIS, continuant avec gravité.
Quant au coupable... enfin son crime est éclairci !
On le connait !

CLÉLIA, vivement, montrant Cafarini.
C'est lui !

LE MARQUIS, froidement.
Non pas !
(Montrant Fabio.)
C'est celui-ci !

GINA, poussant un cri et prête à s'évanouir.
Grand Dieu !

CAFARINI, la soutenant dans ses bras.
Rassure-toi, ma chère...
Je suis sauvé !

LE MARQUIS, continuant.
Mais nous savons aussi...
Et le prince est par nous instruit de ce mystère...
Que la musique a troublé sa raison...
Et qu'il est fou parfois !

FABIO, se récriant.
Moi !

LE COMTE, lui serrant la main, et à demi-voix.
Tais-toi donc !
Arrange-toi pour l'être !

LE MARQUIS, continuant.
En un mot, Son Altesse
Vient d'accorder sa grâce à la grande-duchesse !

LE COMTE.
Qui veut faire à la cour jouer son opéra !

FABIO, poussant un cri.
Ah ! c'est vrai... je suis fou... de surprise et d'ivresse !

CAFARINI, haussant les épaules.
Pauvre insensé !... de lui qui maintenant voudra ?

GINA.

Moi ! toujours moi !

FABIO, courant à elle et l'embrassant.

Gina ! Gina !
(Se retournant vers le comte, le marquis et Cafarini.)
Et sans peur maintenant chacun de nous dira :

LE COMTE, CLÉLIA, FABIO et GINA.

Vous, qu'amour environne
Et comble de faveurs,
Ni sceptre, ni couronne,
Ne valent ses douceurs !
Oui, de celle qui m'est chère
J'obtiens donc enfin la foi,
Le plus heureux sur terre,
C'est moi ! c'est moi ! c'est moi !

LE CHŒUR.

Oui, la fortune et la grandeur
Ne donnent pas un tel bonheur,
Plaisirs des dieux, plaisirs des rois,
L'amour les range sous ses lois !

TABLE

	Pages.
CAGLIOSTRO.	1
ORESTE ET PYLADE.	109
LA SIRÈNE.	155
LA BARCAROLLE OU L'AMOUR ET LA MUSIQUE	273

www.ingramcontent.com/pod-product-compliance
Lightning Source LLC
Chambersburg PA
CBHW060556170426
43201CB00009B/792